DÄNEMARK
Sjælland
Vordingborg
Fyn
Svendborg
Tåsinge
Falster
Nykøbing
Nakskov
Lolland
Rødby
Gedser
Ærø
Lange-
land
Langelands Bælt
Lille Bælt
Als
Sønderborg
Åbenrå
Tønder
Rømø
Sylt
Westerland
Hörnum
Föhr
Wyk
Dagebüll
Amrum
Wittdün
Langeness
Hooge
Pell-
worm
Nord-
strand
Nordfriesland
Nordfriesische Inseln
Niebüll
Flensburg
Flensburger
Förde
Angeln
Schlei
Bredstedt
Husum
Schleswig
Eckernförde
Eckernförder
Bucht
Kieler Förde
Kieler
Bucht
Kiel
Fehmarn
Fehmarnbelt
Puttgarden
OSTSEE
Mecklenburger
Bucht
Heiligenhafen
Oldenburg
Selenter
See
Preetz
Lütjenburg
Plön
Holsteinische Schweiz
Eutin
Gr.
Plöner
See
Witten-
see
Eider
Eiderstedt
Friedrichstadt
Rendsburg
Tönning
Bad St.Peter-Ording
Nationalpark
Schleswig-
Holsteinisches
Wattenmeer
Heide
Mel-
dorf
Büsum
Meldorfer
Bucht
Dithmarschen
Nord-Ostsee-
Kanal
Neumünster
Itzehoe
Brunsbüttel
Stör
Bad
Bramstedt
Bad Segeberg
Lübeck
Lübecker
Bucht
Travemünde
Wismar-
bucht
Poel
Wismar
Bützow
Ostseebad
Kühlungsborn
Warnemünde
Bad Doberan
Rostock
Schweriner See
Schwerin
Ratz.
See
Ratz.
Mölln
Zarrentin
Parchim
Elde
Bad Oldesloe
Norderstedt
Glückstadt
Elmshorn
Pinneberg
HAMBURG
Stade
Buxtehude
Land
Kehdingen
Oste
Elbe
Cuxhaven
Trischen
Helgoland
Helgoländer
Bucht
Nationalpark
Hamburgisches
Wattenmeer
Scharhörn
Neuwerk
NORDSEE
Nationalpark
Niedersächsisches
Wattenmeer
Ostfriesische Inseln
Borkum
Juist
Memmert
Norderney
Baltrum
Lange-
oog
Spieker-
oog
Wangerooge
Mellum
Leybucht
Norden
Esens
Carolinensiel
Ostfriesland
Jever
Wittmund
Aurich
Wilhelms-
haven
Jade-
busen
Wursten
Otterndorf
Bederkesa
Norden-
ham
Bremerhaven
Bremervörde
Emden
Greetsiel
Roodeschool
Delfzijl
Groningen
Dollart
Leer
Ems
Varel
Brake
Weser
Zeven
Bad
Zwischenahn
Oldenburg
Papenburg
Winschoten
NIEDERLANDE
Bremen
Rotenburg
Wümme
Buch-
holz
Winsen
Lüneburg
Lüneburger
Heide
Lauen-
burg
Dannenberg
Dömitz
0 10 20 km
N

Dr. Eckart Pott • Werner Küpker

Der große BLV Naturführer

NORDSEE und OSTSEE

Landschaften, Tiere, Pflanzen

blv

Inhalt

Eine imposante Steilküste ist am Reddevitzer Höft im Biosphärenreservat Südost-Rügen ausgebildet (s. Reiseziel 178).

Bestimmungsteil 174

Anhang 224

Infokästen und Essays

Mit diesem Symbol sind Reiseziele gekennzeichnet, die für einen Besuch mit Kindern besonders geeignet sind. Bei Wanderungen bedeutet das Symbol natürlich, daß gegebenenfalls nur Teilstrecken zu bewältigen sind; andererseits sind mit dem Fahrrad auch weitere Touren mit Kindern möglich.

▶ Dieses Zeichen im Reiseteil weist auf besondere Beobachtungsmöglichkeiten hin.

Seehunde leben in der Nordsee in Rudeln auf Sandbänken im Wattenmeer. »Seehundstationen« befinden sich in Norden-Norddeich (s. Reiseziel 10) sowie in Friedrichskoog (s. Reiseziel 58).

Faszination Meer

Einführung

Blauer Planet Erde

Bei einem Blick auf eine Weltkarte oder einen Globus wird sofort deutlich, daß die Landmassen der Kontinente nur rund ein Drittel der Erdoberfläche einnehmen, die Ozeane dagegen rund zwei Drittel. Auf der Nordhalbkugel entfallen rund 60 % der Fläche auf die Ozeane, auf der Südhalbkugel sind es rund 80 %. Noch beeindruckender zeigen Fotos aus dem Weltraum, daß die Erde tatsächlich eher ein blauer und weniger ein brauner oder gar grüner Planet ist.

Insgesamt nehmen die Weltmeere eine Fläche von rund 360 Mio. km^2 ein (gesamte Erdoberfläche: 510 Mio. km^2). Das Gesamtvolumen der marinen Wassermassen wird auf rund 1,4 Mrd. km^3 geschätzt. Die mittleren Tiefen der Ozeane – von Atlantischem, Pazifischem und Indischem Ozean – liegen zwischen 3 900 und 4 300 m. Unter 58 % der Oberfläche sind die Meere tiefer als 4 000 m. Die Maximaltiefen liegen zwischen 7 500 und 11 000 m. Die tiefste bekannte Stelle liegt östlich der Philippinen im Bereich des Marianengrabens (Pazifik): Das Vitiaz-Tief wurde mit 11 033 m vermessen (zum Vergleich: Mount Everest 8 848 m ü. M.).

Auf Grund der riesigen Flächen und Wassermassen kommt dem Meer eine wesentliche Bedeutung für den gesamten Planeten Erde zu, und zwar in ganz unterschiedlicher Hinsicht: Bildung des Weltklimas, Lebensraum für Tiere und Pflanzen, für den Menschen Nahrungs- und Rohstofflieferant, Transport- und Verkehrsweg, Kläranlage und Mülldeponie.

Ebbe und Flut

Ein Phänomen, mit dem jeder, der einmal eine Meeresküste besucht hat, vertraut ist, sind die Gezeiten. Zweimal täglich steigt und sinkt der Wasserstand des Meeres an ein und derselben Stelle. Besonders deutlich wird dies an Flachküsten, wo bereits bei geringfügig ansteigenden Wasserständen große Flächen von Wasser bedeckt werden bzw. bei geringfügig sinkenden Wasserständen große Flächen trockenfallen. Maximale Tidenhübe werden in der Bay of Fundy vor der kanadischen Ostküste gemessen. Dort können sie bis zu 12 m betragen!

Die Gezeiten kommen dadurch zustande, daß zwischen Erde, Mond und Sonne Anziehungskräfte bestehen, und daß sich diese Himmelskörper um ihre eigenen Achsen und umeinander drehen. Mond und Sonne üben Anziehungskräfte auf die Wasserhülle der Erde aus, d. h. zu Mond und Sonne hin ist die Wasserhülle sozusagen ausgebeult. Die Hülle ist aber auch auf der Mond und Sonne abgewandten Seite ausgebeult, weil sich die Erde um ihre eigene Achse dreht, also Fliehkräfte auftreten. Im Lauf eines Tages dreht sich die Erde folglich unter 2 »Beulen« durch. Von der Stellung von Erde, Mond und Sonne zueinander hängt es nun ab, wie hoch der Wasserstand an einem bestimmten Ort der Erde zu einem bestimmten Zeitpunkt ist. Zu normalen = mittleren Hoch- und Niedrigwasserständen kommt es dann, wenn der Mond in einem Winkel von 45° zur Achse Erde – Sonne steht. Wenn der Mond zur Achse Erde – Sonne im rechten Winkel steht (= Halbmond), kommt es zu einer besonders niedrigen Tide, einer Nipptide. Stehen Mond, Erde und Sonne auf einer Achse (= Neumond oder Vollmond), addieren sich die Anziehungskräfte von Mond und Sonne, und es kommt zu einer Springtide. Wenn bei dieser letzten Konstellation zusätzlich starke auflandige Winde herrschen, können die Wasserstände weit über den mittleren Hochwasserstand steigen.

Auf Grund der geografischen Situation sind die Tidenhübe in der Nordsee wesentlich größer als in der Ostsee. Demzufolge können Sturmfluten an der Nordsee auch ein ganz anderes Ausmaß annehmen als an der Ostsee. Beispielsweise verloren an der Nordseeküste am 16.1.1362 (»Marcellusflut« oder »Große Manndränke«) etwa 100 000 Menschen ihr Leben, am 11.10.1634 (»Zweite Manndränke«) in der Region Nordstrand 6 123 Menschen und 50 000 Stück Vieh. In neuerer Zeit traten besonders schwere Sturmfluten 1825, 1855, 1906, 1962 und 1976 auf; die Monate: Mitte Oktober bis Mitte Februar. Bei der Orkanflut vom 16./17.2.1962 brach allein in Niedersachsen der Nordseedeich an 61 Stellen.

Der Tidenhub kann – weltweit betrachtet – bis 12 m betragen. An der Nordsee liegen die Tidenhübe bei wenigen Metern: im Mittel 4 m bei Wilhelmshaven, 2,50 m an den nordfriesischen Küsten.

Rund 300 km Deiche wurden beschädigt, und 370 km^2 besiedeltes Land wurden überflutet. Auf Grund dieser Katastrophe wurde das gesamte Deichbauprogramm an der Nordseeküste überarbeitet, und neben vielen anderen eingeleiteten Küstenschutzmaßnahmen wurden vor allem die Deiche erhöht.

Meeresströmungen

In jedem Atlas finden sich Karten, auf denen farblich differenziert die großen Meeresströmungen dargestellt sind (blau = kalte, rot = warme Meeresströmungen). Diese Strömungen spielen für die Erde eine entscheidende Rolle. Allein am Beispiel des Golfstromes, der das Klima an den Küsten Mittel- und Nordeuropas wesentlich beeinflußt, wird dies deutlich. Der Golfstrom transportiert relativ warmes Wasser heran, und nur deshalb wachsen etwa in Skandinavien noch Bäume auf einem Breitengrad, wo in Sibirien, Nordkanada und Grönland als Vegetation lediglich Tundra anzutreffen ist. Daß Nord- und Ostsee im Winter nur ausnahmsweise zufrieren, ist ebenfalls auf den Einfluß des Golfstromes zurückzuführen.
Daß die Ostsee aber eher zufriert als die Nordsee, liegt vor allem an den dort geringeren Tidenhüben und dem geringeren Salzgehalt des Ostseewassers.
Meeresströmungen haben aber nicht nur großräumig Bedeutung, sondern auch innerhalb begrenzter Meeresgebiete. In einigen Gebieten an der deutschen Nord- und Ostseeküste wird dies besonders deutlich. Am Graswarder bei Heiligenhafen (s. S. 113) etwa wird ständig Material angelagert, das von der Küste weiter westlich stammt und von der Strömung nach Osten verfrachtet wird. Eine ähnliche Situation besteht am Darßer Ort (s. S. 137); das dort neu angelagerte Material stammt vom Darßer Weststrand (s. S. 135). Strömungen sind letztlich auch die Ursache für die Ausbildung der vielen Strandseen an der Ostseeküste; die einstigen Buchten wurden durch von Strömungen herangeführtes Material vom Meer abgetrennt.

Uferzone, Meeresboden und freies Wasser

Betrachtet man das Meer ökologisch, so kann man folgende großen Bereiche gegeneinander abgrenzen: die Uferzone (Litoral), den Meeresboden (Benthal) und das freie Wasser (Pelagial). Zwischen ihnen bestehen allerdings vielfältige Wechselwirkungen.
Das **Litoral** liegt im Einflußbereich der Gezeiten, d. h. seine räumliche Ausdehnung ist sehr stark abhängig vom Tidenhub und von der Morpholo-

gie der Küste. Es macht einen großen Unterschied, ob der Tidenhub, wie in der Ostsee, nur Zentimeter beträgt oder mehrere Meter. Andererseits können bei geringen Tidenhüben an einer Flachküste größere Flächen von den Gezeiten beeinflußt sein als bei großen Tidenhüben an einer Steilküste. Insgesamt müssen die im Litoral lebenden Pflanzen und Tiere zumindest zeitweiliges Trockenfallen überstehen können. Die Artenzusammensetzung wiederum ist abhängig von der Morphologie der Küste, vor allem aber von der Beschaffenheit des Untergrundes. Zudem ändern sich die ökologischen Faktoren mit der Tiefe. So nimmt etwa das Licht mit der Tiefe ab, und es verändert sich in seiner spektralen Zusammensetzung. Dies führt beispielsweise dazu, daß man vom flachen zum tiefen Wasser hin eine typische Zonierung von Grünalgen (z. B. Meersalat, Darmtang), Braunalgen (z. B. Blasentang, Sägetang, Zuckertang, Fingertang, Palmentang) und Rotalgen (z. B. Knorpeltang, Blutroter Seeampfer) findet. Im Helgoländer Felswatt kann man diese Zonierung gut erkennen. Bei Niedrigwasser fallen die Tangwälder bis hin zur Übergangszone Braunalgen/Rotalgen trocken.

Auch im Bereich des **Benthals** herrschen je nach Untergrund und vor allem je nach Tiefe unterschiedliche Bedingungen. Sand, Schlick oder Kies können den Untergrund bilden, aber auch Felsblöcke oder gar anstehender Fels. Entsprechend der unterschiedlichen Beschaffenheit des Untergrundes findet man eine jeweils unterschiedliche Unterwasserflora und -fauna vor. Mit zunehmender Wassertiefe ändern sich neben dem Lichteinfall noch weitere Faktoren. Beispielsweise nimmt die Temperatur ab, wogegen der Wasserdruck zunimmt. Auch verschiedene chemische Parameter, z. B. der Sauerstoffgehalt des Wassers, zeigen tiefenabhängige Unterschiede. An alle diese Faktoren sind die Pflanzen und Tiere am Meeresboden angepaßt, d. h. man findet sie meist nur in bestimmten Tiefenzonen.

Der Meeresboden ist heute übrigens gut erforscht und vermessen, und es war möglich, Weltkarten zu zeichnen, die die Oberflächenformen des Meeresbodens ziemlich genau zeigen. Diese Karten sind ausgesprochen beeindruckend, zumal auf ihnen auch die Grenzen jener Platten gut sichtbar sind, die die Erdoberfläche bilden.

Bei Sturmflut können – wie hier – die niedrigeren Deiche überflutet werden. Die Hauptdeiche aber müssen halten, soll es nicht zu Katastrophen kommen.

Im **Pelagial**, der Zone des freien Wassers, leben Pflanzen und Tiere, die schweben und sich passiv dahintreiben lassen (Plankton) bzw. aktiv schwimmen (Nekton) und sich so gegen die Schwerkraft behaupten können.
Die im Wasser gelösten Nährsalze – Phosphor, Stickstoff etc. – und im Wasser gelöstes Kohlenstoffdioxid ermöglichen zusammen mit der Strahlung eine starke pflanzliche Produktion. Mikroskopisch kleine Formen verschiedener systematischer Gruppen (Cyanobakterien, Kieselalgen, Silicoflagellaten, Dinoflagellaten etc.) bilden das pflanzliche Plankton oder Phytoplankton.
Für die Planktonalgen ist es lebenswichtig, sich möglichst lange in oberflächennahen Wasserschichten zu halten, da sie Licht zur Fotosynthese brauchen. Zur Verringerung der Sinkgeschwindigkeit sind bei ihnen verschiedene Anpassungen entwickelt. Ihr spezifisches Gewicht liegt ja über dem des Wassers, daher können sie versuchen, sich mit Hilfe von Gasvakuolen, in den Zellen eingelagerten Fettkugeln oder großen Gallerten um die Zellen herum »leichter zu machen«.
Diese Anpassungen sind oft so wirksam, daß die Algen an der Oberfläche aufrahmen und dann von Wind und Brandung auch an die Strände geschwemmt werden können. Eine andere Anpassung besteht darin, die Form zu verändern und einen Fallschirmeffekt zu erzeugen; es gibt Planktonalgen, die wie Scheiben oder kleine Sterne gebaut sind.
Die beschriebenen Anpassungen findet man im Prinzip auch beim tierischen Plankton oder Zooplankton, das im Meer sehr artenreich ist und sich u. a. aus Sonnentierchen/Wurzelfüßern, Wimpertierchen, Rädertieren, Muschellarven, Kleinkrebsen und vielen anderen wirbellosen Tieren und Fischlarven zusammensetzt. Da viele Zooplankter sich von Phytoplankton ernähren, müssen sie versuchen, sich möglichst lange in den Tiefen aufzuhalten, wo sie dieses finden. Unter ihnen gibt es natürlich auch räuberische Formen, die andere Zooplankter fressen.
Im Gegensatz zum Plankton können sich Nektonorganismen unabhängig von den Wasserströmungen bewegen. Zu dieser Gruppe gehören die Fische, eine der wichtigsten Eiweißquellen der Menschheit. Zum Nekton zählen weiter die Tintenfische, die zusammen mit den Fischen die Nahrungsgrundlage für viele Seevögel und Meeressäuger bilden. Im weiteren Sinne sind zum Nekton diejenigen Seevögel zu rechnen, die tauchend auf Nahrungssuche gehen (z. B. Alken, Pinguine). Die Meeressäuger (Robben und Wale) sind die größten Nektonorganismen, die im Meer vorkommen.

Wo der Krabbenfischer mit seinem Kutter unterwegs ist, folgem ihm die stets hungrigen Möwen.

Was ist ein Nationalpark?

Ein Nationalpark ist ein Schutzgebiet, in dem sich die Natur weitgehend ungestört und möglichst ursprünglich entfalten kann. Er soll
- ein großflächiges Gebiet mit einer besonders wertvollen Naturausstattung sein,
- durch den Einfluß des Menschen nicht oder wenig beeinflußt sein,
- nicht mehr Ziel einer wirtschaftlichen Nutzung sein und,
- soweit es der Schutzzweck erlaubt, der Allgemeinheit Erholung, Entspannung und naturkundliche Bildung ermöglichen.

Insgesamt ist das freie Wasser der Weltmeere von großer ökologischer Bedeutung. Es zeichnet sich immer stärker ab, daß den obersten Meeresschichten und damit dem Plankton eine Schlüsselrolle im Sauerstoff- und Kohlenstoffdioxidhaushalt der Erdatmosphäre zukommt. Das Phytoplankton des Meeres kann – ebenso wie die Regenwälder der Tropen – große Mengen des Treibhausgases Kohlenstoffdioxid binden.

Schutz der Meere

Weltweit gesehen, ist der Schutz der Meere und ihrer Pflanzen- und Tierwelt eine wesentliche internationale Zukunftsaufgabe, soll das Überleben der Menschheit gesichert werden. Ganz einfach gesagt: Nur intakte Meere mit intakten Populationen von Phytoplankton können ihre so wichtige Rolle im Gasaustausch zwischen Erdoberfläche und Atmosphäre spielen. Und nur nach ökologischen Gesichtspunkten genutzte Meere können große Mengen an Nahrung liefern. Überfischung läßt ganze Populationen wichtiger Nutzfische zusammenbrechen.

Würde etwa das Wattenmeer vor den holländisch-deutsch-dänischen Nordseeküste ruiniert, hätte das nicht nur Auswirkungen auf die Fischerei, sondern auch auf die Vogelwelt großer Gebiete der Nordhalbkugel; eine wichtige »Tankstelle« auf dem Zug könnte nicht mehr »angeflogen« werden. Ein ruiniertes Wattenmeer würde aber auch für Feriengäste nicht mehr attraktiv sein, und damit verlören viele Orte an den Küste ihre wichtigste Einnahmequelle. Naturschutz an Nord- und Ostsee ist also eine wichtige und vor allem lohnende Aufgabe.

Historisch bemerkenswert ist, daß schon 1909 der Verein Jordsand zum Schutze der Seevögel die Hallig Norderoog im nordfriesischen Wattenmeer gekauft und damit ein erstes Seevogelschutzgebiet geschaffen hat. Neben vielen kleineren Naturschutzgebieten bestehen heute an der deutschen Nordseeküste 3 große Schutzgebiete: der Nationalpark Niedersächsisches Wattenmeer, der Nationalpark Hamburgisches Wattenmeer und der Nationalpark Schleswig-Holsteinisches Wattenmeer. An der deutschen Ostseeküste bestehen folgende großen Schutzgebiete: der Nationalpark Vorpommersche Boddenlandschaft, der Nationalpark Jasmund und das Biosphärenreservat Südost-Rügen. Die so geschützten Watt- und Wasserflächen an Nord- und Ostsee machen den größten Teil der unter Schutz stehenden Flächen in Deutschland aus. Neben den deutschen Schutzgebieten bestehen glücklicherweise auch vergleichbare Gebiete in den Nachbarländern, vor allem in den Niederlanden und in Dänemark.

Was ist ein Biosphärenreservat?

Als Biosphärenreservat kommt eine Kulturlandschaft in Betracht, in der es noch naturnahe Lebensräume und eine große Artenvielfalt gibt, in der Luft, Wasser und Boden pfleglich behandelt werden, und die harmonisch wirkt.

In Biosphärenreservaten soll zukünftig schonend mit der Umwelt umgegangen werden. Landwirtschaft und Fischerei, Forstwirtschaft und Verkehr, Tourismus, Siedlungen und Gewerbe sollen den Menschen eine dauerhafte Existenz im Einklang mit dem Naturhaushalt und dem Landschaftsbild ermöglichen.

Der Titel »Biosphärenreservat« wird von der UNESCO vergeben und ist weltweit gültig.

Die Nordsee

Entstehungsgeschichte der Nordsee

Die Nordsee ist Teil des europäischen Festlandsockels. Die heutige Form verdankt dieses Flachmeer (mittlere Tiefe: 93 m) der Eiszeit und ihren Gestaltungskräften; es ist eine »ertrunkene Eiszeitlandschaft«.
Vor rund 120 000 Jahren, zum Höhepunkt der vorletzten Eiszeit, der **Saaleeiszeit**, lag ein großer Teil der heutigen Nordsee unter einem kilometerdicken Eispanzer. Die Gletscher, die sich aus Skandinavien in diesen Raum vorgeschoben hatten, brachten riesige Massen von Moränenschutt mit und ließen dieses Material zurück, als sie sich in der folgenden Warmphase zurückzogen. Vor allem dieses saaleeiszeitliche Moränenmaterial, das auf fast ganz Norddeutschland liegt, bildet die Geest.
Parallel mit dem Abschmelzen des Eises stieg der Meeresspiegel wieder an, und große Teile des Nordseebodens verschwanden unter dem vorrückenden Wasser. In der folgenden und bisher letzten Eiszeit, der **Weichseleiszeit**, waren die Gletscher im Bereich der Nordsee nicht ganz so ausgedehnt wie in der Saaleeiszeit. Dennoch waren vor etwa 20 000 Jahren in den riesigen Eismassen so gewaltige Wassermengen gebunden, daß der Meeresspiegel rund 100 m niedriger lag als heute. Im fernen Australien konnte man damals trockenen Fußes nach Neuguinea wandern, und Alaska und Sibirien waren durch eine Landbrücke verbunden.
Im Gebiet der Nordsee hatten sich damals eine kleinere Eismasse von der englischen und eine größere Eismasse von der skandinavischen Seite auf den Nordseeboden vorgeschoben, der etwa bis zur Linie Hull – Doggerbank – Nordjütland trocken lag und von typischen arktischen Pflanzen und Tieren besiedelt war. Da zwischen den erwähnten Eismassen keine Verbindung bestand, konnte das Schmelzwasser der Gletscher in Norddeutschland ungehindert nach Norden in den Atlantik abfließen.
Mit Einsetzen der Erwärmung änderte sich diese Situation. Die Gletscher schmolzen ab, und der Meeresspiegel stieg relativ schnell an; man rechnet heute mit ca. 2 m je Jahrhundert. Es drang nun Salzwasser aus dem Atlantik in den Bereich der Nordsee ein und überflutete die bewachsenen Gebiete. Vor etwa 7 500 Jahren war die heutige Küstenlinie erreicht.
Die folgenden Jahrtausende sind durch mehrere Phasen gekennzeichnet, in denen das Meer vorstieß (Transgression) und damit Land erneut überflutete bzw. sich zurückzog (Regression), so daß Land trockenfiel und erneut von Pflanzen besiedelt werden konnte. Anhand von Bohrkernen kann man diese Phasen rekonstruieren.
Generell verschlechterten sich mit dem Ansteigen des Meeresspiegels die Abflußverhältnisse in Norddeutschland beträchtlich. Konnte während der Eiszeit das Wasser der Flüsse noch bis zur Doggerbank fließen, so stieß es nun schon im heutigen Küstenbereich auf den Widerstand der Nordseewellen. Es entstanden die großen nord-

Die alte Buhne am Strand von Sylt beweist, daß die Nordseeküste eine sehr dynamische Landschaft ist. Einst ins Meer hinausgebaut, liegt sie heute auf Grund der Verlagerung des Strandes mehrere Meter landeinwärts.

deutschen Hochmoorgebiete. Im Bereich der Küstenlinie bildeten sich Moore, die teilweise wieder von Meeressedimenten, die die Fluten herantrugen, bedeckt wurden.
Die wesentliche Gliederung der deutschen Nordseeküste mit ihren vielen Sandinseln und -bänken erfolgte vor etwa 5 000 Jahren. Damals erreichte der steigende Meeresspiegel den Kanal, und es entstand eine zusätzliche Verbindung zum Atlantik, die andere Strömungsverhältnisse bewirkte.

Die Ausformung der heutigen Küste

Durch den Wasseraustausch mit dem Atlantik wirkten sich die Gezeiten an der ostfriesischen Küste besonders stark aus. Vom Land abgeschwemmtes Feinmaterial wurde vor der Küste abgesetzt und vom Meer umgelagert. Es entwickelten sich auf Grund des Ost-West-Verlaufs der Küste parallel zur Küste verlaufende Anhäufungen von Feinmaterial, die irgendwann von den ersten Pflanzen besiedelt wurden. Um die Pflanzen herum konnte sich angewehter Sand anlagern und langsam zu Dünen anwachsen. So entstand nach und nach die Kette der ostfriesischen Düneninseln, die durch Gatts voneinander getrennt sind. Diese Situation ist aber nicht so stabil, wie sie auf den Betrachter wirken mag.

Die Nordsee im Steckbrief

Länge: rund 850 km
Breite: rund 700 km
Fläche: 580 000 km²
Wasservolumen: 50 000 km³
mittlere Tiefe: 93 m
größte Tiefe: 725 m (Norwegische Rinne)
mittlerer Tidenhub: 4 m (Wilhelmshaven); 2,50 m an den nordfriesischen Küsten
Salzgehalt: 30 – 35 g/l

Auf Grund der vorherrschenden Richtungen von Gezeitenströmungen und Wind wird im Westen der Ostfriesischen Inseln Material abgetragen und im Osten wieder angelandet. Insgesamt verlagern sich die Inseln langsam in Richtung Südosten. Zwischen der Inselkette und dem Festland bildete sich das Wattenmeer in seiner heutigen Form aus. An das Wattenmeer grenzt landeinwärts unmittelbar das Marschland an, ein sehr fruchtbares Schwemmland aus bis zu 20 m mächtigen Schluff-, Ton- und Sandablagerungen.
Im Bereich der schleswig-holsteinischen Nordseeküste ist die Entwicklung anders verlaufen. Zieht man in Gedanken eine Linie von Cuxhaven zur Westküste der Insel Sylt, so hat man einen Anhalt, wie die Nordseeküste in dieser Region vor den großen »Manndränken« im Mittelalter (s. S. 7) verlaufen ist. In Norden lagen Geestgebiete, nach Süden schloß sich ein Marschengebiet an, das durch die Flußsysteme der Eider und der Elbe gebildet worden war.
Als Folge mehrerer großer Sturmfluten wurde dieses Gebiet nach und nach bis zur heutigen Küstenlinie auseinandergerissen. Die Geestgebiete wurden zerstückelt, so daß sich die Inseln Föhr, Amrum und Sylt herausbildeten. Reste des Marschenlandes sind die Halligen und die Inseln Pellworm und Nordstrand.
Die Halligen, eine Besonderheit für die gesamte deutsche Küste, sind also nichts anderes als Sockel alten Marschenbodens, die stellenweise durch Aufhäufung von Material erhöht wurden, um dort Gebäude errichten zu können. Sie werden bereits bei einem Wasserstand von 1,50 m über NN überflutet, und bei Sturmfluten ragen

nur noch die Häuser der 3 – 5 m hohen Warften aus dem Wasser (»Land unter«). Im Gegensatz zu den »echten« Halligen ist Hooge durch einen geschlossenen Deich geschützt.
Daß die großen Sturmfluten des Mittelalters die Küste in diesem Bereich so stark formen konnten, liegt wiederum daran, daß das Land in Süd-Nord-Richtung orientiert ist, Sturmfluten bei den vorherrschenden Westwinden also mehr oder weniger rechtwinklig auf die Küste treffen. Der Abtrag ist auf den Nordfriesischen Inseln denn auch an der Westseite sehr stark, und will man dort Landverluste verhindern, muß man diese Küsten schützen. Ohne künstliche Schutzmaßnahmen würden sie irgendwann im Meer untergehen.

Das Wattenmeer – ein einzigartiger Lebensraum

Vor der niederländischen, deutschen und dänischen Nordseeküste liegt zwischen der Festlandsküste und den vorgelagerten Inseln und Sänden eines der bedeutendsten Feuchtgebiete Europas und ein wegen seiner Größe und seiner besonderen Artenvielfalt auf der Welt einzigartiger Lebensraum, das Wattenmeer. Es erstreckt sich in einem etwa 450 km langen Bogen von Den Helder im Westen bis Esbjerg im Norden und nimmt eine Fläche von insgesamt rund 7 500 km^2 ein. Davon entfallen auf die Niederlande ungefähr 2 300 km^2, der deutsche Anteil beträgt rund 4 500 km^2 und der dänische rund 700 km^2.
In Deutschland wiederum entfallen auf das Bundesland Schleswig-Holstein rund 2 250 km^2 Wattenmeer. Wo keine Inseln vorgelagert sind, gilt übrigens die 10-m-Tiefenlinie als seeseitge Begrenzung des Wattenmeeres.
Das deutsche Wattenmeer kann man in verschiedene Gebiete gliedern. Das ostfriesische Wattenmeer erstreckt sich zwischen der Festlandsküste und den Ostfriesischen Inseln. Es erreicht eine Tiefenausdehnung von 4 – 8 km. Nach Osten hin schließen sich zwischen Jade und Weser das Hohe-Weg-Watt und die östlichen Weserwatten an. Das schleswig-holsteinische Wattenmeer wird in einen südlichen Teil, das Dithmarscher Wattenmeer, und einen nördlichen Teil, das nordfriesische Wattenmeer, unterteilt. Es hat stellenweise eine Tiefenausdehnung von 30 km zwischen dem Festland und den Außensänden.

Salzwiesen gehören zu den typischen Lebensräumen an den Wattenküsten der Nordsee. Gerade artenreiche Salzwiesen wie diese müssen von Beweidung freigehalten und geschützt werden.

Was aber ist ein Watt überhaupt? Der Definition nach ist Watt ein »zeitweilig trockenfallendes Gebiet aus Sedimenten aufgebauten Meeresbodens«. Watten können sich also zum einen dort ausbilden, wo genügend Tidenhub vorhanden ist, und das ist vor der niederländischen, deutschen und dänischen Nordseeküste der Fall. Bei Wilhelmshaven beispielsweise beträgt der mittlere Tidenhub 4 m. Zum anderen muß genügend Sediment angehäuft sein, und auch das ist gegeben. Der Sedimentkörper ist zwischen wenigen Dezimetern und 30 m mächtig. Dieses Sediment wurde in den Eiszeiten mit dem Schmelzwasser an die Nordseeküste transportiert, und auch heute noch liefern die Flüsse Material nach. Es wird aber nicht irgendwohin verfrachtet, weil der Boden der Nordsee flach ist und nicht steil in große Tiefen abfällt. Und weil auch das gesamte Land in dieser Region sehr flach ist, fallen im Wechsel der Gezeiten riesige Sand- und Schlickflächen trocken bzw. werden ebenso riesige Flächen von Wasser bedeckt. Als letzter Faktor kommt hinzu, daß Mitteleuropa ein gemäßigtes Klima hat. In warmen Zonen bilden sich bei gleichen Gegebenheiten auf Schlick- und Sandflächen Mangroven aus.

Einen ersten Eindruck von der Landschaft des Wattenmeeres vor der Nordseeküste bekommt man, wenn man auf einen Deich steigt und in die Weite blickt. Bei Hochwasser grenzen die Fluten der Nordsee an die Wiesen des Vorlandes. Bei Niedrigwasser wiederum breitet sich im Anschluß an die Wiesen trockengefallenes Watt bis zum fernen Horizont aus. Und dieser Wechsel geschieht zweimal am Tag.

Wandert man hinaus in die Wattflächen, so durchquert man typischerweise sogenannte **Salzwiesen.** Für die höher gelegenen Teile der Salzwiesen, die meist nur bei Sturmfluten im Winterhalbjahr überflutet werden, ist der Rote Schwingel das typische Gras. Daneben wachsen in diesem Bereich Strand-Beifuß und Gemeine Grasnelke. Der Andel ist das typische Süßgras im tieferen Teil der Salzwiesen. Hinzu kommt als charakteristische Art der Widerstoß, auch Strand- oder Halligflieder genannt. Auffällig ist auch die hohe, Horste bildende Salz-Aster mit ihren großen Blütenständen. Weitere typische Arten

Ein typischer Bewohner des Wattbodens ist der Köder- oder Pierwurm. Durch die Kothäufchen wird man auf seine Anwesenheit aufmerksam.

dieser Zone sind Portulak-Salzmelde, Strand-Sode, Strand-Wegerich und Strand-Dreizack. Am weitesten ins Watt dringen der Gemeine Queller und das Hohe Schlickgras vor. Der Gemeine Queller übersteht auch Überflutung durch die Gezeiten und bildet oft dichte Bestände, in denen angespülter Schlick festgehalten wird. Das Hohe Schlickgras stammt aus Nordamerika und wurde 1927 an der schleswig-holsteinischen Küste ausgepflanzt. Man versprach sich von der Ansiedlung der Pflanze eine Unterstützung bei der Landgewinnung. Diese Hoffnung hat sich nicht erfüllt. Man hat vielmehr festgestellt, daß der Schlick um die Grashorste herum stärker abgetragen wird als in der Umgebung.

Empfehlenswerte Gebiete, naturnahe Salzwiesen kennenzulernen, sind Krummhörn (s. S. 30), Elisabeth-Außengroden (s. S. 33), Langwarder Groden (s. S. 47), Neuwerk (s. S. 53) und die Halligen, wegen der leichten Erreichbarkeit besonders die Hamburger Hallig (s. S. 78).

Für Watvögel aus dem Norden ist das Wattenmeer vor der deutschen Nordseeküste ein wichtiges Rastgebiet.

Die **freien Wattflächen** machen zunächst einen recht eintönigen und fast lebensfeindlichen Eindruck. Bei genauerem Hinsehen wird aber deutlich, daß dieser Eindruck täuscht. Wattboden ist beispielsweise nicht gleich Wattboden; man unterscheidet vielmehr Schlickwatt, Mischwatt und Sandwatt. Der Boden ist zudem, genau wie die Salzwiesen an der Küste, von Prielen durchzogen. Das sind Wasserläufe, deren Wasserführung von den Gezeiten abhängt: Bei Ebbe fallen sie nach und nach mehr oder weniger trocken, bei Flut dringt dort das Wasser zuerst wieder vor. Vom Flugzeug aus würde deutlich, wie stark die Priele die Landschaft des Wattenmeeres gliedern, und wie sie seewärts in den Gatts, bis zu 10 m tiefen Sammelprielen, zusammenfließen.
Die wichtigsten Lebewesen des Wattbodens sind die Algen. Die gelblich-bräunlichen oder grünlichen Überzüge auf dem Boden bestehen aus Millionen von mikroskopisch kleinen Algen (vor allem Kieselalgen oder Diatomeen). Diese winzigen Algen bilden die eigentliche Lebensgrundlage der Tiergemeinschaft des Wattenmeeres, die sich im wesentlichen aus Schnecken, Muscheln, Wür-

Rekorde im schleswig-holsteinischen Wattenmeer

- Unter einem Quadratzentimeter Wattboden leben oft über eine Million kleinster Algen.
- Im Wattenmeer gibt es etwa 2 000 verschiedene Tierarten.
- Die kleinsten Tiere sind nur 1/10 mm lang, die größten (Seehunde) bis zu 2 m.
- Von manchen Tieren kommen gelegentlich über eine Million pro Quadratmeter vor (Wattschnecke).
- Im Spätsommer gibt es die größte Zahl von Vögeln im Watt, in Schleswig-Holstein fast 1,5 Millionen.
- Die Produktion an Tieren im Wattboden entspricht etwa der eines guten Weizenfeldes (ca. 70 Doppelzentner pro Hektar).
- Alle Miesmuscheln pumpen das gesamte Wasser des Wattenmeeres in wenigen Wochen einmal durch ihre Kiemen.
- Die Wattwürmer fressen sich durch den Sand des Wattbodens. Dabei wälzen sie im Jahr etwa 1 000 Tonnen Sand pro Hektar um.

(aus einer Broschüre über den Nationalpark Schleswig-Holsteinisches Wattenmeer)

mern und Krebsen zusammensetzt. Insgesamt geht man von rund 1 400 verschiedenen Arten von wirbellosen Tieren am und im Wattenmeerboden aus.
Im Wattenmeer können dauerhaft nur Pflanzen und Tiere überleben, die mit dem dauernden Wechsel von Trockenfallen und Bedeckung mit Wasser zurechtkommen. Ist das Watt trockengefallen, und regnet es dann, müssen die Salzwasserbewohner plötzlich mit Süßwasser leben. Und scheint die Sonne, sind die Bewohner starker Strahlung und damit kurzfristig erhöhten Temperaturen ausgesetzt. Im Winter wiederum kühlt die Oberfläche bei Niedrigwasser stark aus – wenn sie nicht sogar von Eisschollen bedeckt ist. Unter solchen ökologischen Bedingungen ist zu erwarten, daß das Wattenmeer eine Fülle spezialisierter Bewohner aufweist. Je nach Lebensweise können sich Tiere sowohl an der Bodenoberfläche aufhalten, als auch im Boden selber. Das gilt sowohl für Hochwasser als auch für Niedrigwasser. Wenn aber das Wasser abgelaufen ist, können auf der Oberfläche nur Tiere leben, die vor dem Austrocknen geschützt sind, oder die Tiere müssen sich in den Boden bzw. in die Priele zurückziehen und dort bis zur nächsten Flut aushalten.
Das Wattenmeer ist aber auch Lebensraum von Formen, die sich auf den bei Niedrigwasser freifallenden Flächen nur mehr oder weniger lange aufhalten. Besonders wichtig ist das Wattenmeer als »Tankstelle« für Zugvögel. Allein das Wattenmeer vor der schleswig-holsteinischen Nordseeküste ist eines der wichtigsten deutschen Rast- und Überwinterungsgebiete für Zugvögel. Dort rasten während der Hauptzugzeit 1,5 Mio. Vögel. Das ist etwa die Menge wie im niedersächsischen Wattenmeer und im niederländischen Wattenmeer zusammen. Daß dort solche Massen von Vögeln Nahrung finden können, bedeutet, daß das Wattenmeer ein hochproduktiver Lebensraum sein muß.

Strände, Dünen und Felsküste

Das Land entlang der deutschen Nordseeküste, so wie sie sich heute darstellt, ist von den Eiszeiten überformt und weitgehend »platt«. Es gibt kaum nennenswerte Erhebungen, folglich ist auch der Übergang vom Meer zum Land zwar markant, aber durch einen nur geringen landseitigen Anstieg geprägt.
Das Möranenmaterial, das im Norden Deutschlands liegt, wurde durch Schmelzwasser verteilt. Vor allem wurden die feineren Bestandteile Sand, Ton und Schluff weiträumig verfrachtet, und zwar nicht nur in Richtung Nordsee, sondern mit

Zum offenen Meer hin sind auf den Nordseeinseln mehr oder weniger breite Dünengürtel ausgebildet.

Strömungen auch wieder in Richtung Küste bzw. parallel zu den Küsten. Deshalb finden wir über weite Strecken an der Nordsee, besonders auf der Seeseite der Inseln, Sandstrände ausgebildet. Das Material, aus dem diese Strände aufgebaut sind, liegt aber nicht unverrückbar fest, sondern wird von Strömungen und Wind weiter umgelagert. Auf der Seeseite der Ostfriesischen und Nordfriesischen Inseln (vor allem auf Föhr, Amrum und Sylt) sind die Sandmassen zu unterschiedlich hohen **Dünen** aufgetürmt. Die höchste Düne an der deutschen Nordseeküste ist die Uwedüne auf Sylt mit einer Höhe von 52 m. Die Dünen bilden meist eine mehr oder weniger tief gestaffelte Kette. Man unterscheidet vom Meer zum Land: Vordünen oder Primärdünen, Weiße Dünen, Graue Dünen und Braune Dünen.
Wenn man vom Meer über den Sandstrand durch die Dünen landeinwärts (aber bitte nicht querfeldein) geht, findet man diese charakteristische Zonierung der Vegetation vor. Erste Blütenpflanzen können sich bereits im Bereich des oberen Spülsaumes ansiedeln. Dort verrottet angespültes Material, was zu einer ausreichenden Nährstoffversorgung für bestimmte Pflanzen führt. Eine typische Art des oberen Spülsaumes ist der Europäische Meersenf, eine stickstoffliebende und salzverträgliche Art. In Mulden hinter dem Spülsaum ist die Strand-Salzmiere anzutreffen; sie ist an salzhaltige Standorte gebunden, ein sogenannter Halophyt.
Die Dünenbildung beginnt dort, wo sich an Pflanzenbüscheln Sand ablagern kann. Der Binsen-Quecke, dem Gemeinen Strandhafer und dem Strandroggen kommt hier eine besondere Bedeutung zu. Diese Süßgräser sind in der Lage, auf dem ausgesprochen nährstoffarmen Sand Fuß zu fassen, und bilden ausgedehnte Wurzelsysteme und Ausläufer. Sie werden deshalb auch zum Befestigen der Dünen gezielt angepflanzt.
Auf der dem Meer zugewandten Seite im Bereich der Weißen Dünen wächst die Stranddistel. Der Untergrund liegt dort noch stellenweise offen zutage und ist mehr oder weniger in Bewegung. An diese Bedingungen ist die Pflanze gut angepaßt: Mit einer tiefreichenden Wurzel ist sie im losen Untergrund verankert, und sie verträgt auch Verwehungen. Der ständige Wind an der Küste stellt für Pflanzen ebenfalls ein Problem dar, denn neben der rein mechanischen Wirkung nimmt der Wind die Feuchtigkeit von der Oberfläche der Pflanzen mit. Auch daran ist die Stranddistel angepaßt: Ihre ledrigen Blätter stellen einen Schutz gegen Austrocknung dar.
Wenn auch im Bereich der Weißen und Grauen Dünen nur wenig Nährstoffe für die Pflanzen vorhanden sind, so gibt es doch unterschiedliche Standorte. In den Dünentälern zwischen Weißen und Grauen Dünen etwa sammeln sich zerriebene Muschelschalen an, und deshalb findet man die kalkliebende Dünen-Rose genau in diesem Bereich.
Im Bereich der Grauen Dünen und der Braunen Dünen haben schon Bodenbildungsprozesse eingesetzt. Der üppigere Pflanzenwuchs wiederum führt zu verstärkter Humusbildung. In diesem Bereich bedecken Zwergstrauchheiden große Flächen. Eine charakteristische Art ist die Schwarze Krähenbeere, aber auch die Kriech-Weide. In den Dünentälern wiederum wachsen auf dem oft vernäßten Untergrund Pflanzen wie der Rundblättrige Sonnentau und der Lungen-Enzian – Arten, die eher typisch sind für Moore.
Die erwähnten Pflanzen sind aber nur ein Teil des Artenspektrums, das für die Sandstrände und Dünen charakteristisch ist. Wer dies überprüfen

Auf den ältesten Dünen wachsen Heiden mit Gemeiner Besenheide und Schwarzer Krähenbeere als typischen Pflanzen.

will, sei besonders auf Borkum (s. S. 34), Norderney (s. S. 37), Spiekeroog (s. S. 41), Amrum (s. S. 82) oder Sylt (s. S. 84) verwiesen. Dort gibt es die größten Dünengebiete an der deutschen Nordseeküste.
Nur an ganz wenigen Stellen an der deutschen Nordseeküste ist eine **Steilküste** ausgebildet, bildet ein Kliff die landseitige Begrenzung des Strandes. Das ist dort der Fall, wo die Küste in einem hoch liegenden Geestland verläuft. Föhr beispielsweise besteht im Süden aus eiszeitlichem Geestland, und bei Nieblum verläuft eine 1,7 km lange und bis zu 9 m hohe Steilküste, das Goting-Kliff (s. S. 81). Die Brandung löst die feinen Bestandteile heraus, während sich das grobe Material am Fuß des Kliffs sammelt, und deshalb ist dort ein Strand aus Kies und Geröll ausgebildet. Andere Beispiele für Steilküsten sind auf Sylt zu sehen: das Morsum-Kliff, das Weiße Kliff und vor allem das Rote Kliff (s. S. 86/87). Am 4 km langen und bis zu 30 m hohen Roten Kliff zwischen Wenningstedt und Kampen hat Sylt seine stärksten Landverluste zu verzeichnen.

Ein sehr markanter Punkt an der Nordseeküste ist die Insel Helgoland (s. S. 62ff.). Dort besteht der Untergrund nicht aus eiszeitlichem Moränenmaterial, sondern aus anstehendem Fels. Deshalb ist dort auch die einzigen Felsküste im Gebiet der deutschen Nordsee ausgebildet. Und deshalb haben sich an der Küste von Helgoland verschiedene Vogelarten angesiedelt, die – neben einem nahrungsreichen Meeresgebiet – mehr oder weniger senkrechte Felswände benötigen, um zu brüten und ihre Jungen aufzuziehen (Lummenfelsen). Der Meeresboden um die Insel weist ebenfalls eine ganz andere Unterwasserflora und -fauna auf als die Gebiete, in denen der Meeresboden von Sand oder Schlick gebildet wird.

Die offene Nordsee

Ein Blick auf die Karte macht deutlich, daß die Nordsee ein zum Atlantik hin offenes Meer ist. Dies hat entscheidenden Einfluß auf beispielsweise die Strömungs- und Temperaturverhältnisse, den Sauerstoffhaushalt und den Salzgehalt in der Nordsee. Denn natürlich findet unter diesen geografischen Gegebenheiten ein kräftiger Austausch von Wassermassen zwischen Nordsee und Atlantik statt: durch den Ärmelkanal, zwischen Schottland und den Shetland-Inseln und zwischen den Shetland-Inseln und der norwegischen Küste. Dem steht die Zufuhr von Süßwasser über die Zuflüsse (z. B. Themse, Rhein, Ems, Weser, Elbe etc.) gegenüber, wodurch das Nordseewasser sozusagen verdünnt werden könnte. Aber allein schon der Salzgehalt des Nordseewassers zeigt, daß das nur bedingt der Fall ist, ausgenommen die Gebiete um die Flußmündungen herum.
Der Salzgehalt liegt bei 30 – 35 g/l, also im Bereich der Salzgehalte der Weltmeere, die man mit 32 – 43 g/l beziffert.
Jenseits der Inselketten fallen die Wassertiefen in der Nordsee ab, aber nicht so rasch, wie man vermuten könnte. Die 200-m-Tiefenlinie verläuft erst westlich der Bretagne, westlich von Irland, zwischen Hebriden und Shetland-Inseln und den Färöern und im Bogen wieder nach Süden auf die Nordspitze von Jütland zu. Um die Südspitze von Norwegen herum verläuft die Norwegische Rinne mit Tiefen zwischen 400 und 700 m.

Die Ostsee

Enstehungsgeschichte der Ostsee

Im Gegensatz zum Gebiet der heutigen Nordsee war das Gebiet der heutigen Ostsee während der letzten Eiszeit vor etwa 20 000 Jahren vollständig mit Eis bedeckt. Die bis zu 2 000 m mächtigen skandinavischen Inlandeismassen waren mit ihren Gletschern damals bis in Teile des heutigen Festlandes entlang der Ostseeküste (Jütland, Schleswig-Holstein, Mecklenburg-Vorpommern) vorgestoßen. Als sich das Eis dann zurückzog, kam es zu 2 Prozessen: Einerseits stieg der Meeresspiegel, weil enorme Mengen von Eis in Wasser zurückverwandelt wurden. Andererseits wurde durch das Abschmelzen des Eises ein enormer Druck von der Erdoberfläche genommen, und das Land konnte sich heben; es kam zu einer sogenannten glazialisostatischen Landhebung. Zunächst bildete sich ein großer Süßwassersee, der **Baltische Eisstausee.** Er hatte von etwa 12 000 – 8 000 v. Chr. Bestand. Vor etwa 10 000 Jahren hatte sich das Eis dann so weit zurückgezogen, daß Meerwasser aus der Nordsee in das Gebiet der heutigen Ostsee einströmen konnte. Nach der Muschel *Yoldia arctica* wird dieses Meeresgebiet als **Yoldia-Meer** bezeichnet. Vor etwa 8 000 Jahren begann sich das Land zu heben, und das Yoldia-Meer/die Ostsee wurde erneut von der Nordsee abgeschnitten. Der Einfluß von Süßwasser (Zuflüsse, Niederschläge) wurde nach und nach stärker, und entsprechend siedelten sich Süßwasserarten an. Nach der Süßwasserschnecke *Ancylus fluviatilis* spricht man vom **Ancylus-See.** Vor etwa 4 500 Jahren bildete sich auf Grund des Anstiegs des Meeresspiegels erneut eine Verbindung zwischen Nordsee und Ostsee aus, und in den Ancylus-See strömte Meerwasser ein, was geeignete Lebensbedingungen für die Strandschnecke *Littorina littorea* schuf; man spricht vom **Littorina-Meer.** Seither hat sich die Landkarte natürlich weiter verändert, wenn auch nicht in so dramatischem Ausmaß wie während der 5 000 – 6 000 Jahre zuvor.

Die Ostsee im Steckbrief

Fläche: 420 000 km²
Wasservolumen: 23 000 km³
mittlere Tiefe: 55 m
größte Tiefe: 459 m (Landsorttief nördlich der Insel Gotland)
Tidenhub: im Durchschnitt 15 cm, 40 cm im Kattegat
Salzgehalt: 5 – 20 g/l, nach Osten abnehmend

Die heutige Küste

Die Landschaft im Osten Schleswig-Holsteins und im Norden von Mecklenburg-Vorpommern ist von der letzten Eiszeit, der Weichseleiszeit, überformt und hat deshalb ein welliges Relief. Wo so ein Relief mit dem Meer zusammenstößt, wechseln notwendigerweise steile und flache Küstenabschnitte ab, und **Steilküsten** sind an der Ostsee viel stärker ausgeprägt als an der Nordsee. Besonders schöne Steilküsten sind etwa beim Bülker Leuchtturm nördlich von Kiel (s. S. 98), nordwestlich von Ostseebad Boltenhagen (s. S. 126), am Hohen Ufer südlich von Ostseebad Ahrenshoop (s. S. 135), am Dornbusch im Norden von Hiddensee (s. S. 143) und auf Rügen zu sehen. Auf Rügen gibt es allerdings 2 Typen von Steilküsten. In großen Teilen der Insel bildet eiszeitliches Material den Untergrund, wie etwa am Reddevitzer Höft (s. S. 148) zu sehen ist. Im Nordosten von Rügen bildet dagegen anstehendes weißes Gestein die Küste. Im Kreidemeer, das vor 170 – 70 Mio. Jahren das nördliche Mitteleuropa bedeckte, haben sich Ablagerungen bis 400 m Mächtigkeit gebildet, und genau diese Ablagerungen wurden durch Druckveränderungen in der Erdkruste aufgebrochen, emporgehoben und treten heute in Form der weltbekannten Kreideküste zutage (s. S. 145/146). Auch weiter nördlich, in Dänemark, kann man solche Kreideküsten bewundern: bei Møns Klint (Insel Møn) und Stevns Klint (Seeland); zumindest Møns Klint ist bei klarem Wetter von Rügen aus zu sehen.
Entsprechend dem Ausgangsmaterial, das die Ostseeküste bildet, kann man Sand-, Kies- und

Blockstrände erwarten. An Steilküsten mit aktiven Kliffs bricht immer wieder Material herunter, das dann von der Brandung zerkleinert und ausgewaschen wird. Die feinen Teile werden teilweise fortgetragen, während am Fuß der Wand Kies, Geröll und große Gesteinsbrocken (Findlinge) zurückbleiben. Solche aktiven Kliffs weisen naturgemäß nur einen Bewuchs aus krautigen Pflanzen auf, denn wenn immer wieder Partien der Steilwände herunterbrechen, haben fast nur einjährige Pflanzen eine Chance, zu überleben. Kommen die Kliffs aber zur Ruhe, können sich neben ausdauernden krautigen Pflanzen auch Gehölze ansiedeln; dazwischen wachsen nach und nach einzelne Bäume heran.

Wo Sand die Strände bildet, siedeln sich natürlich auch Pflanzen an, und es kann zur Bildung von **Dünen** kommen. Die höchsten Dünen an der Ostseeküste liegen bei Pramort an der westlichen Spitze von Zingst; die Hohe Düne ist immerhin rund 13 m hoch (s. S. 140). Die Vegetation ist der der Dünengebiete an der Nordseeküste vergleichbar (s. S. 18).

An der Ostseeküste, vor allem im mecklenburgischen Teil, gibt es viele Bereiche, wo sich an die Strände und Dünen landeinwärts ausgedehnten Kiefernwälder anschließen. Sehr gut kann man dies auf dem Darß sehen, aber auch auf Rügen (Schaabe, Mönchgut) und auf der Insel Usedom. Die Enstehung dieser sogenannten Dünenkiefernwälder ist so zu erklären, daß sich auf den Graudünen zunächst Zwergsträucher wie die Gemeine Besenheide und die Schwarze Krähenbeere ansiedeln. Die Zwergstrauchdecke dehnt sich weiter aus, in den Lücken können sich aber Baumarten wie Wald-Kiefer, Hänge-Birke und Eberesche ansiedeln. Im Zuge der weiteren Entwicklung setzt sich dann die Wald-Kiefer immer mehr durch. Die Strauchschicht dieser Wälder ist nur schwach ausgeprägt, und auch die Krautschicht ist relativ artenarm.

Markantester Abschnitt der deutschen Ostseeküste ist die Kreideküste im Nationalpark Jasmund auf Rügen.

Wo Kies und Geröll den Strand bilden, wirft die Brandung das Material zu bis 3 m hohen strandparallelen Wällen, sogenannten **Strandwällen** auf, die oft gestaffelt liegen. Die Vegetation dieser Strandwälle weist einige interessante Arten auf, beispielsweise Scharfer Mauerpfeffer, Weißer Meerkohl, Echtes Labkraut und Strandroggen. Schöne Strandwälle sind an der Geltinger Birk (s. S. 92), am Schwansener See (s. S. 94) und am Kleinen Binnensee bei Heiligenhafen (s. S. 109) zu sehen, aber auch an vielen anderen Stellen der Ostseeküste.
Meeresströmungen, Wind und Wellen sind auch die Kräfte, die ständig Veränderungen im Verlauf der Küsten bewirken. Etwa am Graswarder bei Heiligenhafen (s. S. 113), am Darßer Ort (s. S. 137), bei Pramort auf Zingst (s. S. 139/140) oder an der Nordspitze von Hiddensee (s. S. 143/144) wird deutlich, daß die Küsten sehr dynamische Landschaften sind. Material, das weiter westlich abgetragen wurde, wird dort in Form von Sandhaken wieder abgelagert. Diese Sandhaken können zu Nehrungen anwachsen und Meeresbuchten einschließen. Auf diese Weise kommt es zur Bildung von Strandseen, Haffs und Bodden. Die mecklenburgischen Haffs und Bodden haben wegen der vorgelagerten Nehrungen, Halbinseln oder Inseln meist nur eine schmale Verbindung mit der Ostsee, und der Salzgehalt des Boddenwassers ist oft so gering, daß Flora und Fauna fast der eines Binnengewässers gleichen. Typisch sind die ausgedehnten Röhrichte, in denen das Schilf dominiert. Werden die Buchten völlig vom Meer getrennt, süßen sie nach und nach ganz aus. Insgesamt kann man im Bereich der Ostseeküste stellenweise gut sehen, daß die wirkenden Kräfte dabei sind, den Verlauf der Küste zu »begradigen«; man spricht deshalb auch von Ausgleichsküsten.

Windwatten und Salzgrasland

Watten werden definiert als »zeitweilig trockenfallende Gebiete aus Sedimenten aufgebauten Meeresbodens«. Solche Meeresböden gibt es nicht nur entlang der Nordseeküste, sondern auch entlang der Ostseeküste.
»Zeitweilig trockenfallen« können Teile des Meeresbodens unter Einwirkung der Gezeiten. Während aber der Tidenhub, der Unterschied zwischen Hoch- und Niedrigwasserstand einer Tide, in Wilhelmhaven bei 4 m liegt, liegt er im Kattegat bei nur mehr 40 cm und in der Ostsee im Durchschnitt bei gerade einmal 15 cm. Daraus folgt, daß die Gezeiten im Bereich der Ostsee kaum eine Rolle spielen, also unter ihrer Einwirkung keine großen Gebiete trockenfallen können. Im Bereich der Ostsee wird – im Gegensatz zur Nordsee – vor allem der Wind als Faktor wirksam. Bei entsprechender Stärke und Richtung des Windes können – unter Mitwirkung des geringen Tidenhubes – an der Ostsee durchaus größere Gebiete trockenfallen; man spricht von **Windwatten.** Solche Gebiete liegen etwa vor dem Darßer Ort (s. S. 137), vor Pramort auf Zingst (s. S. 139/140) oder vor der Nordspitze von Hiddensee (s. S. 144). Eine nennenswerte Vegetation weisen die Windwatten nicht auf, sieht man von den möglicherweise vorkommenden Meeresalgen und höheren Unterwasserpflanzen ab. Aber wie das Wattenmeer vor der Nordseeküste, sind die Windwatten der Ostsee wichtige Rastplätze für Wasservögel und Limikolen.
Salzwiesen sind an der Ostsee, genau wie an der Nordsee, dort ausgebildet, wo flaches Land ins Meer übergeht. Diese Salzwiesen wachsen aber auf einem anderen Untergrund als die an der Nordsee, und sie sind auf Grund von Beweidung entstanden. Im Mittelalter wurde das Vieh auf diese Flächen getrieben, und die Tiere haben nach und nach den ursprünglich vorhandenen Schilfgürtel verdrängt, so daß sich eine kurzrasige Pflanzendecke entwickelte. Durch die Verdichtung des Bodens kam es zur Ausbildung von einzigartigen Flachmooren (Küstenüberflutungsmooren) entlang der Küste. Die Salzwiesen an der Ostsee sind also Salz»weiden«; es wird meist von **Salzgrasland** gesprochen. Da die ökologischen Bedingungen (vor allem Überflutung durch Salzwasser, Ablagerung von Schlick) vergleichbar sind, findet man in den Salzwiesen an der Ostsee eine ähnliche Flora wie in den Salzwiesen an der Nordsee. Würde man die Beweidung einstellen, würde das Schilf wieder in die Flächen vordringen. Typisches Ostsee-Salzgrasland kann man sich etwa auf der Insel Kirr (s. S. 138) oder am Kooser See (s. S. 152) ansehen.

Ein Nebenmeer

Anhand einer Karte von Europa wird deutlich, daß die Ostsee ein sogenanntes Nebenmeer ist. Der Austausch mit der Nordsee bzw. dem Atlantik wird durch die dänischen Inseln Fünen, Langeland, Lolland, Falster, Møn und Seeland und vor allem durch das dänische Jütland, das wie ein dicker Finger nach Norden ragt, erschwert. Nur durch Skagerrak (Entfernung Frederikshavn – Göteborg = 90 km) und Kattegat bzw. Großen Belt und Öresund kann Meerwasser hin und her strömen. Und dieser Wasseraustausch mit der Nordsee ist für die Ostsee lebensnotwendig (Zustrom von Nordseewasser im langjährigen Mittel: etwa 740 km^3 pro Jahr). Hinzu kommt, daß das Ostseewasser über die Niederschläge (rund 180 km^3 pro Jahr im langjährigen Mittel), diffuses Schmelzwasser und vor allem die Vielzahl auch großer Zuflüsse (deutsche Ostseeküste z. B. Schlei, Trave, Warnow, Recknitz, Peene, Oder) ständig mit Süßwasser (zusammen rund 480 km^3 pro Jahr im langjährigen Mittel) verdünnt wird; das Wassereinzugsgebiet der Ostsee ist riesengroß. Insgesamt – so haben Wissenschaftler berechnet – dauert es 20 – 30 Jahre, bis das Wasser der Ostsee einmal komplett ausgetauscht ist.
Diese und andere Faktoren haben einen entscheidenden Einfluß auf die Strömungs- und Temperaturverhältnisse, den Sauerstoffhaushalt und den Salzgehalt der Ostsee. Dadurch, daß die Ostsee relativ flach ist und das Wasser im Sommer durch die Einstrahlung recht stark aufgeheizt wird, gerät ihr Tiefenwasser leicht in den Bereich der Sauerstoffarmut. Dieser Mangel kann nur über hereinströmendes Nordseewasser – und starke Stürme, die den Wasserkörper umschichten – ausgeglichen werden. Während der Salzgehalt der Nordsee bei 30 – 35 g/l liegt, nimmt er in der Ostsee vom Kattegat nach Osten bzw. Nordosten deutlich ab. Vor Kemi und Oulu im Bottnischen Meerbusen bzw. vor St. Petersburg im Finnischen Meerbusen liegt der Salzgehalt bei nur noch 3 g/l.
Als Konsequenz weist die Ostsee natürlich eine andere Pflanzen- und Tierwelt als die Nordsee auf. Das Artenspektrum setzt sich aus Meerwasserbewohnern, die von der Nordsee her eingewandert sind, aus Brackwasserbewohnern und aus reinen Süßwasserbewohnern zusammen. Verschiedene Meerwasserarten kommen noch in der westlichen Ostsee vor, während sie weiter östlich dann nicht mehr vertreten sind.
Eine weitere Konsequenz des geringen Wasseraustausches mit der Nordsee ist die starke Verschmutzung. Chemikalien, Schwermetalle und Öl sammeln sich sozusagen an, und es ist sicher die wesentliche Zukunftsaufgabe der Anrainerstaaten der Ostsee, die vielen unterschiedlichen Schadstoffquellen zum Versiegen zu bringen.

Typisch für die deutsche Ostseeküste ist die starke Zergliederung; hier ein Blick über den Bock hinüber zur Insel Hiddensee mit dem Gellen.

Reiseziele an der Nordsee

Die Nordseeküste im Überblick

Die deutsche Nordseeküste weist einzigartige Lebensräume für Tiere und Pflanzen auf. Von internationaler Bedeutung ist das auf der Welt einmalige Wattenmeer, vor allem in Hinblick auf das Vogelzuggeschehen entlang der ostatlantischen Zugroute. Deshalb wurden neben vielen kleineren Naturschutzgebieten an der deutschen Nordseeküste 3 große Schutzgebiete eingerichtet: der Nationalpark Niedersächsisches Wattenmeer, der Nationalpark Hamburgisches Wattenmeer und der Nationalpark Schleswig-Holsteinisches Wattenmeer.
Da die Nordseeküste den Gezeiten stark ausgesetzt ist, kollidieren Naturschutzbestrebungen oft mit den Maßnahmen des Küstenschutzes. Hinzu kommt eine starke touristische Nutzung des gesamten Raumes. Der Naturfreund tut gut daran, seine Exkursionen nicht in die Hauptferienzeit zu legen. Frühjahr, Herbst und Winter sind ohnehin die interessanteren Jahreszeiten, da dann an der Nordseeküste große Mengen von Vögeln zu beobachten sind.

Emsmündung und Dollart

Der größte Teil des Mündungsbereiches der Ems gehört zu den Niederlanden, nur ein kleiner Teil zu Deutschland. Der Dollart wurde vor etwa 600 Jahren vom Meer ausgewaschen. Der deutsche Anteil an der Bucht beträgt etwa 2 140 ha und ist als Naturschutzgebiet ausgewiesen. Da sich im Dollart das Salzwasser der Nordsee mit dem Emswasser mischt, entsteht ein riesiges Brackwassergebiet – nach dem Brackwassergebiet der Elbemündung das zweitgrößte an der deutschen Nordseeküste. Zwei große Mischwatten, Geise und Hooge, bleiben bei normalem Hochwasser trocken und dienen den Vögeln während des Zuges als Rastplätze.
Die für den Naturbeobachter ertragreichsten Gebiete liegen auf der Südseite der Ems, am Westufer des Dollarts; sie gehören zum Rheiderland. Das nördliche Ufer des Dollarts gehört zur Industriezone um Emden herum und bietet nur wenig Raum zum Erleben von Natur.

1 Tunxdorfer Schleife

Ein gutes Beobachtungsgebiet vor allem für Vogelfreunde ist die Tunxdorfer Schleife, ein Altarm der Ems. Das 185 ha große Naturschutzgebiet liegt 35 Flußkilometer von der Nordsee entfernt und weist noch einen Tidenhub von 2 m auf. Es ist von der B 70 aus über Papenburg und Vellage zu erreichen. Besucher, die die A 31 benutzen, verlassen die Autobahn an der Ausfahrt Papenburg und fahren über Diele nach Vellage. Von Vellage aus läßt sich das Gebiet zu Fuß oder – besser – mit dem Fahrrad gut erkunden. Die Wege dürfen nicht verlassen werden.
Wo der Altarm mit der Ems in Verbindung steht, sind Haubentaucher, Kormoran und Gänsesäger häufig zu beobachten, hin und wieder auch der seltene Fischadler. Auf den bei Ebbe trockenfallenden Schlickflächen gehen Brandgans, Goldregenpfeifer, Bekassine, Uferschnepfe und Großer Brachvogel der Nahrungssuche nach. Unter den

Pflanzen fällt besonders die ▶ Schwanenblume auf, die z.B. am Pumpwerk bei Vellage gut zu sehen ist.

2 Rheiderland

»Dat Endje van de Welt«, wie das Rheiderland vor Ort heißt, grenzt im Westen an den Dollart an. Zu erreichen ist das »Weltende«, indem man auf der A 31 bei Leer die Ems überquert und bei Bunde in Richtung Niederlande fährt. Unmittelbar vor der Grenze geht es rechts ab nach Ditzumerverlaat. Nach ca. 10 km erreicht man den Südzipfel des Dollarts. Die Straße begleitet die **Westerwoldsche Aa**, die aber auf niederländischem Staatsgebiet fließt. Entlang der Aa lassen sich neben Graureihern auch Stock- und Knäkenten beobachten. In den Rheiderländer Marschen jagt häufig die ▶ Wiesenweihe.
Am Kanalpoldertor führt ein Gemeindeweg (nach Norden) zur niederländischen Grenze bei Nieuwe Statenzijl. Ein großes Poldertor sperrt dort die Westerwoldsche Aa bei Sturmflut vom Meer ab. Am Sperrtor vorbei führt ein Fußweg zu einem **Aussichtsturm (»Kiekkaaste«)**, der einen weiten Blick über den Dollart ermöglicht. Bei Flut steht der Schilfgürtel vor dem Turm im Wasser, so daß man Gummistiefel tragen muß. Sollte der Beobachter sich auf dem Turm einmal zu lange aufhalten und das Wasser zu hoch angestiegen sein, muß er gezwungenermaßen Ruhe bewahren und eine Wartezeit von rund 5 h in Kauf nehmen.
Von der Aussichtsplattform aus ist das riesige Brackwasser-Gezeitengebiet sehr gut zu überblicken. Vom Turm aus lassen sich – je nach Jahreszeit – beobachten: Kormoran, Grau-, Bläß- und Nonnengans, Krick- und Knäkente, Rohr-, Korn- und Wiesenweihe, Austernfischer, Dunkler Wasserläufer, Rotschenkel und Flußuferläufer.
Der ▶ Säbelschnäbler versammelt sich im Herbst in großer Zahl; rund die Hälfte des deutschen Brutvogelbestandes ist dann zu sehen.
Der gut gerüstete Naturfreund (= Fahrrad) hat nun die Möglichkeit, »jümmers up'n Diek lang« nach Norden in Richtung Pogum/Ditzum (Em-

Nationalpark Niedersächsisches Wattenmeer

Gründung: 1.1.1986
Fläche: 2 400 km²; 3 Schutzzonen: Zone I (Ruhezone), Zone II (Zwischenzone), Zone III (Erholungszone)
Lage: vor der niedersächischen Nordseeküste zwischen Emden und Bremerhaven bzw. Cuxhaven
Sehenswertes: Wattenmeer, Ostfriesische Inseln; Brackwasserbiotope, Salzwiesen, Dünengebiete, Sandplaten, vielfältige Vogelwelt (Brutvogelkolonien, Durchzügler, Wintergäste), Seehunde
Infozentren in: Greetsiel, Norden-Norddeich, Dornumersiel, Carolinensiel, Horumersiel, Borkum, Juist, Norderney, Baltrum, Wangerooge, Wilhelmshaven, Dangast, Fedderwardersiel, Dorum-Neufeld und Cuxhaven
Beschreibungen: bei den Reisezielen Nr. 7, 8, 10 – 12, 14 – 21, 25, 30 – 32, 38, 39

Nationalpark Hamburgisches Wattenmeer

Gründung: 9.4.1990
Fläche: 117 km²; 2 Schutzzonen: Zone I (Kernzone), Zone II
Lage: im Mündungsbereich der Elbe vor Cuxhaven
Sehenswertes: Wattenmeer, Inseln; Salzwiesen, Sände, vielfältige Vogelwelt (Brutvogelkolonien, Durchzügler, Wintergäste), Seehunde
Infozentrum in: Neuwerk
Beschreibungen: bei den Reisezielen Nr. 39, 40, 41

den) zu fahren. Bei Dyksterhusen lassen sich weitere Beobachtungen von Limikolen machen. Bei Hochwasser halten sich Säbelschnäbler sehr dicht am Strand auf, und zur Zugzeit wird der ▶ Alpenstrandläuferbestand auf 100 000 Vögel geschätzt. Diesen Punkt kann man auch mit dem Auto erreichen, indem man über Ditzumerverlaat in Richtung Pogum/Ditzum fährt und in Dyksterhusen am Strandparkplatz auf den Deich geht. Bei Pogum erreicht man die Ems, die hier 371 km von ihrer Quelle entfernt in den Dollart mündet. Entlang der Ems, im Tidebereich, findet man ▶ große Ästuar-Salzwiesen, die sonst nur noch an den Flußmündungen von Weser und Elbe vorkommen. Es handelt sich um eine Brackwasser-Pflanzengesellschaft mit Schilf, Strand-Simse und Dreikantiger Simse. Die Schilfröhrichte sind häufig Aufenthaltsort der Bartmeise.

3 Knock und Rysumer Nacken

Industrieanlagen begleiten den Besucher im gesamten Dollartgebiet. Es wurde deswegen auch nicht in den Nationalpark Niedersächsisches Wattenmeer integriert. Der aufmerksame Vogelbeobachter wird dennoch von dem Arten- und Individuenreichtum angetan sein, den er um Rysum herum vorfindet.

Nationalpark Schleswig-Holsteinisches Wattenmeer

Gründung: 1.10.1985
Fläche: 2 850 km²; 3 Schutzzonen: Zone I (Ruhezone), Zone II, Zone III
Lage: vor der schleswig-holsteinischen Nordseeküste zwischen Brunsbüttel und der dänischen Grenze
Sehenswertes: Wattenmeer, Nordfriesische Inseln, Halligen; Salzwiesen, Dünengebiete, Sände, vielfältige Vogelwelt (Brutvogelkolonien, Durchzügler, Wintergäste), Seehunde
Infozentren u. a. in: Friedrichskoog, Meldorf, Tönning, Nordstrand, Bredstedt, Langeneß, Föhr, Amrum, Sylt
Beschreibungen: bei den Reisezielen Nr. 59, 60, 65, 66, 69, 70, 74 – 86

Auf den bei Ebbe trockenfallenden Schlickflächen der Tunxdorfer Emsschleife sind die Brandgans und verschiedene Limikolen zu beobachten.

Quellerflächen und Schillbänke sind typisch für das Gebiet Rysumer Nacken westlich von Emden.

Das Gebiet liegt westlich von Emden, und zwar dort, wo die Küste nach Norden abknickt. In Emden folgt man am einfachsten den Wegweisern zum »Industriegebiet Rysumer Nacken«. In Wybelsum geht es – von Emden kommend – links ab zum Schöpfwerk Knock. Die gesamte Schlickfläche nordwestlich vom Knockster Tief besteht aus Baggergut, das seit rund 40 Jahren dem Emsfahrwasser entnommen wird.

Die Spülfelder bilden eines der interessantesten Vogelbeobachtungsgebiete an der ostfriesischen Küste. Sie sind bei Hochwasser ein sicherer Rastplatz für bis zu 50 000 Limikolen. Auf dem Herbstzug »stauen« sich dort viele Vögel, bevor sie im Verband den Dollart überqueren. Neben ▶ einigen tausend Säbelschnäblern sind Seeregenpfeifer, Kiebitzregenpfeifer, Sichelstrandläufer und Steinwälzer zu beobachten. Im Spätherbst ist die ▶ Ohrenlerche zahlreich vertreten; im Januar/Februar halten sich ▶ viele Berghänflinge und auch Schneeammern im Gebiet auf.

4 Moormuseum Südbrookmerland-Moordorf

Gut 5 km westlich von Aurich liegt der kleine Ort Moordorf. Folgt man dort dem braunen Hinweisschild »Moormuseum«, gelangt man nach kurzer Zeit zum »Museum der Armut«, wie es bei den Einheimischen heißt. Thema des Hauses ist die Besiedlungsgeschichte der ostfriesischen Moorlandschaft. Vom Urzustand über die einzelnen Schritte der Naturzerstörung bis hin zum Istzustand wird umfassend informiert. Jährlich im Mai werden Vorführungen der schweren Arbeit der Torfstecher organisiert. Montags hat das Museum geschlossen.

5 Ewiges Meer bei Aurich

Fährt man von Aurich in Richtung Dornum, zweigt auf halber Strecke eine Landstraße nach Berumerfehn – Norden ab. In Eversmeer folgt man dem Hinweisschild »Ewiges Meer«, und von einem zentralen Parkplatz aus geht es zu Fuß weiter. Begleitet von krüppeligen Moor-Birken und Ebereschen und vielen kleinen Hochmoorschlenken, zwischen denen Pfeifengras und Scheiden-Wollgras wachsen, erreicht man über einen Bohlenrundweg bald einen ▶ Hochmoorsee, der in dieser Größe in Deutschland einmalig ist. Der See wird sehr langsam von torfbildenden Pflanzen überwachsen. Diese Schicht schwimmt auf dem Wasser und gibt bei jedem Schritt stark nach; man spricht von ▶ Schwingrasen. Im Hochsommer kann man entlang des Bohlenweges viele Eidechsen sehen. Auch die ▶ Trauerseeschwalbe ist dann gut zu beobachten; die Art brütet am Ewigen Meer.

6 Wald- und Moormuseum Berumerfehn

In Berumerfehn, ca. 5 km westlich vom Ewigen Meer (über die oben beschriebene Straße zu erreichen), befindet sich ein kleines Museum mit einigen Schauobjekten zum Thema Wald und Moor. Ein Diorama stellt den Lebensraum Moor dar. Das Museum befindet sich am »Kompaniehaus«, einer ortsbekannten Gaststätte.

Moore

Als Moore bezeichnet man Gebiete, in denen die Oberfläche von Torf bedeckt ist, d. h. dort stockt eine artenarme, torfbildende Vegetation auf nassem Untergrund.
Das Flachmoor und seine Vegetation stehen noch in engem Austausch mit dem Untergrund. Ein solches Moor ist also durch ausreichende Nährstoffversorgung gekennzeichnet. Von einem Flachmoor aus kann die Entwicklung weitergehen über das Zwischen- oder Übergangsmoor hin zum Hochmoor.
In diesem Prozeß spielen die Torfmoose eine entscheidende Rolle. Während die Moospflänzchen oben weiterwachsen, sterben die unteren Teile ab und bilden Torflager. Schicht um Schicht wächst die Torfmoosdecke in die Höhe, und schließlich wölbt sie sich wie ein Uhrglas auf. Ein Hochmoor ist aber keine einheitliche Ebene, vielmehr sind kleine Erhebungen (Bulten) und Vertiefungen (Schlenken), also trockenere und feuchtere Stellen vorhanden. Gibt es in einem Hochmoor noch größere Wasserflächen, sind entlang der Ufer oft Schwingrasen ausgebildet. Das sind Pflanzendecken, die in die Wasserfläche hineinwachsen. In einem typischen Hochmoor verliert die lebende Pflanzendecke den Kontakt zum Untergrund. Feuchtigkeit bezieht sie aus den Niederschlägen, und da jede höhere, schattenspendende Vegetation fehlt, kann sich die Oberfläche bei starker Einstrahlung stark erwärmen und abtrocknen. Die lebensnotwendigen Mineralsalze stammen aus eingeblasenem Flugstaub; die Pflanzen im Hochmoor wachsen also auf nährstoffarmen Standorten. Die Moore in Norddeutschland wurden in der Vergangenheit weitgehend abgetorft und in Weide- und Ackerland umgewandelt. Die heute noch erhaltenen – und unter Schutz gestellten – Hochmoore sind oft nicht mehr in einem natürlichen Zustand und werden wiedervernäßt, um der Vegetation die Regeneration zu ermöglichen. Wertvolle Sekundärlebensräume sind die aufgelassenen, mit Wasser gefüllten Torfstiche.

Ein typischer Hochmoorsee ist das 90 ha große Ewige Meer bei Aurich. Am Ufer sind schöne Schwingrasen ausgebildet.

Die Küste von Ostfriesland

Von der niederländischen Küste bis zum Jadebusen plattes Land – Ostfriesland. Der mit 2,30 m unter NN tiefste Landpunkt Deutschlands liegt dort, genauer: im Niederungsgebiet Freepsumer Meer nördlich von Emden. Andererseits hat Ostfriesland den größten Tidenhub an der gesamten deutschen Küste zu verzeichnen; am Jadebusen beträgt er bis zu 4,00 m. Ansonsten kann man sich in Ostfriesland noch ansehen, wie die Küste ausgesehen hat, bevor die Menschen Deiche um das Land zogen, und zwar im Schwimmenden Moor bei Sehestedt (s. S. 47). Außendeichs liegt das Wattenmeer, das sich bis hinüber zu den Ostfriesischen Inseln erstreckt.

Von Emden bis Wilhelmshaven führt eine schöne Küstenstraße durch diese Landschaft. Man passiert nicht nur alte Warftendörfer, sondern auch all die netten, auf »-siel« endenden Städtchen: Greetsiel, Neßmersiel, Dornumersiel, Bensersiel, Neuharlingersiel, Harlesiel. Von den kleinen Küstenhäfen bestehen Fährverbindungen hinüber zu den Ostfriesischen Inseln, und oft liegen Fisch- und Krabbenkutter am Kai. Für den Fotografen ergeben sich romantische Bilder, und wenn die Fischer ihren Fang direkt von Bord verkaufen, kann der Naturfreund einen Einblick in die Unterwasserwelt der Nordsee bekommen.

7 Krummhörn

Dieses sehr interessante Beobachtungsgebiet schließt sich nördlich an den Rysumer Nacken (s. S. 27) an und ist am besten von Emden aus über Rysum und Campen zu erreichen. In Campen biegt man nach Westen ab zur Leitfeueranstalt Campen (= westliche Grenze des Nationalparks Niedersächsisches Wattenmeer).

Gleich an der Leitfeueranstalt liegen ▶ große Muschelschillbänke, deren Betreten strengstens verboten ist. Die Schillbänke sind eine natürliche Anhäufung von Muschelschalen und ein bedeutender Brutplatz für Seevögel, u. a. für Küsten- und Flußseeschwalbe. An der Deichauffahrt südlich von Leeshaus beginnt ein etwa 7,5 km langer **Wanderweg**, der außendeichs entlang der ▶ Salzwiesen am Wattengebiet Manslagter Nacken vorbeiführt. An Brutvögeln lassen sich dort sehr gut Säbelschnäbler, Uferschnepfe, Rotschenkel, Lachmöwe und Wiesenpieper beobachten.

An der Deichzufahrt von Pilsum endet der Weg durch die Salzwiesen, den man auch während der Brutzeit benutzen, aber nicht verlassen darf. Wer von Campen aus direkt nach Pilsum fahren will, passiert teilweise alte Warftendörfer, die sehr gut erhalten sind. Und wer Informationen benötigt, fährt weiter nach Greetsiel zum **Nationalpark-Haus** (Adresse: Schatthauser Weg 6).

8 Leybucht

Die Leybucht ist ein ▶ Feuchtgebiet von internationaler Bedeutung und wohl das vogelkundlich interessanteste Gebiet Ostfrieslands. Ausgangspunkt für die nähere Erkundung ist Greetsiel. Greetsiel selbst hat einen schönen Kutterhafen, wo man manchen Fisch (und andere Meerestiere) aus der Nordsee zu Gesicht bekommen kann, 2 schöne Windmühlen und schließlich das informative **Nationalpark-Haus** zu bieten. Das Haus am Schatthauser Weg 6 ist von April bis Oktober täglich außer montags geöffnet.
Es bietet sich an, zunächst das Leyhörn-Gebiet westlich von Greetsiel zu erkunden. Markanter Orientierungspunkt ist der rot-gelb gestreifte Leuchtturm von Pilsum; er ist über Hauen schnell zu erreichen. An der Straße Hauen – Leuchtturm sind eine Reihe künstlicher Biotope entstanden, die bereits kurz nach der Fertigstellung von Vögeln angenommen wurden. ▶ Säbelschnäbler und Lachmöwe haben dort Brutkolonien. Daneben sind zur Brutzeit die Trauerseeschwalbe und als Besonderheit der ▶ Löffler zu beobachten, zur Zugzeit auch Grau-, Bläß-, Ringel- und Nonnengans.
Überhaupt scheint das künstlich geschaffene **Leyhörn** ein ornithologisches Eldorado zu werden. Den Deich kann man auf seiner Westseite

Das Leyhörn in der Leybucht ist ein lohnendes Gebiet für Vogelbeobachter. Dort lassen sich Löffler, Säbelschnäbler und Lachmöwe beobachten, zur Zugzeit auch verschieden Arten von Gänsen.

bis zum Sperrwerk Leysiel mit dem Fahrrad befahren; der Deich auf der Ostseite ist gesperrt. Im eingedeichten Bereich läßt sich der ▶ Löffler gut beobachten, daneben kommt der ▶ Kormoran häufig vor, und auch die Sumpfohreule ist zu sehen. Das Wattengebiet **Greetsieler Nacken** ist vor allem zur Zugzeit interessant. Von August bis in den Oktober hinein sind dort ▶ sehr große Schwärme von Alpenstrandläufern zu sehen. Gute Limikolenbeobachtungen sind vor allem bei auf- bzw. ablaufendem Wasser zu machen.
Auch die nordöstlich von Greetsiel gelegenen Leybuchtteile **Mittelplate** und **Buscher Heller** sind gute Exkursionsgebiete. Auf den seewärts gelegenen Flächen dieser beiden ▶ ca. 760 ha großen Salzwiesenkomplexe brüten ▶ etwa 1 000 Paare Säbelschnäbler; das ist das größte Brutvorkommen der Art in Mitteleuropa. Während der Zugzeit ist dort die ganze Palette an durchziehenden Arten vorhanden. Besonders ergiebige Punkte für Vogelbeobachtungen liegen am Sieltor des Norder Außentiefs und an der Küstenfunkstelle von Radio Norddeich bei Utlandshörn.

9 Muschel- und Schneckenmuseum Norden

»In der Gnurre 40« ist die Anschrift des Muschel- und Schneckenmuseums in Norden. Kommt man von Emden, biegt man in Norden kurz vor der Überquerung des Norder Tiefs rechts ab in Richtung Lütetsburg – Hage. Bald tauchen 2 Windmühlen auf, und in der Frisia-Mühle findet der Besucher ▶ eine der schönsten privaten Schnecken- und Muschelsammlungen Norddeutschlands. In einer dunklen, tiefseeartigen Atmosphäre werden die rund 800 Exponate gut beleuchtet präsentiert. Für die Mollusken der Nordsee ist eine separate Abteilung eingerichtet. Das Museum ist von April bis Oktober dienstags bis freitags (jeweils nachmittags) geöffnet.

10 Nationalpark-Zentrum Seehundaufzucht- und Forschungsstation Norden-Norddeich

Wen ▶ Seehunde besonders interessieren, der fährt über die B 70 von Norden weiter nach Norddeich; der Weg zur »Seehundstation« ist ausgeschildert und einfach zu finden. In einem recht großen Schaubecken kann man die Meeressäuger aus der Nähe kennenlernen. In den Hochsommermonaten nimmt die Station Heuler auf, um sie großzuziehen und später auszuwildern. Neben dem Seehund betreut die Station auch Kegelrobben, Eismeer-Ringelrobben, Klappmützen und Kleinwale.
Im selben Haus ist ein **Infozentrum des Nationalparks Niedersächsisches Wattenmeer** mit einer umfassenden Ausstellung über den Küstenraum und seine Lebensbedingungen eingerichtet. Darüber hinaus werden Exkursionen in das Watt, vogelkundliche Wanderungen, Seminare über Umweltschutz und Vorträge angeboten.

11 Sielhafenmuseum der niedersächsischen Nordseeküste und Nationalpark-Haus in Carolinensiel

Wer von Carolinensiel in Richtung Harlesiel fährt, kommt direkt am **Sielhafenmuseum** vorbei. Es liegt kurz hinter der Harlebrücke, gegenüber der Post. In dem umgebauten Getreidespeicher sind Originalteile von Schiffen, Schiffsmodelle und Geräte der Seefahrt ausgestellt. Daneben wird dem Besucher auch viel über den Deichbau und die Fischerei gezeigt.
Fährt man den Weg zurück über die Harle und biegt dann gleich vor der Kirche rechts ab, erreicht man nach wenigen Metern das **National-**

Fast in die Tiefsee versetzt fühlt sich der Besucher im Muschel- und Schneckenmuseum Norden.

Heuler

Immer wieder finden Strand- und Wattwanderer »verlassene« junge Seehunde, die vermeintliche Klagelaute ausstoßen (daher der Name Heuler!). Die jungen Robben wurden in den meisten Fällen von ihren Müttern zurückgelassen, damit diese auf Nahrungssuche gehen können. Über die Stimme halten die Heuler mit ihren Müttern Kontakt.

Wer einen Heuler entdeckt, sollte einen große Bogen machen, damit Mutter und Jungtier in Verbindung bleiben können. Auf keinen Fall anfassen, denn ein Jungtier, das vom Menschen berührt wurde, wird von der Mutter nicht mehr angenommen – und erst dadurch zu einem Fall für die Aufzuchtstation.
Sind die Jungtiere offensichtlich krank oder verletzt, sollte man das nächstgelegene Naturschutz- oder Nationalparkzentrum oder die Kurverwaltung verständigen. Letztlich kümmern sich die Stationen in Norden-Norddeich und in Friedrichskoog (s. S. 65) um die Heuler. Nach Möglichkeit werden die Tiere aufgezogen und später wieder in die freie Natur hinausgebracht.
Tel. Station Norden-Norddeich:
04931 – 8919
Tel. Station Friedrichskoog: 04854 – 1372

park-Haus. Dort erhält man ausführliche Informationen über den Naturschutz im Großraum Carolinensiel.

12 Elisabeth-Außengroden

Zwischen Carolinensiel/Harlesiel und Minsen/Schillig liegt das Marschengebiet Elisabethgroden. Von Süden aus ist das Gebiet über Jever und Hohenkirchen zu erreichen. Wer die Küstenroute von Wilhelmshaven aus wählt, passiert es, wenn er den Bereich der Jademündung verläßt und nach Westen abbiegt; bei Minsen beginnt das Beobachtungsgebiet.
Interessant ist vor allem der Außendeichsbereich des Elisabethgrodens, der sogenannte **Außengroden.** Dort liegen ▶ ausgedehnte Salzwiesen mit Pflanzen wie Löffelkraut, Strand-Sode, Gemeiner Grasnelke, Strand-Beifuß, Dolden-Habichtskraut und Strand-Dreizack. Salzwiesen in dieser Form und Ausdehnung sind an der Nordseeküste sonst kaum noch zu sehen.
Eine große Zahl von Zugvögeln nutzt alljährlich diesen Lebensraum; über 200 Arten sind registriert. Als Brutvögel kommen fast 30 Arten vor, darunter unregelmäßig die Flußseeschwalbe und die Sumpfohreule. Im Winter läßt sich als Besonderheit die ▶ Ohrenlerche beobachten.
Wer das Gebiet kennenlernen will, kann seine Beobachtungen zum einen vom Deich aus machen. Zum anderen gibt es ▶ 2 **Lehrpfade**, die in die Salzwiesen hineinführen, einer bei Harlesiel (im Westen) und einer bei Küstersmatt (im Osten). Am ergiebigsten sind Vogelbeobachtungen vom Zeitpunkt des Hochwassers an bis etwa 2 h später; dann sind die Vögel im Vorland zusammengedrängt.

13 Internationales Muschelmuseum Hooksiel

Direkt am alten Hafen von Hooksiel liegt das Internationale Muschelmuseum. Es hält eine ▶ umfangreiche Sammlung von Schnekken und Muscheln aus aller Welt bereit, die in über 50-jähriger Sammeltätigkeit zusammengetragen wurde. Die Auswahl der Objekte erfolgte in erster Linie ihrer Formenvielfalt und Schönheit wegen. Das Museum hat nur in der Hauptsaison von Anfang Juli bis Ende September geöffnet.

Die Ostfriesischen Inseln

Die Ostfriesischen Inseln sind allein durch den Einfluß von Wasser, Gezeiten und Wind entstanden. Auf etwa 100 km Länge entlang der Küste erstreckt sich eine Kette von kleineren und größeren Inseln, die zwischen 6 und 15 km vom Festland entfernt liegen. Von West nach Ost sind das: Borkum, Lütje Hörn, Memmert, Juist, Norderney, Baltrum, Langeoog, Spiekeroog, Wangerooge und Mellum. Davon sind Lütje Hörn, Memmert und Mellum praktisch nicht bewohnt. Die 7 größeren Inseln sind alle wichtige Nordseebäder und werden vor allem touristisch genutzt. Borkum, Juist, Norderney, Baltrum, Langeoog und Wangerooge haben einen Flugplatz, von wo aus sich der Naturfreund die Landschaft auch einmal aus der Vogelperspektive ansehen sollte. Ein Flug um Niedrigwasser herum läßt einen den Lebensraum Wattenmeer besser verstehen, als wenn man dort »nur« zu Fuß unterwegs ist.

14 Borkum

Mit rund 32 km² ist Borkum die größte der Ostfriesischen Inseln. Per Schiff ist die Insel vom Fähranleger Emden aus zu erreichen; die Anfahrtroute ist in Emden gut ausgeschildert. Man kann zwar das Auto mitnehmen, die Insel ist aber auch mit dem Fahrrad sehr gut zu erkunden.

Nur wenig nordwestlich des Hafens auf Borkum trifft man auf Salzwiesen mit entsprechenden Möglichkeiten, typische Seevögel zu beobachten.

Bereits im Hafen gibt es für den Vogelfreund etwas zu sehen: Die ▶ Eiderente ist zahlreich vertreten, und bis in den Mai hinein kann man ihre Balz beobachten; die Erpel sind dann noch im Brutkleid und umwerben die Ente. Beiderseits des Dammes, der Hafen und Insel miteinander verbindet, kann man – je nach Jahreszeit – Ringelgans und Brandgans, vor allem aber Limikolen wie Austernfischer, Säbelschnäbler, Großer Brachvogel und Rotschenkel gut beobachten; der ▶ Große Brachvogel ist ein Charaktervogel von Borkum.

Wo der Straßendamm den Salzwiesenbereich verläßt, fängt der Deich an, der nach Nordosten verläuft und den Süden der Insel schützt. Folgt man dem Deich, erreicht man nach 1,5 km den **Tüskendörsee.** An dieser Stelle war Borkum für etwa 900 Jahre zweigeteilt. Etwa um 900 brach die Insel auseinander, und erst in der Mitte des 18. Jahrhunderts waren die beiden Teile – Ostland und Westland – wieder zusammengewachsen. Am Tüskendörsee sind – je nach Jahreszeit – viele Graugänse (Brutvögel) und Ringelgänse (Durchzügler) zu beobachten, und neben den vielen durchziehenden Entenarten lassen sich im Frühjahr auch Krickente und Löffelente als Brutvögel sehen. Die oben schon genannten Limikolen sind zahlreich vertreten, und in den Gebüschen kommt die Dorngrasmücke vor.

Die erwähnte Zweiteilung der Insel bewirkte in der Senke zwischen Ostland und Westland eine zeitweilige Überflutung durch das Meer. In dieser Zeit haben sich dort Schillbänke gebildet. Eintragungen von fruchtbarem Schlick durch die Gezeiten bewirkten eine zusätzlich Nährstoffanreicherung. Beides ist Grundlage für eine sehr üppige Vegetation. Sumpf-Läusekraut, Igelschlauch und Fleischfarbenes Knabenkraut sind seltene Arten, die auf der **Waterdelle,** dem ehemaligen Muschelfeld, vorkommen. Dieses Dünensumpfgelände ist auf Wegen zu erkunden.

Der größte Teil des **Ostlandes** besteht aus Dünen, deren Genese man dort gut verfolgen kann. Am Südostende der Dünenkette jagt die tagaktive Sumpfohreule. Der Dünenkette schließt sich nach Osten hin eine sehr große, für die Ostfriesischen Inseln typische Sandplate an. Küstenseeschwalbe und Flußseeschwalbe brüten dort in

An lange vergangene Walfangzeiten erinnern noch heute die Zäune aus Walknochen auf Borkum.

den Primärdünen, aber auch einige Sandregenpfeifer und Seeregenpfeifer.

Borkum gehört zu den Inseln, auf denen auch die Sturmmöwe brütet. In der Regel brütet die Art einzeln in niedriger Vegetation, aber an Plätzen mit einer guten Rundumsicht. Als weitere Brutvögel der Insel seien die Rohrweihe und die Kornweihe genannt. Beide Greifvogelarten brüten in den weiten Dünengebieten, deren Betreten verboten ist. Die Rohrweihe nutzt dabei mit Röhricht bestandene Flächen, während die Kornweihe in den Heideflächen nistet.

Der Borkumbesucher sollte die Insel nicht verlassen, ohne 2 Punkte besucht zu haben. Da wäre zum einem das **Heimatmuseum Dykhus** am alten Leuchtturm, in dem eine naturkundliche Sammlung zur Nordsee zu sehen ist, aber auch 300 Jahre Inselgeschichte und vor allem die Ära des Walfanges dargestellt sind. An die Borkumer Walfangzeit (Höhepunkt im 18. Jahrhundert) erinnern aber nicht nur die Walkiefer am Eingang des Museums, sondern auch die Reste ▶ aus Walknochen bestehender Gartenzäune, die unter Schutz stehen. An den Walknochen haftet die stickstoffliebende Gelbflechte, die recht schnell wächst und den Zäunen leuchtende Flecken verleiht.

Zum anderen wäre da das **Feuerschiff» Borkumriff«**, das der Nationalparkverwaltung als **Infozentrum** oder besser -schiff dient. Es liegt in der Nähe des Fähranlegers, und neben der Aufklärung durch die Nationalparkverwaltung kann sich der Besucher Einblicke in die technischen Einrichtungen einer solchen Schiffsleitanlage verschaffen.

15 Vogelinsel Memmert

Zwischen Borkum und Juist liegt die Düneninsel Memmert, ein wichtiges Seevogelschutzgebiet. Zur Jahrhundertwende war die Insel nur etwa 10 ha groß. Erst durch intensive Dünenschutzmaßnahmen vergrößerte sie sich auf eine Fläche von 120 ha (oberhalb der Hochwasserline), die sie heute in etwa hält. Im Schutzbereich der Dünen bildeten sich schöne Salzwiesen aus.
Als Brutgebiet ist Memmert vor allem für die Silber- und die Heringsmöwe von Bedeutung. Daneben brüten Regenpfeifer und Seeschwalben (darunter auch die Brandseeschwalbe). Die Insel stellt zudem ein Rastgebiet von internationaler Bedeutung für Limikolen wie Austernfischer, Brachvögel und Knutt dar.
Memmert liegt in der Zone I (Ruhezone) des Nationalparks Niedersächsisches Wattenmeer und darf von Anfang April bis Ende Juli nicht betreten werden. Außerhalb dieser Zeit ist ein Besuch unter Aufsicht des Inselvogtes/Nationalparkwartes gestattet. Dazu ist eine Genehmigung erforderlich, die man bei den Nationalparkzentren in Borkum, Greetsiel oder Juist einholt. Man kann sich auch an die Fremdenverkehrsbüros dieser Orte wenden.

16 Juist

Juist ist 17 km lang, an einigen Stellen nicht einmal 1 km breit und damit die »schlankste« der Ostfriesischen Inseln. Für einen Besuch muß man mindestens 2 Tage einplanen, da wegen der ungünstigen Tideverhältnisse nur ein unregelmäßiger Fährverkehr zwischen Norddeich am Festland und dem beliebten Nordseeheilbad möglich ist. Autoverkehr ist auf der Insel nicht zugelassen.
Das Besondere an Juist ist der **Hammersee** am westlichen Ausgang des Ortes, der größte Süßwassersee aller Ostfriesischen Inseln. Im Bereich des jetzigen Sees entstand 1651 ein Durchbruch, der etwa 200 Jahre Bestand hatte. Erst in neuerer Zeit wurden die Dünen im Norden des Hammersees mit Hilfe von Buschwerk und Sandaufschüttungen verfestigt und erweitert. Heute sind sie kaum noch von den natürlich gewachsenen Dünen um den See herum zu unterscheiden.

Vom rund 50 m oder 250 Stufen hohen Leuchtturm in der Inselmitte aus erhält man einen guten Eindruck der naturräumlichen Gliederung von Norderney.

Der Hammersee weist ein Vorkommen der Kreuzkröte auf. In den feuchten Dünentälern um den See herum wächst das Rundblättrige Wintergrün, während in den Sandtälern die Dünen-Rose stellenweise große Bestände bildet. Südlich vom Hammersee liegen ▶ schöne Salzwiesen mit reichen Beständen der Gemeinen Grasnelke. Dort sind Austernfischer und Rotschenkel häufig zu sehen, im Winter auch Ringelgans und Spießente. Der gesamte Bereich westlich des Ortes gehört zur Zone I (Ruhezone) des Nationalparks Niedersächsisches Wattenmeer und darf nur auf den gekennzeichneten Wegen betreten werden. Ausgenommen ist der Strand bis zu den Haakdünen.

Östlich von Juist – der Ort liegt etwa in der Mitte der Insel – ist die Zone I des Nationalparks nicht ganz so ausgedehnt. Unter Schutz steht aber der **Gemeindeheller** südlich der Straße zwischen Ort und Flugplatz. Dort begrüßt den Naturfreund lautes Möwengeschrei. ▶ Lachmöwe und Silbermöwe brüten sehr zahlreich auf Juist, aber auch Sturmmöwe und Heringsmöwe. Achten sollte man auf die Sumpfohreule, die in mehreren Paaren auf der Insel brütet.
Das Ostende der Insel wird von einem großen Sandhaken gebildet, dem **Kalfamer.** Der Sandhaken ist ein typisches Beispiel für eine ▶ Primär- und Weißdünenlandschaft. Am Ostrand der Kalfamer-Dünen sieht man gute Bestände der Strand-Salzmiere; die Pflanze fungiert dort als Primärdünenbilder. Insgesamt wechseln flache Sandbereiche mit einigen bis zu 2 m hohen Dünen ab – ein ideales Brutgebiet für Küsten-, Fluß- und Zwergseeschwalbe. Der Kalfamer gehört ebenfalls zur Zone I und darf vom 1.4. bis zum 31.10. nur im Rahmen einer Führung betreten werden. Der Treffpunkt für die Führungen ist am Flugplatzgebäude. Am Kalfamer steht ein Infohäuschen, wo die Termine angeschlagen sind. Man kann die Termine aber auch im **National-park-Haus** gleich westlich des Weges zum Hafen erfragen. Darüber hinaus bekommt man dort alle denkbaren Informationen, und es stehen sogar einige Mikroskope bereit, um sich die Welt der kleinen Dinge anzusehen. Zum Programm des Hauses gehören auch Filmvorführungen. Schließlich hat Juist ein **Küstenmuseum** zu bieten. Es liegt im Loogster Pad und ist einfach zu finden, indem man den Hinweisschildern folgt. Sehr umfassend werden dort Inselgeschichte, Warftenkultur, Küstenschutz, Strandraub, Rettungswesen, Flora und Fauna und ökologische Probleme der ostfriesischen Küstenregion dargestellt.

17 Norderney

Die »Königin« der Ostfriesischen Inseln ist mit der Fähre von Norddeich aus zu erreichen. Liegen während der Überfahrt die Sandbänke trocken, hat man gute Chancen, dort Seehunde zu sehen; die günstigste Zeit ist der späte Nachmittag. Das Autofahren ist auf der Insel zwar

erlaubt, jedoch darf im Ort nur die An- und Abfahrt zur Unterkunft getätigt werden, ansonsten ist der Ort Norderney verkehrsfreie Zone (Ausnahmen für Behinderte). Außerhalb des Ortes können nur ca. 3 km Straße mit dem Auto genutzt werden, so daß sich das Fahrrad als Verkehrsmittel der Wahl anbietet. Für Fußgänger steht ein guter Busservice zur Verfügung.
Der Ort selbst hat gleich am Hafen eine Dauerausstellung über den Nationalpark zu bieten (im **Nationalpark-Haus**). Darüber hinaus lohnt das **Heimatmuseum** direkt gegenüber der Kurverwaltung einen Besuch. Dargestellt wird vor allem die Geschichte der Insel; interessantestes Ausstellungsstück ist vielleicht ein ▶ auf Norderney gefundener 420 g schwerer Bernsteinbrocken.
Vom Ort aus geht es mit dem Fahrrad – mal wieder – »jümmers up'n Diek lang« ostwärts, und gleich am Südende des **Südstrandpolders** ist eine Beobachtungshütte zu sehen, von der aus man einen durch Sandbaggerungen geschaffenen künstlichen See gut überblicken kann. Haubentaucher, Brandgans, Wasserralle, Bekassine, Großer Brachvogel und eine breite Palette an durchziehenden Vogelarten sind dort zu beobachten. Zu sehen ist auch die Rohrweihe, eventuell sogar die Kornweihe, die beide auf der Insel ein kleines Brutvorkommen haben.
Etwa in der Mitte der Insel ist Schluß mit dem Radfahren. Bei Tünnbak muß das Rad an die Kette, will man die östliche Hälfte der Insel erkunden. Dort befindet sich auch ein **Infostand des Nationalparks**, der aber nur in der Saison unterhalten wird. Die wenigen Pfade, die die Dünenlandschaft durchziehen, dürfen nicht verlassen werden. Teilweise erhält man Ausblicke auf ▶ Salzwiesen und auf artenreiche Strandwiesen, die oberhalb des mittleren Tidehochwassers liegen und im Sommer sehr üppig blühen. In diesem Gebiet brüten Austernfischer und Rotschenkel; aber auch Säbelschnäbler, Kampfläufer, Uferschnepfe und Großer Brachvogel sind sehr gut zu beobachten.
Ganz im Osten läuft Norderney, wie die meisten Ostfriesischen Inseln, in eine riesige Sandplate aus. Auf der Plate brütet neben Küsten- und Flußseeschwalbe auch die Zwergseeschwalbe in recht stattlicher Zahl. Dem Vogelfreund wird die kleine Seeschwalbe schon im Hafen aufgefallen sein; dort ist sie oft beim Fischen zu sehen.
Die ▶ Dünenlandschaft auf Norderney hat viel von ihrem ursprünglichen Charakter bewahrt, da der Besucherstrom schon früh kanalisiert wurde. Wird der Blick des Wanderers von hohen Dünen begrenzt, kommt ein Gefühl wie in einer Sandwüste auf – zumal man außerhalb der Sommersaison bald allein ist. Neben den typischen Pflanzen der Dünen ist vor allem die auffallend häufige Glocken-Heide zu nennen, deren Bestände in günstigen Jahren schöne Anblicke bieten. Eine weitere Besonderheit sind die ▶ tiefen Dünentäler, die teilweise Grundwasseranschluß haben. Auf kalkreichem Boden findet dort das Sumpf-Herzblatt optimale Bedingungen; auf mehr saurem Boden wachsen Königs-Rispenfarn und Sonnentau.
Insgesamt ist die Dünenvegetation auf Norderney aber vom Wildkaninchen beeinflußt. Die Tiere legen in den Dünen auch ihre Baue an, und von dieser Tätigkeit profitieren Brandgans und Steinschmätzer, die fast auf der ganzen Insel in den Dünen zu beobachten sind. Beide Vogelarten – und daneben als Besonderheit die ▶ Hohltaube – brüten in den Gängen, die die Kaninchen in den Boden gegraben haben. Ein weiterer typischer Brutvogel der Dünenlandschaft ist die Sumpfohreule. Und schließlich besteht in den Dünen eine ▶ große Silbermöwenkolonie, in der auch einzelne Heringsmöwen brüten. Zudem ist die ▶ Sturmmöwe auf Norderney mit dem größten Brutbestand an der ostfriesischen Küste vertreten.

18 Baltrum

Die mit 6,6 km^2 Fläche kleinste der Ostfriesischen Inseln ist mit dem Schiff von Neßmersiel aus zu erreichen. Auf Baltrum angekommen, findet man gleich an dem Weg vom Hafen nach Westdorf hinein das **Nationalpark-Haus**, wo man sich eine Ausstellung ansehen und über die Lage der Schutzzonen informieren kann. Die Insel ist bei einer Ausdehnung von nur 5 x 1,5 km so »handlich«, daß man sie auch im Rahmen eines Tagesbesuches gut kennenlernen kann. Interessant sind die ▶ Dünengebiete im Norden, durch die verschiedene Wanderwege

führen. In den ▶ gut ausgeprägten, feuchten und kalkreichen Dünentälern wachsen Kriech-Weide, Sumpf-Herblatt, Rundblättriges Wintergrün und Echte Sumpfwurz. Der hohe Bestand an Wildkaninchen führt dazu, daß die Brandgans in den Dünen reichlich Nistplätze findet; als Höhlenbrüter legt sie ihr Nest gerne in Kaninchenbauen an.
Austernfischer und Rotschenkel gehören in den Hellerwiesen im Südosten der kleinen Insel zum alltäglichen Bild, und ▶ Lachmöwe und ▶ Silbermöwe sind dort mit einer Brutkolonie vertreten. Ein Wanderweg führt rings um dieses Gebiet herum, also auch auf der Wattseite. Größere Wanderungen im Watt vor Baltrum sollte man wegen der besonderen Verhältnisse nur mit einem örtlichen Wattführer machen (frühzeitig anmelden!).
Auffällig sind noch die vielen Holundergebüsche, die zudem gut gedeihen. Es wird vermutet, daß der Grundwasserstand auf der Insel ziemlich hoch ist, da eine Pipeline die Bewohner mit Süßwasser vom Festland versorgt und so die Wasservorräte auf der Insel geschont werden. Wegen der vielen Gebüsche ist eine recht artenreiche Kleinvogelwelt anzutreffen; u. a. brütet der ▶ Birkenzeisig seit langem auf der Insel.

Mehr oder weniger ausgedehnte Dünengebiete – wie hier auf Baltrum – sind typisch für die Ostfriesischen Inseln. Bei seinen Streifzügen sollte sich der Naturfreund an die Wege halten.

19 Langeoog

Langeoog ist rund 11 km lang und 2 km breit. Die Insel ist sehr häufig von vernichtenden Sturmfluten heimgesucht worden. Die Fluten haben die Dünen zum großen Teil auseinandergerissen und die Insel teilweise für Jahrzehnte geteilt; die Weihnachtsflut von 1717 hat sie sogar gedrittelt. Heute weist Langeoog relativ viele Wiesenflächen auf, und die Insel gilt als die stabilste der Ostfriesischen Inseln.
Ausgangspunkt für einen Besuch von Langeoog ist der Hafen von Bensersiel. Das Auto muß dort zurückbleiben; auf Langeoog gilt ein Autoverbot. Im Ort ist während der Hauptsaison sogar der Fahrradverkehr eingeschränkt, und die Parkplatzschilder sind nicht für die überall verkehrenden Pferdekutschen, sondern für die Radfahrer gedacht.
Als wichtige Ziele vorab: Im Ort gibt es ein interessantes **Schiffahrtsmuseum**; es ist in das Haus des Gastes integriert. Und nicht weit von der Jugendherberge liegt der ▶ höchste Punkt Ostfries-

lands, die 21 m hohe **Melkhorndüne**; ein Weg führt dorthin.
Für den Naturfreund ist vor allem der Ostteil der Insel interessant. Dort sind alle 3 heimischen Weihenarten – Rohr-, Korn- und Wiesenweihe – als Brutvögel nachgewiesen und auch auf der Jagd zu beobachten. Im Bereich der Jugendherberge sind zudem regelmäßig Sumpfohreulen zu sehen. Im westlichen Teil des große Dünentales **Dreebargen** zwischen der Jugendherberge und der Meierei liegt ▶ das wohl orchideenreichste Flachmoor Ostfrieslands. Dort blühen die Echte Sumpfwurz und verschiedene Knabenkräuter, darunter das Fleischfarbene Knabenkraut.
Im Ostteil der Insel liegt auch Langeoogs ältestes **Vogelschutzgebiet.** Es beheimatet eine ▶ sehr große Silbermöwenkolonie; daneben hat dort auch die ▶ Lachmöwe eine Kolonie, die Sturmmöwe ist zahlreich, und es brüten sogar einige Heringsmöwen. Auf den Muschelfeldern brütet die Zwergseeschwalbe, die man in der Regel aber nur an der Küste beobachten wird. Das Betreten des Gebietes ist untersagt; während der Brutzeit werden aber Führungen veranstaltet.
Ein zweites botanisch interessantes Gebiet liegt im Südwesten von Langeoog auf dem **alten Flugfeld.** Dort gibt es ▶ ausgedehnte Sanddorngebüsche, die mit Beständen der Kartoffelrose konkurrieren, und dazwischen einzelne Flächen mit Schwarzem Kopfried und Kleinem Wintergrün.
Zur Zugzeit und im Winter halten sich auf Langeoog sehr viele Gastvögel auf, und für diese Arten sind die Salzwiesen natürlich attraktiver als die Dünengebiete. Wen die Durchzügler und Wintergäste besonders interessieren, der sollte sich vor allem am **Flinthörn** (gleich westlich an den Hafen angrenzend) umsehen. Da lassen sich schon mal die Kurzschnabelgans beobachten, aber auch Trauerente, Samtente und Eisente. Zudem nutzen viele Limikolen die guten Ernährungsmöglichkeiten. Gold- und Kiebitzregenpfeifer gehören zu den häufigen, der Sichelstrandläufer zu den eher seltenen Gästen.

Sieht man vom Flugzeug aus hinunter auf eine der Ostfriesischen Inseln, wie hier auf Langeoog, erkennt man gut die Gliederung der Inseln: Sandstrand – Dünen – Wiesen/Salzwiesen – Watt.

Ein Gefühl »unendlicher Weite« vermitteln die Sandplaten, die den Osten der meisten Ostfriesischen Inseln prägen (hier: die Ostplate von Spiekeroog).

20 Spiekeroog

Die jetzige Gestalt der »grünen Insel« Spiekeroog ist verhältnismäßig jungen Datums. Die Insel bestand ehemals aus 3 Teilen, die im Lauf des 18. Jahrhunderts zusammenwuchsen. Die Insel war damals nicht größer als Baltrum: etwa 4,5 km lang und 2 km breit. Mit der Zeit lagerte die Nordsee aber die Ostplate an, so daß die Insel auf fast 10 km Länge gestreckt wurde.

Spiekeroog ist mit der Fähre von Neuharlingersiel aus zu erreichen; das Auto muß am Festland zurückbleiben. Wegen ungünstiger Tideverhältnisse besteht nur ein unregelmäßiger Fahrplan; für einen Besuch sollte man also mindestens 2 Tage einplanen. Auf der Insel bewegt man sich am besten mit dem Fahrrad (mitbringen). Es stehen aber auch Pferdekutschen zur Verfügung, und man kann sich mit der einzigen deutschen Pferdestraßenbahn zwischen Inselbahnhof und dem Westend hin und her schaukeln lassen.

Die ▶ Dünengebiete von Spiekeroog haben sich in den letzten 300 Jahren relativ ungestört entwickeln können, und alle Stadien und Ausprägungsformen sind in lehrbuchmäßiger Abfolge zu sehen. Im Norden des Ortes liegen die älteren Dünen. Von der Weißdüne, von Gemeinem Strandhafer und Strandroggen besiedelt, über die Grau- und Braundüne, bewachsen mit Sand-Stiefmütterchen und Gebüschen von Gemeinem Sanddorn und Kriech-Weide, sind alle Entwicklungsstadien zu finden. Ein Stück nördlich des Quellerdünenheimes findet man im Bereich der Weißdünen auf der Windseite die ▶ größten Bestände der Stranddistel Ostfrieslands. Einer der wichtigsten Gründe für die ungestörte Entwicklung der Spiekerooger Dünen ist wohl das Fehlen des Wildkaninchens auf der Insel. Lediglich einige Feldhasen nagen an dem Dünenbewuchs und richten keine nennenswerten Schäden an.

Die **Ostplate** ist heute etwa 10 km^2 groß und weist am Rand Primär- und Weißdünen, aber auch größere Salzwiesen auf. Dort liegen die Brutgebiete von Eiderente, Austernfischer, Sand- und Seeregenpfeifer, Großem Brachvogel und einer recht ansehnliche Population der Zwergseeschwalbe. Der gesamte östliche Teil der Insel gehört zur Zone I (Ruhezone) des Nationalparks und ist nur unter Führung zu betreten.

Reizvoll ist auch der Südwesten Spiekeroogs mit seinem Vogelbrutgebiet **Neuland.** Priele mit einem weitgehend natürlichen Verlauf durchziehen die Salzwiesen. Im Übergangsbereich von den Salzwiesen zu den Dünen wachsen Arten wie Heide-Gagelstrauch, Sumpf-Herzblatt, Gewöhnlicher Zwergflachs, Wasserfenchel, Strand-Tausendgüldenkraut und Sumpf-Knabenkraut. Im Neuland brüten Lachmöwe, Silbermöwe und Heringsmöwe. Auch die Sumpfohreule ist häufig zu beobachten.

Ein abschließender Tip: In der **Hermann-Lietz-Schule** kann in der Hauptsaison ein **Inselmuseum** mit einem **Seewasseraquarium** besichtigt werden, und am Pfarrhaus ist ein Walskelett zu sehen.

21 Wangerooge

Für die 8,5 km lange und im Mittel 1 km breite autofreie Insel Wangerooge ist Harlesiel der Zubringerhafen. Während auf den anderen Ostfriesischen Inseln ein mehr oder weniger natürlicher Strand vorherrscht, sind auf Wangerooge die Aktivitäten zum Schutz der Landes nicht zu übersehen. Zwar gilt die Insel als lagestabil, doch im Westen und auch an der Nordküste schützen umfangreiche Baumaßnahmen das Land. Der Dünenrand östlich des Ortes hat den Charakter eines Kliffs; der Wind hält die seewärtige Dünenkante ständig vegetationsfrei.
In die Zone I (Ruhezone) des Nationalparks Niedersächsiches Wattenmeer fallen auf Wangerooge in erster Linie die ▶ Salzwiesenbereiche auf der Südseite der Insel auf: der **Westaußengroden**, teilweise der **Mittelaußengroden** sowie **Ostinnengroden** und **Ostaußengroden.** Die Salzwiesen weisen üppige Bestände an Widerstoß, Gemeiner Grasnelke und Salz-Aster auf. Die Flächen dürfen nicht betreten werden; man kann sie aber von den Deichen aus einsehen.
Weite Bereiche der Dünen liegen nicht in Zone I und sind für den Besucherverkehr frei, sofern nicht örtliche Verbote dagegen sprechen, und natürlich sind die Wege zu benutzen.
Wangerooge weist u. a. einen ▶ guten Brutbestand der Brandseeschwalbe auf, die man auch häufig bei der Nahrungssuche beobachten kann. Daneben brüten Küsten- und Zwergseeschwalbe und am Ostende der Sandregenpfeifer. Im Frühjahr und Herbst ziehen ▶ große Schwärme von Knutts durch, und auch die Arten- und Individuenzahl anderer Limikolen ist verhältnismäßig hoch. Als Gast kommen weiter die Kurzschnabelgans häufig vor, ebenso die Saatgans und die Ringelgans.
Im **Nationalpark-Haus »Rosenhaus«** (am Rosengarten) kann sich der Besucher umfassend informieren und Termine für Führungen erfragen. Den Alten Leuchturm kann man besteigen, und von der Aussichtsplattform sind bei klarer Sicht die Nachbarinsel Spiekeroog, die Festlandküste des Elisabethgrodens, die Vogelinsel Mellum und sogar Helgoland zu sehen.

So sieht die westliche Spitze von Wangerooge aus der Vogelperspektive aus (oben links der Westturm, unten der rot-weiße Neue Leuchtturm). Verschiedene Küstenschutzmaßnahmen sollen die Insel an dieser Seite stabilisieren.

Jadebusen und Wesermündung

Ähnlich wie der Dollart ist der dicht besiedelte Raum zwischen Wilhelmshaven, Oldenburg, Bremen und Bremerhaven von Industrie geprägt. Für die Natur bleibt recht wenig Raum. Und doch findet der Besucher, von Oldenburg oder auch von Bremen kommend, dort einige attraktive Gebiete.

Der Jadebusen ist im Mittelalter entstanden und hat zu jener Zeit seine größte Ausdehnung erreicht. Durch menschliches Zutun wurde er aber wieder verkleinert. Deiche markieren heute seine Küste, und dieser Schutz ist auch erforderlich, denn der Jadebusen liegt in einem Gebiet, wo die Erdoberfläche absinkt. Der Jadebusen hat heute eine Fläche von gut 20 000 ha; fast zwei Drittel fallen bei Niedrigwasser als Watt trocken. Daraus ergibt sich, daß das Gebiet für Limikolen, vor allem auf dem Zug, eine große Bedeutung hat. Tatsächlich sammeln sich dort bereits kurz nach der Brutzeit bis zu 7 000 Säbelschnäbler. Insgesamt besuchen den Jadebusen rund 60 Arten, darunter auch die Kurzschnabelgans, die ansonsten nur im Norden Schleswig-Holsteins zu beobachten ist.

22 Institut für Vogelforschung »Vogelwarte Helgoland« in Wilhelmshaven

Das Institut wurde 1910 als »Vogelwarte Helgoland« gegründet. Es ist die wissenschaftliche Fortführung des Erbes des Malers Heinrich Gätke, der 1847 damit begann, auf Helgoland ornithologische Beobachtungen zu machen. Gätkes Aufzeichnungen und Sammlungen gingen 1897 im Nordsee-Museum der Preußischen Biologischen Anstalt auf. 1946 übernahm das Land Niedersachsen die Vogelwarte Helgoland und verlegte deren Hauptsitz nach Wilhelmshaven.

Die Forschungsschwerpunkte liegen heute im Bereich der Vogelzugforschung, der Ernährungsstrategien von Vögeln und der Populationsbiologie. Da eine der Hauptaufgaben der Vogelwarte nach wie vor die Beobachtung des Vogelzuges ist, sei auf die 7,8 Mio. Beringungen hingewiesen, die

Vogelmarkierung und Wiederfunde

Um den Vogelzug zu erforschen, legt man Vögeln Ringe an oder markiert sie auf andere Weise. Auf den normalen Aluminiumringen, die man Vögeln um die Beine legt, stehen eine Nummer und eine Adresse (z. B. »Vogelwarte Helgoland Germania«). Wer etwa auf einer Strandwanderung am Spülsaum einen toten, beringten Vogel findet, sollte seinen Fund den Forschern zugänglich machen: Fundort und -datum aufschreiben, ggf. den Vogel oder zumindest den Ring mitnehmen, Weitergabe an örtlichen Naturschutz oder direkt an die Vogelwarte. Solche Wiederfunde helfen, die Wanderungen der Vögel zu rekonstruieren. Unter »Wiederfunde« im weiteren Sinn fallen auch Beobachtungen von zusätzlich farbig beringten oder markierten Vögeln. Auch hier gilt: genaue Notizen machen (welche Art, welches Bein wie beringt, ggf. abgelesene Nummer, wo und wann beobachtet, besondere Umstände) und weiterleiten.

Adresse: Institut für Vogelforschung »Vogelwarte Helgoland«, An der Vogelwarte 21, 26386 Wilhelmshaven, Tel. 04421 – 96890

durch die Mitarbeiter bis 1997 erfolgt sind. Die Bibliothek des Institutes ist eine der umfangreichsten Sammlungen ornithologischer Literatur in Europa und steht auch der Öffentlichkeit zur Verfügung.

Wohl jeder Vogelkundler hat Interesse daran, die Vogelwarte einmal zu besuchen. Das Haus ist dienstags vormittags und donnerstags nachmittags geöffnet. Der Besucher erhält in der »Heinrich-Gätke-Halle« einen Einblick in die Geschichte und die Arbeitsgebiete des Institutes. Die Vogelsammlung von Heinrich Gätke kann man im **Nationalparkzentrum »Das Wattenmeerhaus«** besichtigen (s. u.).

Um zur Vogelwarte zu gelangen, fährt man von der A 29 an der Ausfahrt Fedderwardergroden in Richtung Wilhelmshaven-Zentrum. Nur etwa 1 km von der Ausfahrt entfernt (Stadtteil Rüstersiel) zweigt die Straße »An der Vogelwarte« nach links ab, und nach einigen hundert Metern hat man links versteckt hinter Sträuchern und Bäumen die Vogelwarte vor sich. An der L 811 vom Zentrum stadtauswärts hängt ein unscheinbares Hinweisschild, dem man auch folgen kann.

23 Botanischer Garten Wilhelmshaven

Noch nicht einmal 1 ha ist der 1947 aus einem Schulgarten hervorgegangene kleinste Botanische Garten Deutschlands groß. Für den Pflanzenfreund sind die Beete mit den Pflanzen Norddeutschlands besonders interessant, kann er dort doch Arten sehen, denen er in den Heiden, Mooren, Groden und Dünen des Küstenraumes auch begegnen kann. Unter Glas werden zudem Pflanzen des Mittelmeerraumes, der Subtropen und der Tropen kultiviert. Der Garten ist täglich geöffnet und am besten über die A 29 zu erreichen (Ausfahrt Wilhelmshaven-Nord und dann in Richtung Innenstadt; Adresse: Gökerstr. 125).

24 Naturzentren am Wilhelmshavener Südstrand

Gleich 3 für den Naturfreund interessante Ziele hat der Wilhelmshavener Südstrand zu bieten: das **Seewasseraquarium**, das **Nationalparkzentrum »Das Wattenmeerhaus«** und die **Walausstellung der Umweltorganisation Greenpeace.** Zum Südstrand gelangt man, indem man den Wegweisern »Hafen« und »Helgolandkai« folgt. Wer die Kaiser-Wilhelm-Brücke passiert, sieht schon den hohen Backsteinquader der Strandhalle liegen, in dessen unterem Teil das Aquarium untergebracht ist. Der Autofahrer sollte dort einen Dauerparkschein lösen, denn die anderen beiden Zentren liegen in unmittelbarer Nähe entlang der Südstrandpromenade.

Das **Seewasseraquarium** wurde bereits 1927 in Betrieb genommen und nach dem 2. Weltkrieg 1950 wiedereröffnet. Es wird mit frischem, umlaufenden Jadewasser versorgt und hat 40 Schaubecken und ein Rundschwimmbecken. Es werden nahezu alle Tiere der Nordsee gehalten, in verschiedenen Becken kann man die Entwicklung vom Ei zum Jungfisch sehen, und es werden auch etliche Meeresalgen gezeigt. Eine besondere Anziehungkraft übt das Großbecken aus, in dem sich ▶ Seehunde tummeln, die man durch eine Scheibe auch unter Wasser beobachten kann. Mit einem guten Fernglas und etwas Glück kann man die Meeressäuger zusätzlich von der Terrasse aus auf den Seehundsbänken der Jade beobachten.

Ein paar hundert Meter weiter liegt das **Nationalparkzentrum »Das Wattenmeerhaus«.** Dort bekommt man alle Informationen, die mit dem Nationalpark Niedersächsisches Wattenmeer in Zusammenhang stehen. Das Institut für Vogelforschung (s. o.) hat dem Wattenmeerhaus zudem die Vogelsammlung von Heinrich Gätke zur Verfügung gestellt. Häufig wechselnde Fotoausstellungen ergänzen die Dauerausstellung.

Noch einige Meter weiter, direkt von der Uferpromenade aus zu erreichen, hat Greenpeace damit begonnen, eine **Dauerausstellung zum Thema Wale** aufzubauen. Anlaß dafür waren die 1997 vor der Küste Schleswig-Holsteins gestrandeten Pottwale. Mit modernster Technik (Plastination) werden in zeitaufwendiger Arbeit die Körperteile eines ▶ Pottwales präpariert und in Lebensgröße ausgestellt. Für alle, die noch nie die Lunge, eine Arterie oder andere Körperteile eines solchen Riesen gesehen haben – das Skelett ist vollständig montiert –, gibt es nur eines: Nichts wie hin!

25 Vogelinsel Mellum

Die Vogelinsel Mellum liegt am Ostrand des Jadefahrwassers. Sie gehört zur Zone I (Ruhezone) des Nationalparks und darf nur mit einer Sondergenehmigung betreten werden. Der eine oder andere Naturfreund hat aber vielleicht einmal die Möglichkeit, im Rahmen einer Fahrt zu den Seehundsbänken oder bei einer Ausfahrt mit einem Fischkutter an diesem Vogelparadies vorbeizukommen.

Mellum ist im letzten Viertel des vorigen Jahrhunderts durch Strömungen und Wind als Sandplate entstanden. Nach und nach siedelten sich Dünen- und Salzwiesenpflanzen an, und heute ist das Grünland etwa 75 ha groß. Die Insel wird von ▶ rund 12 000 Brutpaaren von Silbermöwen in Anspruch genommen; daneben brüten noch ▶ etwa 500 Paare Austernfischer. Wegen der ungestörten Lage hat Mellum eine große Bedeutung für den Vogelzug; Hunderttausende Wasser- und Watvögel mausern oder rasten auf der Insel und auf den Wattflächen und Sandplaten um sie herum.

26 Neuenburger Urwald

Wer von Wilhelmshaven aus auf der A 29 nach Süden in Richtung Oldenburg fährt, sollte nicht versäumen, das Naturschutzgebiet Neuenburger Urwald zu besuchen. Man verläßt die Autobahn an der Ausfahrt Varel/Bockhorn und fährt auf der B 437 nach Bockhorn. In Bockhorn biegt man nach Nordwesten in Richtung Zetel ab und erreicht nach 1,5 km das Waldgebiet (dort Parkplatz mit Infotafel). Alternativ kann man von Bockhorn nach Neuenburg fahren. Kurz vor

Auf einem Spaziergang durch den Neuenburger Urwald entdeckt man immer wieder die Gewöhnliche Stechpalme im Unterwuchs.

dem Ortseingang liegt rechts der Straße ein Parkplatz, von dem ebenfalls ein Wanderweg ausgeht. Der Baumbestand setzt sich aus ▶ bis zu 700 Jahre alten Stiel-Eichen, wunderbaren dicken Rotbuchen, Gemeinen Hainbuchen und Ebereschen zusammen. Bemerkenswert ist der reichliche Unterwuchs mit ▶ Gewöhnlicher Stechpalme; die Art erreicht teilweise beachtliche Höhen. Im Frühling bedeckt das Busch-Windröschen weite Flächen des Waldbodens; dazwischen wächst das Scharbockskraut. Auf Grund des vielen Totholzes kann man auch mit einem artenreichen Bestand an Pilzen und an Insekten rechnen. Der Vogelfreund kann im Neuenburger Urwald Sperber, Habicht, Hohltaube, verschiedene Spechte und den Zaunkönig beobachten.

27 Tier- und Freizeit-Park Jaderberg

Wer nach Dünen, Watt und Seevögeln etwas Abwechslung braucht, mag einen Besuch des Jaderparks erwägen. Man erreicht ihn über die A 29 (Wilhelmshaven – Oldenburg), die man an der Ausfahrt Jaderberg verläßt. Der Park (Adresse: Tiergartenstr. 69) bietet auf derzeit 6 ha Fläche sowohl den »geruhsamen Spaziergang« als auch »Spaß und Trubel«. In den Volieren und Freigehegen werden etwa 400 Tiere (30 Säugetier- und 70 Vogelarten, daneben Reptilien und Fische) aus mehreren Kontinenten gehalten; die europäische Tierwelt ist nur mäßig vertreten. Sehenswert ist die ▶ große Pinguinanlage, in der man die Tauchkünste der Vögel auch durch Glasscheiben unter Wasser bewundern kann. Der Park ist von Ende März bis Ende Oktober täglich geöffnet.

28 Botanischer Garten der Universität Oldenburg

Der Botanische Garten der Carl-von-Ossietzky-Universität liegt am Ende des Philosophenweges (Sackgasse). Von der A 28 fährt man an der Ausfahrt Oldenburg-Haarentor in Richtung Innenstadt, muß sich aber gleich links halten.
Die Anlage geht auf das Jahr 1882 zurück, als ein Lehrgarten für das Lehrerseminar Oldenburg eingerichtet wurde. Die heutige Fläche von rund 5,2 ha ist in verschiedene Bereiche aufgeteilt. Neben einer systematischen Abteilung und einer Sammlung verschiedener Arzneipflanzen wurde auch eine pflanzengeografische Abteilung (Asien, China, Nordamerika, Südamerika) eingerichtet. Interessanter für den Naturfreund sind aber die dargestellten heimischen Lebensräume wie Wälder, Binnendüne, Heide, Hochmoor und Trockenrasen; auch ein Alpinum fehlt nicht. Eine Besonderheit des Gartens sind die Volieren mit verschiedenen heimischen Vögeln (Eulen, Singvögel, Rabenvögel) und die Terrarien mit heimischen Reptilien.

29 Staatliches Museum für Naturkunde und Vorgeschichte Oldenburg

Dieses Museum liegt in der Oldenburger Innenstadt (Adresse: Damm 40 – 44). Als Besonderheit sind dort die ▶ »Oldenburger Moorleichen«, gut erhaltene, aus den Mooren der Umgebung geborgene Leichen, ausgestellt. Im Zusammenhang damit informiert das Museum anschaulich über die Lebensbedingungen der Menschen in der Nacheiszeit im Oldenburger Raum. Eine Mineraliensammlung ist ebenfalls zu sehen.

30 Sehestedter Moor

Einzigartig ist dieser Küstenrest, der landeinwärts durch einen neuen Deich abgegrenzt wurde. Es ist praktisch die ▶ Urküste zu sehen, wie sie auf weiter Strecke vor dem Eingriff des Menschen beschaffen war. Große Torfballen, die von der Flut aus dem Festland herausgerissen wurden, ruhen jahrelang im Vorland, das aus Schlick – stellenweise mit Beständen des Gemeinen Quellers – besteht. Die »Urlandschaft« erreicht man von Süden über die B 437 (Varel – Rodenkirchen). Etwas östlich von Wapelergroden biegt man in Richtung Burhave ab und folgt der Küstenstraße bis Sehestedt. Am Hinweisschild zum Strandbad liegt eine Parkbucht. Wenn man dort auf den Deich geht, kann man direkt auf das »Schwimmende Moor« sehen. Das Betreten des Gebietes ist verboten.

31 Langwarder Groden

Der Langwarder Groden bildet die Nordspitze von Butjadingen, der Halbinsel zwischen Jadebusen und Wesermündung. Fährt man die Küstenstraße von Sehestedt (s. o.) in Richtung Norden weiter, erreicht man nach gut 20 km den Ort Langwarden. Im Ort biegt man nach Norden ab und erreicht 1 km weiter den Deich. Etwas links vom Deichübergang beginnt ein Rundwanderweg, der nach Osten über den Sommerdeich und zurück über den Hauptdeich nach Langwarden führt. Der Weg darf nicht verlassen werden. Wegen der extensiven Weidenutzung entwickelten sich vor Langwarden ▶ gut ausgeprägte Salzwiesen mit sehr viel Andel, Widerstoß und Salz-Aster, in den trockeneren Bereichen auch mit Strand-Beifuß, Gemeiner Grasnelke und Rotem Schwingel. Im Gebiet brüten dort viele Kiebitze, Uferschnepfen, Rotschenkel und natürlich der Wiesenpieper. Im Außengroden haben ▶ Säbelschnäbler und ▶ Lachmöwen Brutkolonien,

Das Sehestedter Moor ist der nur noch 10 ha umfassende Rest eines riesigen Hochmoores, das einst die Fläche des heutigen Jadebusens bedeckte. Das Außendeichs-Hochmoor wird bei Orkanfluten vom Untergrund abgehoben (daher auch der Name »Schwimmendes Moor«).

Am Langwarder Groden an der Nordspitze von Butjadingen kann man sich einen guten Eindruck von typischen Salzwiesen und deren Vogelwelt verschaffen. Auf dem Deich kann man den Sommergroden umwandern.

und im Winter sind dort schon ▶ Schwärme von 30 000 Austernfischern beobachtet worden. Ringelgänse finden dort gute Äsung und sind zur Zugzeit auch zahlreich zu sehen.
Das Wattengebiet vor dem Langwarder Vorland gehört zum **Hohe-Weg-Watt.** Es erstreckt sich zwischen Jade- und Wesermündung bis nördlich zur **Vogelinsel Mellum** (s. S. 45) und ist ▶ eines der größten Mausergebiete von Brandgänsen und Eiderenten an der niedersächsischen Küste.

32 Nationalpark-Haus Museum Butjadingen in Fedderwardersiel

Bei dieser Kombination zwischen **Nationalpark-Haus** und **kulturhistorischem Museum** haben sich die Betreiber viele Gedanken darüber gemacht, wie man sein Thema lebendig aufbereiten und vermitteln kann. Abgesehen von dem Haus mit seiner Dauerausstellung, in dem man übrigens auch mit Hilfe von Stereolupen und Mikroskopen einen guten Einblick in die Kleinlebewesen des Wattenmeeres bekommen kann, hat man den ganzen Ort und Teile des Grodens in die Arbeit einbezogen. Der Besucher erhält eine Broschüre und kann allein oder geführt in der Gruppe mehrere Punkte in der Umgebung aufsuchen, an denen Kultur und Natur lebendig werden. Im Hafen wird die wirtschaftliche Bedeutung der Krabben – richtig: Garnelen – beschrieben, an den Küstenbaumaßnahmen erfährt man viel über den »Kampf mit dem Meer« und in Groden und Watt werden der Lebensraum und einzelne Bewohner näher erläutert. Für diesen wunderbaren **»Entdeckungspfad«** wird eine Dauer von ca. 2 h empfohlen, der Besucher sollte sich aber ruhig mehr Zeit nehmen. Im Gebiet sind übrigens ▶ sehr viele Kormorane zu sehen.
Fedderwardersiel liegt zwischen Langwarden und Burhave an der Butjadinger Küstenroute (s. o.) und ist auch von Süden aus über Brake und Nordenham zu erreichen. Kommt man zum

Fedderwarder Sieltief, braucht man nur noch einige Meter die Kaimauer an der Ostseite des Hafens entlangzufahren und steht schon vor dem Museum (Adresse: Am Hafen 4). Das Haus ist in der Ferienzeit täglich geöffnet und bietet auch besondere Programme für Kinder.

33 Übersee-Museum Bremen

»Die Welt unter einem Dach« ist das Motto des Übersee-Museums in Bremen. In dem Gebäude beim Hauptbahnhof werden dem Besucher Ausstellungsstücke aus den Themenbereichen Natur, Völkerkunde und Handelskunde geboten. Unter diesen Gesichtspunkten werden in Schaukästen, Dioramen und Bildern alle Erdteile behandelt. Auch das ▶ Leben in einem Bienenstock läßt sich hinter Glas beobachten. (Das Seewasseraquarium ist derzeit geschlossen und dessen Wiedereröffnung fraglich.)

34 Botanischer Garten und Rhododendronpark Bremen

Die Gartenanlage liegt in der Marcusallee im Stadtteil Schwachhausen. Am besten ist sie über die A 27, Ausfahrt Bremen-Horn/Lehe zu erreichen. April/Mai ist die Zeit der Wahl, um die blühenden Rhododendren in ihrer ganzen Pracht zu erleben. Heute wachsen in Bremen ▶ rund 2 000 verschiedene Rhododendronarten und -sorten aus vielen Teilen der Welt – von baumartig wachsenden Formen bis hin zu den eher kleinen Azaleen. Der Rhododendronpark ist in den Botanischen Garten eingebunden, der mit seiner Heidelandschaft, seinen Abteilungen für Arznei- und Nutzpflanzen, seiner geografischen Abteilung, seiner Abteilung für heimische Flora und seinem Alpinum ebenfalls sehenswert ist. Insgesamt hat der Naturfreund eine Fläche von 36 ha zu erkunden; davon entfallen 16 ha auf den Rhododendronpark. Die Anlage steht jeden Tag für Besucher offen.

35 Wümmeniederung

Entlang der Wümme zieht sich – wie entlang anderer Flüsse in Norddeutschland – eine ausgedehnte Niederung. Der naturkundlich interessanteste Teil liegt zwischen Fischerhude und Bremen-Borgfeld. Der Besucher fährt am günstigsten über die A 1; von der Ausfahrt Oyten geht es direkt nach Fischerhude. Steigt er dort auf das Fahrrad um, kann er viele Wege fahren, die für PKW gesperrt sind. Gleich bei Fischerhude geht es mitten durch das Gebiet. Im Frühjahr blüht an feuchten Stellen überall die Sumpf-Dotterblume. Ansonsten sind viele Wiesenvögel zu sehen; Großer Brachvogel und Rotschenkel kommen als Brutvögel vor. In den Wümmewiesen um Fischerhude dominieren aber die von Gehölzen gesäumten Flußarme, und entsprechend häufig sind die Singvögel. So ist beispielsweise die Dorngrasmücke oft zu sehen, aber auch das Braunkehlchen. Da ▶ im Umland größere Graureiherkolonien sind, kann der Vogel sehr häufig beobachtet werden. Bei Borgfeld/Lilienthal wechselt das Bild. Das flußab beginnende **Blockland** weist größere Schilfbestände auf. Der Radfahrer oder Fußgänger kann dort den Teichrohrsänger und sogar die Beutelmeise beobachten. Die überschwemmten Wiesenflächen der Wümmeniederung sind im Winter ein ▶ bedeutendes Rastgebiet für Singschwäne aus dem Norden.

Rund 2 000 verschiedene Rhododendronarten und -sorten sind im Bremer Rhododendronpark zu bewundern. Der Park bildet eine Einheit mit dem Botanischen Garten.

Teil der »Maritimen Erlebniswelt« Bremerhavens ist das Nordseemuseum am Alfred-Wegener-Institut. Von der Decke hängen die Skelette einiger Wale.

36 »Maritime Erlebniswelt« Bremerhaven

Ähnlich wie in Wilhelmshaven findet der Besucher auch im alten Hafengebiet von Bremerhaven ein Ensemble von Einrichtungen, wo er alles Wissenswerte über das Meer erfahren kann.
Wer über die A 27 anreist, wählt die Ausfahrt Bremerhaven-Mitte. Der Autobahnzubringer (B 212) führt praktisch direkt zur Columbusstraße, die als Orientierung dient. Im Westen der Columbusstraße liegt die Strandhalle, und dort ist ein Großparkplatz, von dem aus alle Einrichtungen zu Fuß zu erreichen sind. Nicht nur der **Zoo am Meer** und das **Deutsche Schiffahrtsmuseum** mit seinem bekannten Museumshafen liegen in unmittelbarer Nähe, sondern auch das **Morgensternmuseum** (Stadtgeschichte) und, nur um die Ecke, das **Nordseemuseum am Alfred-Wegener-Institut** am alten Fischereihafen. Das Hauptgebäude des Alfred-Wegener-Institutes liegt an der Columbusstraße.

Der **Zoo am Meer** liegt an der nördlichen Uferpromenade. Schon von weitem sieht man den Leuchtturm, an dessen Fuß ein schöner Backsteinbau den Eingang zum Zoo bildet. Die Spezialität des Zoos sind Meeressäuger (Seehunde, Seelöwen) und Tiere des Nordens. Die ▶ größte Baßtölpelbrutkolonie in einem zoologischen Garten ist zu bewundern, und der Zoo hat einen sehr guten Namen wegen seiner Eisbärenzucht. Aber was wäre ein Meereszoo ohne Pinguine? Die gibt es selbstverständlich auch. In einem Durchgangsgebäude ist ein Aquarium mit Bewohnern der Nordsee, vor allem mit typischen Nordseefischen eingerichtet.

Wer das **Nordseemuseum am Alfred-Wegener-Institut** besuchen will, kann einen längeren Spaziergang vom Parkplatz an der Strandhalle aus machen oder auch den Parkplatz direkt am Institut wählen. Die Anfahrt dorthin ist jedoch schwierig. Am besten folgt man dem Hinweisschild zur »Weserfähre Nordenham«, muß sich aber an der Fähre links halten, die Deichüber-

fahrt benutzen und unmittelbar dahinter parken. Von der Deichüberfahrt sieht man links, etwas tiefer liegend, den Betonbau des Alfred-Wegener-Institutes (Adresse: Am Handelshafen 12).
Der Eingang wird vom Pförtner geöffnet. Im Foyer erhält man gute Informationen über die Arbeit des Alfred-Wegener-Institutes (Polarforschung), und im zweiten Stock steht man in einem Museum, wie es musealer nicht sein kann. In 75 Schauvitrinen und um diese herum werden hervorragend präparierte Objekte gezeigt. Wale, Robben, Meeresvögel, Fische, Krebse, Muscheln, Schnecken, Korallen und Blumentiere aus der Nordsee und anderen Meeren sind vertreten. Sogar einige ▶ Präparate von Tiefseefischen sind zu bewundern. Das Museum ist ganzjährig geöffnet, sonntags nur zeitweise. Auf Wunsch werden Führungen durchgeführt.

37 Großer Sellstedter See und Polder Bramel

Ausgangspunkt für Exkursionen in ein vielfältiges, naturnahes Gebiet östlich von Bremerhaven ist Bramel. Der Ort ist von der A 27 aus zu erreichen. Von der Ausfahrt Bremerhaven-Geestemünde fährt man in Richtung Sellstedt, und von dieser Straße biegt man nach Nordosten ab.
Fährt man von Bramel aus in Richtung Sellstedt, umfährt man den **Großen Sellstedter See** auf seiner Ostseite. In den Wiesen um den See herum kann man mit etwas Glück den seltenen Wachtelkönig beobachten, sicher aber die Bekassine und den Großen Brachvogel, die beide regelmäßig im Gebiet brüten. Auch einige Weißstörche gehen in den Wiesen auf Nahrungssuche. Weiter gelangt der Besucher in ein Hochmoor. Es ist allerdings nicht ganz typisch, da erst in neuerer Zeit ein Wiedervernässungsprogramm angelaufen ist. Immerhin sind Kiebitz, Bekassine und Uferschnepfe zu beobachten. Von der Straße aus führen mehrere Fußwege zum See. Auf den abgestorbenen Birken rasten Kormorane, Graugänse sind häufig, und die Rohrammer ist gut zu beobachten.
Nördlich von Bramel, in der Geesteniederung zwischen den Orten Bramel und Elmlohe, dem **Polder Bramel**, erwartet den Besucher ein Highlight. Dicht bei einer Großstadt, Bremerhaven, jagt dort der ▶ Fischadler; dieses Revier soll das westlichste des Adlers in Mitteleuropa sein. Ansonsten sind auf den vernäßten Wiesen im Frühjahr gut Limikolen zu beobachten, beispielsweise Austernfischer, Kiebitz, Uferschnepfe, Pfuhlschnepfe und Rotschenkel.

Rund um die Unterelbe

Zu einem mächtigen Strom wird die Elbe von Hamburg flußabwärts. Im Bereich der Fähre Wischhafen – Glückstadt erreicht sie eine Breite von 4 km; zwischen Cuxhaven und Friedrichskoog ist der Trichter 17 km breit. Bis nach Hamburg hinein machen sich die Gezeiten bemerkbar; in Hamburg beträgt der Tidenhub noch 2,80 m. Die Lebensräume an der Unterelbe unterliegen also Ebbe und Flut, und das drückt sich auch in einer interessanten Pflanzen- und Tierwelt aus. Die Hansestadt selbst sollte der Naturfreund nicht nur als Einfallstor nach Norden ansehen; sie bietet neben Hafen, St. Pauli und Michel noch andere Ziele, die man bei einer Fahrt an die Nord- oder Ostseeküste einplanen könnte.

38 Wernerwald

Südwestlich des Cuxhavener Stadtteiles Sahlenburg liegt ein Mischwaldgebiet mit Rotbuche und Stiel-Eiche, aber auch Schwarz-Kiefer. Dieser Wernerwald stockt auf einem alten Geestrücken und ist nicht durch einen Deich vom Meer getrennt. Der Besucher kann sich also auf der dem Meer zugewandten Seite die natürliche Ausprägung der Küstenzone im Gebiet der Geest ansehen. Das Vorland ist nicht besonders tief gestaffelt und geht gleich in den Grünlandbereich und, relativ stark ansteigend, den Wald über. Die ▶ Windschur hat den Bäumen in den Randbereichen arg zugesetzt. Je weiter es aber in den Bestand hinein geht, desto gerader wachsen die

Bäume, und desto höher werden sie. Im Frühjahr blüht am Waldboden die Große Sternmiere. Am Waldrand findet man an stark besonnten Stellen große Bestände von Klappertopf.
Südlich des Wernerwaldes bei Berensch liegt direkt an der Straße eine ▶ Krähenbeerenheide, wo man auch den Großen Brachvogel beobachten kann. Dieses kleine Naturschutzgebiet darf man nur auf den Wegen betreten.

39 Das Watt bei Cuxhaven

Cuxhaven ist am schnellsten über die A 27 von Bremen aus über Bremerhaven zu erreichen. Auch die B 73 von Hamburg über Buxtehude, Stade und Otterndorf führt nach Cuxhaven; die Anfahrtzeit ist aber wesentlich länger. Cuxhaven ist Ausgangspunkt für Exkursionen nach Neuwerk, Scharhörn und vor allem nach Helgoland.
Der größte Teil des Wattenmeeres vor Cuxhaven und der angrenzende Küstenstreifen gehören zwar zu den beiden Nationalparks Hamburgisches und Niedersächisches Wattenmeer, dürfen aber teilweise betreten werden. Beispielsweise fahren von Sahlenburg aus die Wattwagen zur Insel Neuwerk hinüber. Ein kleines Stück abseits der Abfahrtstelle, aber in Sichtweite, liegt das **Nationalparkzentrum** mit einer umfassenden Ausstellung über das Wattenmeer und einem Aquarium mit Nordseefischen. An der Abfahrtstelle der Wagen beginnt auch ein Wanderweg ins Wattenmeer, der mit Pricken auffällig markiert ist. Ein zweiter Wanderweg führt von Duhnen aus ins Watt. An beiden Punkten werden geführte Wattwanderungen angeboten.
Entlang der markierten Wege kann man gut die Wirkung der Gezeitenströmung beobachten. Schillbänke liegen in unmittelbarer Nähe, und man kann alle möglichen Bewohner des Wattbodens studieren. Auf dem Rückweg zur Küste

Erlebnis Wattenmeer: mit 2 PS über die Rippelmarken und durch die Priele – zwischen Cuxhaven und Neuwerk.

erlebt man dann die Zonierung der Vegetation vom Quellerwatt über die Salzwiese bis zum beweideten Grünland.
Zwischen Sahlenburg und Duhnen liegt die **Duhner Heide** mit dem vorgelagerten **Duhner Anwachs.** Die natürliche, aber stark beanspruchte Küstenheide mit Gemeiner Besenheide und Schwarzer Krähenbeere als den beiden charakteristischen Pflanzenarten ist auf dem nährstoffarmen Sandboden der Dünen enstanden. Das Gebiet kann man vom Wanderweg entlang des mehrere Meter hohen Geestrandes aus einsehen. Zum Meer hin schaut man von diesem Weg aus auf die Lahnungsfelder des Duhner Anwachses. Dort haben sich Salzwiesen ausgebildet, in denen auch Vögel zu beobachten sind. Der Anwachs liegt in der Zone I (Ruhezone) des Nationalparks Niedersächsisches Wattenmeer und darf nicht betreten werden.
Wer an der Nordsee noch keine ▶ Seehunde gesehen hat, sollte die Möglichkeit nutzen, von Cuxhaven aus eine Fahrt zu den Seehundsbänken zu unternehmen. Die bei Ebbe trockenfallenden Sandbänke zum Elbefahrwasser hin bieten den Robben sehr gute Ruheplätze, und man kann Ansammlungen von bis zu 130 Tieren beobachten.

Vor der Kulisse des weithin sichtbaren Neuwerker Turmes brüten Lachmöwen.

40 Neuwerk

Den Hamburger Außenposten in der Elbemündung erreicht man von Cuxhaven aus. Von der Anlegestelle »Alte Liebe« aus fährt ein Schiff nach Neuwerk-Hafen. Von Duhnen oder Sahlenburg kann man aber auch zu Fuß nach Neuwerk gehen. Der Wattweg ist mit Pricken gut markiert; man muß aber mindestens 2 h vor Niedrigwasser in Cuxhaven starten. Wer sich nicht sicher fühlt, vertraue sich einer Gruppe an; Wattführer stehen zur Verfügung.

Man kann auch den »dritten Weg« wählen und von Sahlenburg aus mit den berühmten Wattwagen nach Neuwerk fahren. Die Fahrt ist ein echtes Erlebnis und kann sehr empfohlen werden. Sicher durchquert das geländegängige Gefährt bis 1,30 m tiefe Priele; dabei steht den Pferden das Wasser bis über den Bauch, und das Wasser läuft auch schon mal in den Wagen. Eine frühzeitige Anmeldung (am besten über das Fremdenverkehrsamt) ist dringend geboten, da die Fahrten auf Tage im voraus ausgebucht sind.

Wer eine frühe Hin- und eine späte Rückfahrt bucht, hat genügend Zeit, sich Neuwerk und eventuell noch Scharhörn anzusehen. Im übrigen sollte man sich im voraus überlegen, wann und wie man von Neuwerk zurück nach Cuxhaven gelangen will. Wer sich zeitlich nicht festlegt, muß damit rechnen, daß ggf. auf den Wagen kein Platz mehr ist. Es ist auch möglich, die eine Strecke mit dem Wattwagen und die andere mit dem Schiff zurückzulegen.
Die Wattwagen halten in Neuwerk in der Nähe des 45 m hohen **Turmes**, der 1310 errichtet wurde und seit 1644 als Leuchtturm dient. Wer die 138 Stufen nicht scheut, kann sich von der Aussichtsplattform aus einen ersten Überblick über die Insel verschaffen. Die Theorie liefert dann die **Nationalpark-Station/Informationsstelle des Vereins Jordsand** zu Füßen des Turmes.
Für den Naturfreund bietet Neuwerk sehr viele und gute Beobachtungsmöglichkeiten. Bei einer Fläche von rund 3 km^2 ist die Insel auch leicht zu erwandern. Die eingedeichten Flächen von Neuwerk werden vor allem von Wiesen eingenommen, auf denen Rinder und Pferde weiden. Sie sind für den Naturfreund weniger von Interesse als die außendeichs gelegenen Flächen, vor allem diejenigen im Osten der Insel, die zur Zone I (Kernzone) des Nationalparks Hamburgisches Wattenmeer gehören. Durch diese Flächen schlängelt sich ein **Wanderweg**, der an der Auffahrt der Wattwagen nach Neuwerk beginnt; den Weg darf man nicht verlassen.
Entlang des Weges kann sich der Pflanzenfreund mit der ▶ typischen Zonierung der Vegetation vertraut machen. Da wäre zunächst das Schlickwatt mit Seegras und den Stellen, wo Gemeiner Queller und Schlickgras, aber auch Strand-Sode zu finden sind. Auf den etwas trockeneren, schon salzärmeren Standorten folgen Andel, Strand-Wegerich und vor allem Gemeine Grasnelke und Strand-Beifuß. Das höhere Vorland schließlich wird von Rotem Schwingel dominiert; dort wachsen aber auch Strand-Milchkraut, Widerstoß, Gemeine Grasnelke und Salz-Aster. Auf durch aufgewehten Sand recht trockenen und nährstoffarmen Standorten gedeihen Dornige Hauhechel, Gemeiner Hornklee, Gemeine Grasnelke, Strand-Tausendgüldenkraut und Roter Zahntrost.
Der Vogelfreund kann entlang des Wanderweges ebenfalls schöne Beobachtungen machen. Er passiert ▶ mehrere Brutkolonien der Lachmöwe, in deren Nähe Fluß- und Zwergseeschwalben brüten. Seeschwalben brüten auch wieder im Bereich der Ost-Bake; dort halten sich bei Hochwasser zudem eine Menge Watvögel auf. Im Sommer sind auf Neuwerk Austernfischer, Sandregenpfeifer, Großer Brachvogel und Rotschenkel zu beobachten, zur Zugzeit auch viele andere Limikolen.

41 Die Vogelinseln Scharhörn und Nigehörn

Von Neuwerk aus sind 2 Vogelinseln zu erreichen: Scharhörn und Nigehörn. Ein Besuch erfordert allerdings eine rund 9 km lange Wattwanderung, und während Scharhörn unter Führung des dort stationierten Vogelwartes zu besichtigen ist (selbständiges Betreten ist verboten), ist Nigehörn ein Totalschutzgebiet. Wegen einer Führung auf Scharhörn wende man sich an das Nationalparkzentrum in Cuxhaven oder an die Nationalpark-Station/Informationsstelle auf Neuwerk (in der Nähe des Turmes). Letztere wurde vom Verein Jordsand eingerichtet, der auch im Vogelschutz auf Neuwerk, Scharhörn und Nigehörn engagiert ist.
Da **Scharhörn** eine Sanddüne ist, hat sie einen von Neuwerk verschiedenen Charakter, und typische Dünenbesiedler wie Stranddistel, Strand-Quecke, Strandroggen und Gemeiner Strandhafer bilden ihren Bewuchs. Scharhörn bietet Seevögeln gute Brutmöglichkeiten (alle folgenden Zahlen von 1997). Die Möwen sind mit Lachmöwe (300 Paare), Silbermöwe (600 Paare), Sturmmöwe (7 Paare) und Heringsmöwe (125 Paare) vertreten, die Seeschwalben mit Küstenseeschwalbe (175 Paare), Flußseeschwalbe (800 Paare) und Zwergseeschwalbe (17 Paare). Daneben brüten Kormoran (86 Paare), Brandgans (26 Paare), Austernfischer (79 Paare) und Rotschenkel (5 Paare). Scharhörn spielt aber auch eine Rolle im Vogelzug. Zur Zugzeit sind dort große Schwärme von Limikolen zu sehen; ▶ bis zu 70 000 Alpenstrandläufer sind schon registriert worden.
Im Gegensatz zu Scharhörn wurde **Nigehörn** durch Saugbagger 1989 künstlich errichtet, um den Vögeln von Scharhörn eine Ausweichmög-

lichkeit zu bieten. Scharhörn wandert nämlich 1 – 4 m jährlich in südöstliche Richtung, seine Fläche hat in den letzten Jahren abgenommen, und es ist zu befürchten, daß die Insel in absehbarer Zeit von der Nordsee völlig abgetragen werden wird. Nigehörn weist mittlerweile einen guten Bestand an Brutvögeln auf (Zahlen von 1997): Kormoran (34 Paare), Brandgans (9 Paare), Austernfischer (68 Paare), Seeregenpfeifer (14 Paare), Lachmöwe (750 Paare), Silbermöwe (500 Paare), Heringsmöwe (90 Paare), Küstenseeschwalbe (230 Paare), Flußseeschwalbe (360 Paare) und Zwergseeschwalbe (41 Paare).

Scharhörn ist unter Führung des dort stationierten Vogelwartes zu besichtigen (im Hintergrund ein Tanker im Elbe-Fahrwasser).

42 Wingst und Balksee

Gut ausgeschildert und von Cuxhaven aus über Otterndorf und Neuhaus oder von Stade aus über Hemmoor gut zu erreichen ist das Geesthügelgebiet der Wingst. Der Silberberg ist 74 m hoch und der Fahlenberg 61 m. Auf der Kuppe des Fahlenberges steht eine Aussichtsplattform, von der aus man bei klarem Wetter bis zur Elbemündung und nach Hamburg sehen kann.

Am westlichen Rand des Mischwaldgebietes der Wingst liegt der **Baby-Zoo** mit seinen schönen Freigehegen mit einheimischen und ausländischen Tieren. Der Zoo bezeichnet sich selbst als »familien- und kinderfreundlich« und bietet Kindern viele Gelegenheiten, mit jungen Tieren in Kontakt zu kommen. Der Weg zum Baby-Zoo ist ausgeschildert; der Zoo ist täglich geöffnet.

Südwestlich der Ortschaft Wingst liegt ein kleiner, aber ► ökologisch sehr interessanter Niederungssee, der **Balksee.** Der Weg dorthin ist ausgeschildert; man braucht nur dem braunen Wegweiser zu folgen. Der Balksee ist ca. 170 ha groß und etwa 1,5 m tief. Sein natürlicher Wasserspiegel liegt etwa 0,20 m unter Normalnull; durch verschiedene wasserbauliche Maßnahmen in diesem Jahrhundert ist er jedoch auf etwa 0,80 m unter Normalnull gesunken. Der See ist Lebensraum für eine vielfältige Tierwelt. Der Fischotter hat dort ein Vorkommen. Zur Brutzeit sind Haubentaucher, Rohrweihe, Bekassine, Braunkehlchen und Drosselrohrsänger zu beobachten. Die umliegenden Moorflächen weisen einen guten Bestand an Ringelnatter, Moorfrosch und Libellen auf. Auch der Botaniker kommt im Gebiet auf seine Kosten. Um den See herum wachsen beispielsweise Königs-Rispenfarn, Rundblättriger Sonnentau, Sumpf-Wasserfeder, Sumpf-Läusekraut, Kleiner Wasserschlauch und Beinbrech.

43 Nördliches Kehdingen

Einige schöne Exkursionen lassen sich im Norden des Landes Kehdingen machen. Die Region ist von Cuxhaven aus über Otterndorf oder von Hamburg aus über Buxtehude, Stade und Wischhafen zu erreichen; ein guter Ausgangspunkt ist Freiburg. Ihre nähere Erkundung ist mit dem Auto möglich; mit dem Fahrrad kann man allerdings fast jeden Winkel erreichen und von »höherer Warte« aus besser beobachten. Beginnen sollte man an der Ostemündung; etwa 2 km nördlich von Neuhaus liegt das Ostesperrwerk.

Am westlichen Ufer der Oste liegt ein **Natureum** mit einer ausgezeichneten Ausstellung über den Lebensraum Küste früher und heute, sowie verschiedenen Erlebnisbereichen, die vor allem Kinder an die Natur heranführen sollen. In der Nähe des Hauses wurden mehrere Beobachtungshütten errichtet, von denen aus man auf die Oste und das Vogelschutzgebiet Hullen sehen kann. Der Besuch des Natureums kostet zwar Eintritt, ist aber lohnenswert. Nimmt man den ostseitigen Deich der Oste bis zur Mündung, erreicht man das **Vogelschutzgebiet Hullen.** Dort wurde neben anderen Vogelarten schon der Stelzenläufer beobachtet. Folgt man dem Deich in nordöstlicher bzw. östlicher Richtung, so gelangt man in die **Balje**, ein Wiesengelände mit einem Vorland zur Elbe hin, und die **Außendeichsbereiche bei Wischhafen.** Auf dem Deich muß man nicht zu Fuß gehen, man kann dort auch mit dem Rad fahren und sich so relativ schnell einen Überblick über das gesamte Gebiet verschaffen. Mit dem Rad kann man zudem verschiedene Wege zwischen Straße und Deich befahren; es sind aber die Ge- und Verbote zu beachten, die in der Feriensaison anders geregelt sind als im Winter.

In der Balje sind im Sommer häufig ▶ Trauerseeschwalben zu beobachten. Die Vorlandflächen (im Winter auch die binnendeichs gelegenen Wiesen) bietet aber auch vielen Zugvögeln Nahrung. Zur Zugzeit sind vor allem ▶ sehr viele Goldregenpfeifer, Kiebitze und Große Brachvögel zu beobachten. Im Herbst findet ein ▶ starker Greifvogelzug statt; zahlreich ist dann beispielsweise der ▶ Rauhfußbussard zu sehen. Im Winter finden Zwergschwäne und Nonnen- oder Weißwangengänse im Gebiet reichlich Nahrung. Im April/Mai kann die Balz verschiedener Limikolen gut beobachtet werden.

Weite Wiesenflächen prägen die Landschaft im Land Kehdingen westlich der Unterelbe. Der Vogelfreund findet dort ein reiches Betätigungsfeld – zur Brutzeit, aber auch zur Zugzeit und im Winter.

44 Fischbeker Heide

Verläßt der Besucher die A 7 an der Ausfahrt Hamburg-Heimfeld, und fährt er auf der B 73 in Richtung Buxtehude, erreicht er nach etwa 4 km den Ort Fischbek. Dort fährt er links ab über die »Scharlbarg« benannte Straße zum Parkplatz am Rand des Naturschutzgebietes Fischbeker Heide. Mit 773 ha Fläche ist es eines der größten Naturschutzgebiete Hamburgs und als Naherholungsgebiet von Wanderwegen durchzogen.
Die Heide ist ein vom Menschen geschaffener Lebensraum; durch Beweidung der ursprünglichen Wälder (Waldweide) entstanden baumfreie Flächen, auf denen sich die Gemeine Besenheide ausbreiten konnte. Weitere Bäume wurden für die Produktion von Holzkohle eingeschlagen. Heute bietet das Schutzgebiet ein Mosaik aus verschiedenen Lebensräumen: Quellmoore, Feuchtheide, Trockenheide und Sandtrockenrasen, daneben Misch- und Nadelwald. Die offenen Flächen sind für den Naturfreund besonders interessant. Dort wachsen Pflanzen wie Heide-Gagelstrauch, Rundblättriger Sonnentau, Englischer Ginster, Behaarter Ginster, Rosmarinheide, Immergrüne Bärentraube, Gewöhnliche Moosbeere, Schwarze Krähenbeere, Lungen-Enzian, Berg-Sandglöckchen und Beinbrech. Die Heide ist auch Lebensraum für eine vielfältige Kleintierfauna. Im Sommer ist etwa die ▶ Gefleckte Heidelibelle zu sehen, und mit etwas Glück findet man im Wald den Nashornkäfer. Die Reptilien sind mit Zauneidechse, Wald- oder Bergeidechse und Kreuzotter vertreten, die Vögel mit ▶ Ziegenmelker und ▶ Heidelerche – um nur die interessantesten Arten zu nennen.
Über die Ökologie des Gebietes und seine Pflanzen- und Tierwelt kann sich der Besucher im **Naturschutzinformationshaus »Schafstall«** gut informieren.

45 Wildpark Schwarze Berge in Rosengarten-Vahrendorf

Der Wildpark Schwarze Berge liegt am Rand der Nordheide inmitten des Staatsforstes Rosengarten. Die A 7 bringt den Besucher über die Ausfahrt Hamburg-Marmstorf schnell an sein Ziel. Von der Ausfahrt an stehen Hinweistafeln, so daß die weitere Orientierung einfach ist. Der Wildpark wurde 1969 als fachlich geprüftes Wildgehege eröffnet und hat sich seitdem zu einem der schönsten Wildparks Norddeutschlands und zu einem beliebten Ausflugsziel der Hamburger entwickelt. Auf einer Fläche von rund 50 ha Mischwald werden entlang eines ausgedehnten Netzes von Wanderwegen vor allem einheimische Tierarten gezeigt, darunter Rotfuchs, Iltis, Baum- und Steinmarder, Dachs, Fischotter, Nordluchs, Wildkatze, Schwarzwild, Wisent, Rotwild und Damwild.
Vom 31 m hohen **Aussichtsturm (»Elbblickturm«)** hat man einen weiten Blick über die Wälder des Staatsforstes Rosengarten, die Elbeniederung und den Großraum Hamburg. Der Wildpark ist das ganze Jahr über täglich geöffnet.

46 Botanischer Garten der Universität Hamburg

Der Botanische Garten der Universtät besteht aus 2 Komplexen, die in unterschiedlichen Stadtteilen angesiedelt sind.
Der **neue Botanische Garten** liegt im Stadtteil Klein Flottbek (schräg gegenüber vom S-Bahnhof Klein Flottbek, Eingang: Ohnhorststraße). Der Garten wurde 1979 eröffnet und hat eine Fläche von etwa 25 ha. Um eine zentrale systematische Abteilung gruppieren sich eine Frühlingswiese, ein Bereich mit einheimischen Pflanzen (Birken- und Eichen-Hainbuchenwäldchen, Watt- und Strandlandschaft, Moor), ein Alpinum, ein Japangarten und ein Bereich mit Arten aus Nord- und Südamerika. Beete mit Rhododendren und Nadelbäumen, mit Rosen, Pflanzen des Mittelmeerraumes, Giftpflanzen und Nutzpflanzen runden das Bild ab. Von den Gewächshäusern ist nur eines öffentlich zugänglich.
Neben dem neuen Botanischen Garten ist noch der **alte Botanische Garten** am S-Bahnhof Dammtor (Stadtteil Rotherbaum) erhalten, wenn auch in veränderter Form. Das Freigelände ist in der Parkanlage **Planten un Blomen** aufgegangen, während die große Schaugewächshaus-Anlage nach wie vor zum Botanischen Garten gehört. Sie besteht aus Kakteen- und Sukkulentenhaus, Farnhaus, Subtropenhaus, Cycadeenhaus und Tropenhaus; der Zugang ist nur durch Planten un Blomen möglich. Vom alten Botanischen Garten ist es nicht weit zu den naturkundlich ausgerichteten Museen rund um die Universität (s. u.).

47 Tierpark Carl Hagenbeck

Der traditionsreiche Zoo – aus einer Tierhandelsfirma hervorgegangen und heute noch als Familienunternehmen geführt – zieht (trotz hoher Eintrittspreise) nach wie vor viele Besucher an. Neben dem klassischen Afrika-Pan-

Der markante Eingang läßt darauf schließen, daß »Hagenbeck« ein traditionsreiches Unternehmen ist. 1907 öffnete der Tierpark zum ersten Mal seine Pforten.

orama lassen verschiedene neu angelegte, geräumige Freigehege geruhsame Beobachtungen von Tieren aus aller Welt zu. Der Bestand beziffert sich auf rund 2 500 Tiere in mehr als 350 verschiedenen Arten. Neben der bekannten Elefantenzucht hat der Zoo auch ein Delphinarium und ein Troparium zu bieten. Am einfachsten ist »Hagenbeck« über die A 7 zu erreichen. Von der Ausfahrt Stellingen fährt man auf der Kieler Straße in Richtung Innenstadt. Von dort biegt man nach links in den Sportplatzring ab und von diesem wiederum links ab in die Hagenbeckstraße.

48 Naturkundliche Museen der Universität in Hamburg-Rotherbaum

Rund um die Universität Hamburg liegen einige zu ihr gehörige, naturkundlich interessante Sammlungen und Museen. Sie sind alle vom S-Bahnhof Dammtor zu erreichen; PKW-Fahrer wählen am besten dort einen zentralen Parkplatz.

An der Ecke Marseiller Straße/Jungiusstraße liegt das **Institut für angewandte Botanik.** Dessen **Schausammlung** befaßt sich mit der Nutzung von Pflanzen und der Verarbeitung der gewonnenen Produkte. Jeder der 8 Räume hat sein eigenes Thema; in Raum 2 beispielsweise geht es um Öle und Fette liefernde Pflanzen, in Raum 3 um Stärke liefernde Pflanzen und in Raum 8 um Arzneipflanzen und Drogen. Insgesamt ist die Sammlung nicht alltäglich und sehr sehenswert; sie ist von montags bis freitags geöffnet.

Vor dem 2. Weltkrieg hatte die Sammlung des Hamburger Naturhistorischen Museums Weltruf; leider ging sie im Krieg fast komplett verloren. Nachfahre dieses Naturhistorischen Museums ist das heutige **Zoologische Museum** am Martin-Luther-King-Platz 3. Anschaulich wird die Entwicklung des Lebens auf der Erde dargestellt. Die heimische Fauna ist vor allem mit den Wirbeltieren vertreten. Ein Schwerpunktthema der Ausstellung sind die Wale und ihre Anpassungen an das Leben im Wasser. Neben einem ▶ Narwalschädel mit 2 Stoßzähnen von 1684 ist auch ein ▶ 6 m langer Unterkiefer eines Blauwales zu bewundern. Das Museum ist von dienstags bis freitags und an 2 Samstagen im Monat geöffnet.

Eine gute Ergänzung der Sammlungen des Zoologischen Museums bilden die des **Geologisch-Paläontologisches Museums** in der Bundesstraße 55. Die Entstehung unseres Planeten, sowie die biologische und kulturelle Evolution sind Inhalte der Schausammlung. Schwerpunktmäßig wird auf die Eiszeiten, deren Ursachen und deren Auswirkungen auf Norddeutschland eingegangen – eine gute Vorbereitung für einen Besuch der Nord- und Ostseeküste. Das Museum ist von montags bis samstags geöffnet.

Klein, aber fein – so läßt sich das **Mineralogische Museum** in der Grindelallee 48 charakterisieren. Den Besucher erwartet nicht eine unüberschaubare Vielfalt verschiedenster Mineralien, sondern eine Auswahl besonders schöner Exemplare. Das interessanteste Stück ist ein ▶ 424 kg schwerer Meteorit aus Namibia, der größte Meteorit, der in einem deutschen Museum zu sehen ist. Das Haus ist mittwochs und an einem Sonntag im Monat geöffnet.

Birkenreiche Wälder nehmen im Duvenstedter Brook nordöstlich von Hamburg große Flächen ein. Verschiedene Wanderwege erschließen das Naturschutzgebiet.

49 Garten der Schmetterlinge Friedrichsruh

Gut zu erreichen ist der 1985 eröffnete Garten der Schmetterlinge der Familie von Bismarck in Friedrichsruh. Man verläßt die A 24 (Hamburg – Berlin) an der Ausfahrt Reinbek, fährt weiter in Richtung Schönningstedt und gelangt über Aumühle nach Friedrichsruh. Aumühle kann man auch mit der S-Bahn (S 21) erreichen; von Aumühle fährt eine weitere Bahn nach Friedrichsruh, zu Fuß ist diese Strecke in etwa 20 Minuten zurückzulegen. In Aumühle ist der Weg zum Garten gut ausgeschildert. Die Schmetterlingshäuser sind von Frühlingsanfang bis Ende Oktober geöffnet.

Für die Schmetterlinge wurde die ehemalige Schloßgärtnerei umgebaut. In 2 großen Freiflughallen von zusammen etwa 600 m² kann man 30 – 60 Arten von Schmetterlingen beobachten, die in verschiedenen Erdteilen beheimatet sind. In Schaukästen und Vitrinen kann man sich die Eier und Raupen der Schmetterlinge aus der Nähe ansehen, aber auch, wie die Falter aus der Puppenhülle schlüpfen.

Um die Hallen herum ist ein schöner Garten angelegt. Er umfaßt einen Singenden Wassergarten (von fernöstlicher Gartenkunst inspiriert), einen Rosengarten, einen Rhododendrongarten, einen Duftgarten (mit über 80 verschiedenen Pflanzenarten), einen Libellenteich, einen Biologischen Lehrweg und eine Fotoausstellung. Kurz: Man sollte sich auch dort umsehen. Und nicht zuletzt sind in dem umgebenden **Sachsenwald** (Mischwald) vielfältige Naturbeobachtungen, zumindest aber erholsame Spaziergänge möglich.

50 Duvenstedter Brook

Um zum Duvenstedter Brook zu gelangen, verläßt man die A 7 an der Ausfahrt Schnelsen-Nord. Von dort fährt man auf der B 432 weiter in Richtung Norderstedt/Bad Segeberg. Kurz hinter Norderstedt biegt man rechts ab nach Duvenstedt, und von dort fährt man auf dem »Duvenstedter Triftweg« bis Wohldorf. An der Grenze des Naturschutzgebietes liegt ein schönes, gut ausgestattetes **Infozentrum des NABU.** Dort kann sich der Besucher über aktuelle Beobachtungsmöglichkeiten und die angebotenen Führungen und Vorträge informieren; außerdem bietet das Haus eine kleine Ausstellung über die Pflanzen- und Tierwelt des Gebietes.

Auf 780 ha Fläche am Rand der Großstadt bekommt man eine Artenfülle geboten, die ihresgleichen sucht. Der Pflanzenfreund könnte ein Herbar mit rund 500 verschiedenen Arten von Farn- und Blütenpflanzen (darunter auch die Schachblume) anlegen – aber: Das Pflanzensammeln ist natürlich untersagt! Für das Naturschutzgebiet sind 17 verschiedene Libellenarten nachgewiesen. Die Vogelliste umfaßt insgesamt 81 Arten. Darunter sind Schwarzstorch (z. Zt. regelmäßig zu beobachten, aber noch kein Brutnachweis), Fischadler, Seeadler, Schreiadler, Kranich (in mehreren Paaren brütend), Uhu und verschiedene andere Arten, die teilweise vom Aussterben bedroht sind. Unter den Säugetieren ist die sehr seltene Wasserfledermaus zu erwähnen. In den Wäldern lebt Damwild und ▶ kapitales Rotwild. Letzteres wird zwar bejagt, aber die Jagd ist so konzentriert, daß das Wild die meiste Zeit des Jahres keine große Scheu zeigt und gut zu beobachten ist. Ja, die Brunft des Rotwildes (Ende September/Anfang Oktober) ist sogar der Besuchermagnet des Duvenstedter Brooks.

Zur Brunftzeit sind einige Plätze des Brooks für Besucher gesperrt; es sind jedoch gute Beobachtungsverstecke angelegt.
Eine gute erste Übersicht bietet ein Rundweg, der in Verlängerung des Duvenstedter Triftweges in das Gebiet führt. Ein ▶ schöner Birkenbruchwald liegt unmittelbar am Weg. Teilweise führt der Weg durch Moorgebiete und gleich am Anfang oder Ende, je nach gewählter Richtung, findet man ▶ große Bestände der Drachenwurz. Vom Weg aus hat man auch Einblick (Fernglas) in eine ▶ Graureiherkolonie.
Für das Duvenstedter Brook sollte man eigentlich mehrere Tage einplanen – oder wiederkommen. Zumal sich im Südwesten das 418 ha große **Naturschutzgebiet Wohldorfer Wald** unmittelbar anschließt. Eichen-Buchen-Mischwald herrscht dort vor; daneben umfaßt das Gebiet Auwaldreste, Fichtenforsten, Feuchtwiesen und Teiche. Als Brutvögel kommen Uhu, verschiedene Spechte und Kolkrabe vor.

51 Haseldorfer Marsch

Die Haseldorfer Marsch ist am besten über die A 23 zu erreichen. Von der Ausfahrt Tornesch fährt man nach Uetersen und von dort auf der B 431 in Richtung Wedel. In Heist biegt man rechts ab nach Haseldorf. Wenn man dort auf das Fahrrad umsteigt, kann man die kleinen Marschenwege und den Deich abfahren und hat so beste Beobachtungsmöglichkeiten.
Auf den Wiesen und im Vorland kann man Austernfischer, Rotschenkel und einige Möwenarten beobachten, zur Zugzeit auch Graugans, Saatgans und Bläßgans oder sogar den seltenen ▶ Zwergschwan, der hier vor die Tore Hamburgs kommt.
Der Haseldorfer Marsch in der Elbe vorgelagert sind die Inseln **Pagensand** und **Bishorster Sand/Auberg Drommel** sowie die Halbinsel **Twielenflether Sand**, die Verbindung zur Marsch hat. Diese Gebiete stehen unter Schutz und dürfen nicht betreten werden.
Die Inseln und Halbinseln sind teilweise mit Pappeln, Weiden und Stiel-Eiche bewaldet. Auch in der Haseldorfer Marsch sind die Priele und Kolke häufig mit Gehölzgruppen umstanden, was der gesamten Landschaft einen eigenen Reiz gibt.

Wasserflächen, Weidenbäume und Wiesen sind charakteristisch für die Haseldorfer Marsch.

Rote Insel Helgoland

»Grün ist das Land, rot ist die Kant', weiß ist der Sand – das sind die Farben von Helgoland« – so wird die einzigartige Hochseeinsel 50 km vor der deutschen Küste charakterisiert. Sie ist nur von Hamburg oder Cuxhaven aus regelmäßig mit dem Schiff zu erreichen oder mit dem Flugzeug von mehreren küstennahen Flugplätzen aus. In der Sommersaison kann man aber auch von vielen anderen Orten aus Tagesfahrten unternehmen. Auf der Insel bekommt man Informationen bei der Kurverwaltung am Anleger und im **Infozentrum »Hummerbude Nr. 35« des Vereins Jordsand,** der auch die beiden Schutzgebiete auf der Insel betreut.

Die heute nur noch 1,5 km^2 große und bis zu 60 m hohe Felseninsel hat eine interessante Entstehungsgeschichte. Im Erdmittelalter wurde das Deckgebirge, das sich über dem Zechsteinsalz gebildet hatte, druckbedingt emporgehoben, und es brach stellenweise auseinander. Durch den Bruch kippte das Deckgebirge, und so wurde vor rund 65 Mio. Jahren der Helgoländer Sockel gebildet. Der Festlandsockel war ursprünglich 30 km^2 groß und wies alle geologischen Schichten des Buntsandsteins, des Muschelkalks und der Kreide auf. Deutlich sichtbar ist davon heute nur noch die Schicht des mittleren Buntsandsteins; sie bildet die Hauptmasse des Helgoländer Felsmassivs. Bei Niedrigwasser sind im Felswatt allerdings auch die Schichten des Muschelkalks und der Kreide zu sehen, auf denen man sich auch auf der Düne (s. u.) bewegt. Die gesamte Felsformation Helgo-

lands ist zusätzlich durch die Eiszeiten geprägt und wurde erst durch den Schliff der Eismassen zu einem Plateau geformt. Nach dem 2. Weltkrieg wurden auf der Insel große Sprengungen durchgeführt, die das Aussehen abermals veränderten; das Mittelland entstand. Und nach wie vor läßt die Brandung von Zeit zu Zeit mal eben einige tausend Tonnen schwere Felsbrocken ins Meer stürzen.

52 Deutschlands einziger Vogelfelsen

Nur wenige Vogelarten haben Helgoland als Brutplatz gewählt. Da die Insel eine Felsküste aufweist, hat sie Deutschlands einzigen Vogelfelsen aufzuweisen **(Naturschutzgebiet Lummenfelsen der Insel Helgoland).** An dem steil abfallenden Lummenfelsen im Nordwesten der Insel (vom Klippenrandweg aus gut einzusehen) brüteten 1997: Eissturmvogel (66 Paare), Dreizehnmöwe (7 200 Paare), Tordalk (12 Paare) und Trottellumme (1 400 Paare). Auch der Baßtölpel ist 1991 heimisch geworden und brütet (1997: 12 Paare) zwischen den Lummen. Nachdem die Lummen Anfang Mai auf den schmalen Felsleisten ihre birnenförmigen Eier gelegt haben, nach dem etwa einmonatigen Bebrüten und der anschließenden Fütterungsperiode werden die Jungvögel Anfang Juli in den Abendstunden von ihren Eltern auf das offene Meer gelockt. Obwohl die Jungen noch nicht flügge sind, stürzen sie sich aus 30 – 50 m Höhe in das anbrandende Wasser. Dieser sogenannte Lummensprung ist ein gefährliches Abenteuer für die Jungen, und er ist auch der Grund dafür, daß unterhalb des Lummenfelsens noch keine Betonmole errichtet wurde. Die jungen Vögel könnten eine solche Barriere nicht überwinden.

An Helgolands Felsküste mit der Langen Anna als markantem Wahrzeichen (links) brüten Baßtölpel, Dreizehenmöwen und Trottellummen (oben).

53 Vogelwarte Helgoland

Berühmt ist Helgoland wegen seiner Bedeutung für den Vogelzug. 370 verschiedene Durchzügler wurden bisher registriert, darunter viele Seltenheiten. So ist es nicht verwunderlich, daß bereits 1910 die Vogelwarte Helgoland gegründet wurde, heute eine Außenstelle des Instituts für Vogelforschung »Vogelwarte Helgoland« in Wilhelmshaven (s. S. 43). Nach wie vor ist die Vogelzugforschung die Hauptaufgabe der Helgoländer Ornithologen, und wie ehedem wird ein ▶ Fanggarten mit einer Reuse für den Vogelfang unterhalten. Die Insel ist für durchziehende Vögel einfach so attraktiv, daß immer neue Forschungsergebnisse erarbeitet werden.

Die Vogelwarte ist einfach zu finden. Es ist das letzte Haus auf der rechten Seite, wenn man »An der Sapskuhle« entlang zum Oberland geht. Wählt man den nordöstlichen Klippenrandweg, so liegt die Vogelwarte südwestlich hinter der Schrebergartenkolonie. Dienstags und donnerstags kann man die Vogelwarte nachmittags besuchen; es finden dann auch Führungen statt.

54 Das Felswatt

Bei einem durchschnittlichen Tidenhub von 2,30 m fallen rund um Helgoland beachtliche Teile des Klippenfeldes periodisch trocken, das Felswatt. Geprägt wird dieser Lebensraum von ▶ großen Meeresalgen wie Blasentang, Sägetang, Fingertang, Zuckertang und Palmentang; insgesamt kommen um Helgoland herum rund 400 verschiedene Arten von Grün-, Braun- und Rotalgen vor. Für das Felswatt typisch sind aber auch verschiedene Schwämme, Blumentiere, Moostiere, Schnecken und Muscheln, Krebse und Fische; unter den Krebsen ist der ▶ Europäische Hummer als Besonderheit hervorzuheben. Wegen seiner einzigartigen Unterwasserflora und -fauna wurde das Felswatt unter Schutz gestellt; das Betreten ist verboten. Vom Oberland oder von der Küste im Norden der Insel aus bekommt man aber einen guten Überblick über das Felswatt; seine Bewohner kann man zudem im Aquarium der Biologischen Anstalt (s. u.) hautnah kennenlernen. Insgesamt ist das **Naturschutzgebiet Helgoländer Felssockel** mit seinen 2 Teilen um die Hauptinsel und die Düne herum 5 138 ha groß und damit das größte Naturschutzgebiet Schleswig-Holsteins.

Das Helgoländer Felswatt ist Lebensraum einer charakteristischen Algenflora und einer vielfältigen Wirbellosenfauna.

55 Aquarium der Biologischen Anstalt

Da Helgoland auf Grund der geologischen Verhältnisse eine ganz andere Unterwasserflora und -fauna aufweist als die übrige deutsche Nord- und Ostseeküste, wurde dort schon vor rund einem Jahrhundert ein Zentrum meeresbiologischer Forschung eingerichtet. Was alles im Meer um Helgoland herum lebt, kann sich der Naturfreund im Schauaquarium gegenüber dem Meerwasserschwimmbad ansehen. Besondere Anziehungskraft üben die ▶ Seehunde in ihrem großen Außenbecken aus.

56 Die Düne

Wer genügend Zeit hat, sollte mit dem Boot zur 60 ha großen, durch Anwehung von Sand entstandenen Düne hinüberfahren und sich auch dort umsehen. Die Düne wird zwar durch den Flugplatz und den Badebetrieb relativ stark in Anspruch genommen, aber dennoch kann der Naturfreund interessante Entdeckungen machen. Er kann z. B. am Strand entlanggehen und nach fossilen Muscheln, Belemniten und Ammoniten suchen. Wanderwege führen zudem durch die Dünen und an kleinen Wasserflächen vorbei, und sowohl am Strand als auch im inneren Teil lassen sich Vögel beobachten. Zur Zugzeit kann jeder Tag neue Überraschungen bringen.

Dithmarschen und Eiderstedt

Mit »Kohl satt« wurde Dithmarschen, die Landschaft um Meldorf und Heide, schon charakterisiert. Und tatsächlich kann man weite Gebiete Dithmarschens – und der nordwestlich angrenzenden Halbinsel Eiderstedt – als eine Agrarsteppe bezeichnen, in der für Wildblumen und für Insekten, Vögel und andere Tiere nur wenig Raum bleibt. Der Naturfreund tut also gut daran, sich auf die Küste und auf wenige Punkte im Binnenland zu konzentrieren. Dort aber findet er lohnende Exkursionsgebiete.

57 Waldmuseum Burg

Als naturkundlich herausragend muß man das Waldmuseum am Ortsrand des kleinen Städtchens Burg/Dithmarschen bezeichnen; eine vollständigere Information über den Wald ist im norddeutschen Raum nicht zu bekommen. Die 1968 eröffnete Einrichtung ist aus der Schulwaldarbeit der Burger Realschule hervorgegangen.
Das Museum wurde um einem 21 m hohen **Aussichtsturm** herum eingerichtet, und aus etwa 80 m Höhe über NN kann man bei klarem Wetter bis zur Elbemündung und nach Cuxhaven sehen. In den darunter liegenden Räumen erfährt man alles rund um Wald und Holz. Einen Schwerpunkt bildet die Darstellung der norddeutschen Wälder während der letzten 130 000 Jahre, vor allem der einzelnen Waldtypen, die sich nach der letzten Eiszeit entwickelt haben. Daneben führen Originalstücke, Präparate, Modelle und Schautafeln in die heimische Tier- und Pflanzenwelt ein. Auch Themen wie Natur- und Umweltschutz werden aufgegriffen. Da das Haus inmitten eines 30 ha großen Erholungswaldes liegt, bot es sich an, einen 2 km langen **Waldlehrpfad** anzuschließen. An 15 Stationen kann der Besucher seine im Museum frisch erworbenen Kenntnisse abrunden.
Der Ort Burg ist von Itzehoe aus über die B 431 und Hochdonn oder von Brunsbüttel aus über Eddelak zu erreichen. Das Waldmuseum (Adresse: Obere Waldstraße) ist von Anfang April bis Ende Oktober und außer montags täglich geöffnet.

58 Seehundstation Friedrichskoog

Friedrichskoog ist über Brunsbüttel und Marne von Südosten oder über Heide und Meldorf von Norden her zu erreichen. In der Stadt sollte sich der Naturfreund zunächst im **Fischereihafen** umsehen, bevor der den Schildern »Seehundstation« (Adresse: An der Seeschleuse 4) folgt.
Die Station wurde in neuester Zeit sehr erweitert und verfügt über ein großzügiges Außenbecken, das naturnah gestaltet ist und auch Unterwasserbeobachtungen der Robben ermöglicht. Sie ist als einzige in Schleswig-Holstein autorisiert, Heuler – also die jungen Seehunde, die nach ihrer Mutter rufen – aufzunehmen, zu pflegen und wiederauszuwildern (s. S. 33; Telefon der Station: 04854 – 1372). Ab etwa Juni/Juli werden Heuler eingeliefert. Sie werden gesondert gehalten, damit sie ihre natürliche Scheu vor dem Menschen behalten. Über eine Videoanlage kann man das Treiben der Heuler aber gut beobachten. Da auch die Kegelrobbe vor der schleswig-holsteinischen Küste vorkommt, werden ganz selten einmal Heuler dieser Art in der Station betreut.
Neben ihren fachspezifischen Aufgaben leistet die Station eine Menge Öffentlichkeitsarbeit. Dazu gehört eine sehr umfassende Ausstellung über die Meeressäuger und ihren Lebensraum, und die Station bietet auch Führungen und Seminare rund um Küste und Wattenmeer an. Sie ist täglich geöffnet.

59 Vogelinsel Trischen

Trischen ist eine der bedeutendsten Vogelinseln an der deutschen Küste. Die Insel gehört zur Zone I (Ruhezone) des Nationalparks Schleswig-Holsteinisches Wattenmeer, darf nur mit einer Sondergenehmigung betreten werden und ist somit dem Normaltouristen nicht zugänglich. Der eine oder andere Naturfreund hat aber vielleicht während einer Fahrt mit dem Schiff einmal Gelegenheit, Trischen einigermaßen aus der Nähe zu sehen.

Die eigentliche Insel ist nur rund 233 ha groß. Zusammen mit der angrenzenden Marner Plate ergeben sich aber rund 2 400 ha Schutzgebiet, die einer ständigen strömungsbedingten Verlagerung unterliegen. Etwa 4 km ist die Nordspitze von Trischen in den letzten 100 Jahren nach Osten gewandert.
1908 wurde der Grundstein für das Schutzgebiet gelegt. Die durch Strand-Quecke, Strandroggen und Gemeinen Strandhafer befestigte Sandplate ist heute ▶ Brutplatz von rund 2 000 Paaren Silbermöwe, 50 Paaren Sturmmöwe, 3 000 Paaren Küstenseeschwalbe, 3 000 Paaren Brandseeschwalbe und 75 Paaren Zwergseeschwalbe. Daneben brüten noch rund 20 andere Vogelarten, darunter Brandgans und Steinwälzer. Auf der Ostseite hat Trischen eine üppige, völlig natürliche Salzwiesenvegetation, die vor allem für Gastvögel von Bedeutung ist. Im Sommer suchen ▶ rund 45 000 Eiderenten die Insel auf, um zu mausern. Zum gleichen Zweck finden sich dort im August ▶ rund 120 000 Brandgänse ein. Hinzu kommt eine nur noch schätzbare Anzahl von Limikolen (vor allem von Alpenstrandläufern, Knutts und Sanderlingen), die um Trischen herum ungestört Nahrung suchen und bei Hochwasser eine Zuflucht finden können. Alles in allem besuchen wohl rund 400 000 Vögel die Insel im Lauf eines Jahres.

60 Meldorfer Bucht

Die Meldorfer Bucht erreicht man von der B 5 (Brunsbüttel – Heide – Husum), indem man in Meldorf zum Meldorfer Hafen hinausfährt. Hinter dem alten Seedeich beginnt das Gebiet, das bei der Neueindeichung um 1985 entstanden ist; entlang der **Miele** haben ▶ Uferschwalben mehrere Brutkolonien. Am Hafen kann man parken; von dort aus ist das gesamte Gebiet über den Deich erschlossen, den man auch mit dem Rad befahren kann.
Für den Naturfreund interessant sind der **Mielespeicher** und das **Wöhrdener Loch** nördlich sowie das **Kronenloch** südlich des Hafens. Etwa 1 km südlich des Hafens findet er zudem ein **Informationshaus der Nationalparkverwaltung** mit einer umfangreichen Ausstellung. Vom Deich aus hat man einen guten Blick auf verschiedene künstliche Brutinseln im Mielespeicher und im Kronenloch. Dort haben sich seit der Eindeichung Säbelschnäbler, Lachmöwe und Seeschwalben angesiedelt; die seltene ▶ Lachseeschwalbe hat eine stabile Population aufgebaut. Der Bereich südlich des Kronenloches bis hin zum Deich ist militärisches Sperrgebiet.
Da der Deich an der Meldofer Bucht erst in neuerer Zeit angelegt wurde, hat er praktisch noch kein Vorland. Man kann aber von der Straße vom Hafen zurück nach Meldorf in Richtung Süden zum Helmsanddamm abbiegen, dort parken und vom Deich aus zum **Helmsand** hinüberschauen. Dort liegen ausgedehnte Vorländer mit guten Beobachtungsmöglichkeiten für Limikolen und andere Seevögel.
Die besten Zeiten für Vogelbeobachtungen in der Meldorfer Bucht sind Herbst, Winter und Frühjahr. Im Winter sieht man häufig ▶ Ohrenlerche und ▶ Schneeammer, im Frühjahr auch die Zwergmöwe. Zu beachten ist, daß große Teile des eingedeichten Gebietes unter Naturschutz stehen und nicht betreten werden dürfen.

61 Museum für Dithmarscher Vorgeschichte in Heide

Das Museum, verbunden mit dem Heider Heimatmuseum, informiert in erster Linie über die Geschichte Dithmarschens und das bäuerliche Leben in der Vergangenheit. Ein Thema ist die Kultivierung der Moore und die Gewinnung von Torf. Es werden auch wechselnde Ausstellungen zu aktuellen Themen gezeigt. Das Museum liegt in der Nähe des alten Wasserturmes (Adresse: Brahmsstr. 8).

62 An der Eidermündung

Erst 30 Jahre ist es her, daß der Mensch durch massive Bauarbeiten der Eidermündung ihre heutige Lage und Form gegeben und das Katinger Watt geschaffen hat. Das Gebiet ist über die A 23/Heide gut zu erreichen.

Von der Beobachtungshütte im Katinger Vorland hat man einen guten Blick auf eine Lachmöwenkolonie.

Zunächst sollte man sich auf der Südseite der Eider umsehen. Dazu fährt man von Heide aus in Richtung Eider-Sperrwerk. Am Ortsausgang von Wesselburen biegt man nach Norden in Richtung Tönnig ab und erreicht nach etwa 6 km Schülperneuensiel. Dort trifft man auf den alten Eiderdeich. Um den kleinen, binnendeichs gelegenen Teich herum kann man zur Zugzeit Singschwan, Ringelgans und Nonnengans beobachten. Am Deich ist eine kleine Auffahrt, hinter der man sein Fahrzeug parken kann. Von dort aus geht es zu Fuß am Priel entlang bis nahe an die Eider. Dort ist ein guter Beobachtungspunkt für Limikolen. Im Frühjahr sind Austernfischer, Säbelschnäbler, Goldregenpfeifer, Kiebitz, Kampfläufer, Großer Brachvogel, Rotschenkel und Steinwälzer häufig zu beobachten.
An dieser Stelle hat die Eider noch einen recht natürlichen Uferverlauf, so daß sich die Vogelwelt einigermaßen halten konnte. Dagegen sind die anderen ehemals naturnahen Bereiche an der südlichen Eider weitgehend landwirtschaftlichen Flächen gewichen und für den Naturfreund nicht weiter interessant.
Auch die Nordseite der Eider ist weitgehend Kulturland, und die ehemals vorhandenen Salzwiesen wurden um rund 70 % zurückgedrängt. Gut 300 ha wurden aufgeforstet, etwa 300 ha sind landwirtschaftlich genutzt, und die gleiche Fläche ist als Erholungsgebiet gedacht. Das gesamte Gebiet bezeichnet man als **Katinger Vorland oder Katinger Watt** – wobei es nur noch ein künstliches Watt ist, denn der Wasserstand ist abhängig von den Öffnungszeiten des Eider-Sperrwerkes. Der außendeichs gelegene Teil des Katinger Watts bildet den Rest der ehemals sehr großen Vorlandfläche.
Um das Gebiet kennenzulernen, sollte man am besten sein Auto auf den Parkplätzen am Sperrwerk abstellen und mit dem Fahrrad einmal um das Katinger Watt herum fahren; man kann aber auch mit dem Auto fahren. Die Strecke führt zunächst in Richtung Tönning. In den Schilfgebieten brüten als Besonderheiten die ▶ Große Rohrdommel und der ▶ Drosselrohrsänger, daneben aber auch andere Rohrsänger und die Bartmeise. Kürzt man seine Radtour zur Pfingstzeit durch den Wald (geteerter Feldweg) ab, kann

man den Pirol beobachten – für die Nordseeküste ein nicht so häufiges Erlebnis. Auch den Karmingimpel erwartet man dort vielleicht nicht; in den letzten 10 Jahren wurde die Art aber schon mehrmals als Brutvogel nachgewiesen.
In Katingsiel unterhält der NABU eine kleine, aber interessante **Ausstellung.** Gleich hinter dem alten Deich steht auch eine **Beobachtungshütte** im Schutzgebiet, von der aus man eine ▶ Lachmöwenkolonie einsehen kann, und zur Zugzeit ist von dort manche seltene Vogelart zu beobachten. Auf halbem Weg von Katingsiel zurück zum Eider-Sperrwerk steht ein hoher **Aussichtsturm**, der einen weiten Blick über das Gelände zuläßt. Schaut man in diesem Bereich zur Zugzeit vom Deich aus in das Vorland – der Teil gehört auch noch zum Katinger Watt –, läßt sich oft eine hohe Konzentration an Limikolen beobachten. Darunter können auch Dunkler Wasserläufer und Odinshühnchen sein.

Von der Brücke über die Alte Sorge bei Fünfmühlen kann man den Fluß und die angrenzenden Wiesen gut überblicken.

63 Eider-Treene-Sorge-Niederung

Nicht weit von der Landeshauptstadt Kiel entspringt der Fluß, dessen Mündungsgebiet im vorigen Abschnitt beschrieben wurde, die Eider. 188 km legt der Fluß quer durch das nördlichste Bundesland zurück, und zwischen Hennstedt, Erfde und Meggerdorf im Süden und Friedrichstadt, Schwabstedt und Dörpstedt im Norden bildet er zusammen mit den Flüssen Treene und Sorge ein ▶ Niederungsgebiet von hohem ökologischem Wert. Zu erreichen ist es über Heide oder Husum. Ein guter Ausgangspunkt für Exkursionen ist das wegen seiner zahlreichen Kanäle als »Holländerstadt« bezeichnete Friedrichstadt. Andere gute Ausgangspunkte sind das Storchendorf Bergenhusen (s. u.) oder Erfde am Südrand der Niederung.
Vorherrschend sind die weiten Wiesenflächen entlang der Wasserläufe. Von den angelaufenen Renaturierungsmaßnahmen hat neben anderen Pflanzen die Sumpf-Dotterblume profitiert, die im Frühjahr von weitem goldgelb leuchtet, und in den stehenden und sehr langsam fließenden Gewässern hat sich Wasserschlauch ausgebreitet. Die Knicks und kleinen Gebüsche und die weiten

Blicke, die man von den höher gelegenen Geestrücken erhält, machen die Landschaft zusätzlich reizvoll.
Die Niederung ist in erster Linie ein idealer Lebensraum für Wiesenvögel. ▶ Kiebitz, Bekassine, Uferschnepfe und Rotschenkel sind die häufigsten Brutvögel; an einigen Stellen kann man Kiebitznester im Abstand von wenigen Metern ausmachen. Das beste Beobachtungsgebiet für diese Arten liegt an der **Schleife der Alten Sorge im Bereich Fünfmühlen.** Zu erreichen ist es über Meggerdorf, wo man nach Westen in Richtung Bergenhusen abbiegt. Man kann diese Straße zwar mit dem Auto befahren, sie ist aber sehr schmal.
Neben den zahlreichen Limikolen sind über der Niederung zur Brutzeit auch häufig die Rohrweihe und die Wiesenweihe in der Luft. Die Sumpfohreule ist als Brutvogel nachgewiesen, jedoch seltener als die beiden Weihen.
Auch zur Zugzeit bietet die Eider-Treene-Sorge-Niederung viele Möglichkeiten zur Vogelbeobachtung. Vor allem Goldregenpfeifer und Kiebitz kommen dann in großen Mengen vor. Und nachdem auf Initiative der Naturschutzorganisationen Teile der Niederung der Alten Sorge wiedervernäßt wurden, sammeln sich dort im Winterhalbjahr ▶ sehr viele Zwergschwäne. Man spricht sogar vom größten Rastplatz dieser Art in Norddeutschland.
Als Besonderheit gibt es im **Dellstedter Moor** östlich von Pahlen noch ein Birkhuhnvorkommen, das allerdings stark rückläufig ist und intensiv bewacht wird. Auch der Fischotter ist ein Bewohner der Eider-Treene-Sorge-Niederung.
Eine lohnende Exkursion sei abschließend vorgeschlagen: Fährt man von der alten Stadt Schwabstedt, von deren Rand man einen schönen Blick über die Treene hat, nach Norden in Richtung Ostenfeld, kann man nach etwa 2 km nach rechts abbiegen, um das schöne Laubmischwaldgebiet von **Lehmsiek** mit seinem alten Baumbestand und entsprechend reicher Waldvogelfauna zu erreichen. Folgt man der durch den Wald führenden Straße bis nach Hollbüllhuus, liegt vor einem das 850 ha große **Naturschutzgebiet Wildes Moor**, ein Hochmoorgebiet mit vielen seltenen Pflanzen.

Noch brütet der Weißstorch in mehreren Paaren im »Storchendorf« Bergenhusen.

64 Storchendorf Bergenhusen

Bergenhusen war bis vor etwa 30 Jahren ein bedeutendes Storchendorf. 1934 brüteten dort 46 Weißstorch-Paare, 1971 immerhin noch 21; heute jedoch schreiten mit viel Unterstützung nur noch 9 – 10 Paare zur Brut. Wo Intensivlandwirtschaft betrieben wird, ist für Adebar halt kein Platz mehr. Ein ähnliches Schicksal wie Bergenhusen kann in der Zukunft auch dem brandenburgischen Rühstädt an der Elbe, mit rund 30 besetzten Horsten »Deutschlands Storchendorf Nr. 1«, widerfahren.
Der NABU hat in Bergenhusen ein **Institut für Wiesen und Feuchtgebiete** gegründet und unterhält dort eine sehr informative Ausstellung. Dem Besucher wird die ganze Entwicklung und Problematik des Storchenschutzes nahegebracht. Daneben erhält er einen umfassenden Überblick über die Schutzmaßnahmen in der Eider-Treene-Sorge-Niederung; es werden auch naturkundliche Führungen angeboten.
Am einfachsten ist Bergenhusen über Friedrichstadt zu erreichen. Von der B 202 (Friedrichstadt – Rendsburg) fährt man in Norderstapel ab und entlang der Stapelholmer Geest nach Bergenhusen.

65 Die Küste bei St. Peter-Ording

Der westliche Zipfel der Halbinsel Eiderstedt, die Küste bei St. Peter-Ording, hat einen ganz anderen Charakter als der größte Teil der nordfriesischen Küste. Er besteht nicht aus intensiv landwirtschaftlich genutztem Marschland, sondern aus von Meer und Wind antransportiertem Sand. Interessant ist die Vegetation in der Übergangszone. Dort sind ▶ große Flächen mit Schwarzer Krähenbeere bewachsen, was darauf hinweist, daß die Dünen nicht so mineralreich sind wie etwa in Ostfriesland. In der Tat nimmt der Kalkgehalt der Weißdünen von Ostfriesland

Bei Niedrigwasser fallen vor St. Peter-Ording (links) und vor Westerhever (unten) weite Flächen trocken. Beide Gebiete – und die dazwischen liegende Tümlauer Bucht – sind lohnende Ziele für Vogelfreunde.

nach Nordfriesland deutlich ab. Neben der namengebenden Art findet man in den Krähenbeeren-Heiden auch Englischen Ginster, Arnika, Pfeifengras und Geschlängelte Schmiele.
Der weite Sandstrand ist von Mai bis August fest in der Hand der Erholungsuchenden, die von Süden über Heide und das Eider-Sperrwerk oder von Norden über Tönning und Garding anreisen. Doch aller Belastung zum Trotz brüten im südlichen Bereich, bei **Süderhöft**, etliche Paare Seeregenpfeifer und einige Paare Zwergseeschwalben. Dieses Gebiet gehört zwar zur Zone I (Ruhezone) des Nationalparks und ist auch entsprechend beschildert, aber der Strand steht Wanderern offen, und Störungen bleiben kaum aus.
Von September an sieht es für den Naturfreund wieder besser aus. Austernfischer, Alpenstrandläufer – dessen südliche Unterart übrigens in wenigen Exemplaren brütet –, Knutts und Pfuhlschnepfen sind dann am Strand zu Zigtausenden zu beobachten. Im Winter sind Trauerente, Sanderling und Steinwälzer zu sehen und in den Dünen dann und wann die Sumpfohreule.

66 Das Watt bei Westerhever

Etwas nördlicher als das Sandwatt von St. Peter-Ording liegt am nordwestlichen Zipfel der Halbinsel Eiderstedt der **Westerheversand.** Das Gebiet ist nicht mit dem bei St. Peter-Ording zu vergleichen, weil zwischen Küste und Sandwatt ein von Prielen durchzogenes Schlickwatt liegt. Ausgangspunkt für Exkursionen ist Westerhever, das man von St. Peter-Ording aus über Tümlauer Koog und Süderheverkoog erreicht. Nachdem man direkt am Deich geparkt hat, kann man zu Fuß zum Leuchturm gehen und sich dort eine ▶ Lachmöwenkolonie ansehen. Man kann auch Teilbereiche des Sandwatts für Exkursionen nutzen; die Verbotszonen sind aber zu respektieren, denn sie dienen dem Schutz der brütenden Vögel. Der Westerheversand ist vor allem ein wichtiger Brutplatz der Zwergseeschwalbe. Daneben brüten dort Sandregenpfeifer, Küsten- und Flußseeschwalbe.
Besonders lohnend sind Exkursionen zur Zeit des Vogelzuges. Dann sind ▶ bis zu 200 000 Knutts zu beobachten. Auch Austernfischer und Alpenstrandläufer sind sehr häufig. Und es halten sich im Gebiet große Trupps von Ringel- und Nonnengänsen auf.
Direkt südlich grenzt die **Tümlauer Bucht** an, was auf die Arten- und Individuenzahl einen großen Einfluß hat. Diese Bucht gehört zur Zone I (Ruhezone) des Nationalparks und darf nicht betreten werden. Vom Deich aus kann man sich aber einen guten Überblick verschaffen.

Entlang der Küste Nordfrieslands

Von Eiderstedt im Süden bis zur dänischen Grenze im Norden reicht die Küste von Nordfriesland. Ihr jetziger Verlauf hat sich erst nach den großen Sturmfluten des Mittelalters herausgebildet. Eine Besonderheit sind die Köge, altes Marschland, das eingedeicht wurde und in der Regel unter dem Meeresspiegel liegt. In erster Linie wird dort eine sehr intensive Landwirtschaft mit Gemüse- und Getreideanbau betrieben. In einigen Fällen haben sich die Köge aber zu Gebieten mit einer vielfältigen Pflanzen- und Tierwelt entwickelt, die jedem Naturfreund als Exkursionsziele nur zu empfehlen sind.
Das gesamte Gebiet ist über die B 5 (Heide – Husum – Niebüll – Tønder) gut erschlossen. Da eine Straße nach Nordstrand führt und von Nordstrand eine Schiffsverbindung nach Pellworm besteht, wurden diese beiden Marscheninseln in die »Küste« einbezogen. Die Halligen jedoch werden, auch wenn sie von der Küste aus zu befahren bzw. zu begehen sind, im folgenden Kapitel im Zusammenhang behandelt.

Die Marscheninsel Pellworm ist von landwirtschaftlich genutzten Flächen geprägt.

67 Nordfriesisches Museum Nissenhaus in Husum

Das Museum zeigt in erster Linie Exponate zur Landesgeschichte Nordfrieslands (Adresse: Herzog-Adolf-Str. 25). Themen sind neben anderen die ehemals verbreitete Gewinnung von Salztorf, aber auch Sturmfluten und Deichbau. Weiter sind Vögel und andere Tiere des Küstenraumes zu sehen. Zusätzlich hat das Museum wechselnde Ausstellungen zu aktuellen Themen und Ereignissen auf dem Programm.

68 Beltringharder Koog

Fährt man von Husum auf der B 5 nach Norden in Richtung Bredstedt – Niebüll, folgt als nächster Ort Hattstedt. Biegt man dort nach Westen ab, erreicht man den Verbindungsdamm nach Nordstrand. Bis Anfang der 80er Jahre erstreckten sich südlich und nördlich des Dammes Vorländer und Wattflächen, und das Gebiet hatte eine außerordentliche Bedeutung für den Vogelzug. Dann aber wurden der damalige Schutzstatus geändert und nördlich des Dammes 3 340 ha Wattenmeer eingedeicht. Es entstand der Beltringharder Koog, der heute ein Nebeneinander von Salz- und Süßwasserbiotopen aufweist und zukünftig weitgehend der Natur überlassen bleiben soll.
Bis vor der Eindeichung wurden im Gebiet jährlich etwa 200 000 Durchzügler registriert. Deren Zahl ist um 50 % gesunken. Dennoch zieht der Alpenstrandläufer häufig durch, und auch der ▶ Kiebitzregenpfeifer ist zur Zugzeit in großer Zahl zu beobachten. Hervorzuheben ist weiter die stattliche Zahl von überwinternden Pfeifenten, und auf den Salzwiesen sind Ringelgänse zu beobachten. Der Brutvogelbestand ist ebenfalls stark zurückgegangen; nur der ▶ Säbelschnäbler konnte seinen Bestand halten.
Beobachtungen sind vom **Nordstrander Damm** aus möglich, im Bereich der **Arlauschleuse** 3 km nördlich davon oder vom **Lüttmoordamm** (führt in Richtung Nordstrandischmoor), wiederum 3 km weiter nördlich. Man kann den gesamten Koog aber auch auf dem Deich zu Fuß oder mit dem Fahrrad umrunden.

69 Nordstrand und Pellworm

Nordstrand und Pellworm, die beiden Marscheninseln vor der Küste Nordfrieslands, haben einiges gemeinsam. Die beiden Orkanfluten von 1362 und von 1634 haben die Geografie der Region völlig verändert. Die erste Flut von 1362 riß die bestehende Verbindung zum Festland weg; bis dato verband ein Bruch- und Moorwaldgebiet die seewärts gelegene Marsch mit dem Festland. Die zweite Flut von 1634 trennte Pellworm und Nordstrand.
Nordstrand ist über einen Damm mit dem Festland verbunden, den man von Husum aus über Schobüll oder Hattstedt erreicht. Nördlich des Dammes liegt der **Beltringharder Koog**, ein für den Vogelfreund interessantes Gebiet (s. o.). Die 50 km^2 große Insel selbst wird heute intensiv landwirtschaftlich genutzt und bietet der Natur nur wenig Spielraum. Einzig die alten **Vogelkojen** im Westen bringen etwas Abwechselung in die Agrarlandschaft. Dort kann man verschiedene Enten und Singvögel beobachten. Und natürlich kann man um Nordstrand herum den Lebensraum Wattenmeer gut kennenlernen; es

werden Fahrten zu den Seehundsbänken, Wattwanderungen und Wattfahrten mit dem Pferdewagen angeboten, u. a. zur Hallig Südfall (s. S. 76). Vom Fährhafen Strucklahnungshörn im Nordwesten von Nordstrand aus kann man mit dem Schiff nach **Pellworm** hinüberfahren – der einzige direkte Weg nach Pellworm. Man kann sein Auto mitnehmen (rechtzeitig anmelden!), die Insel ist bei einer Ausdehnung von 38 km^2 aber sehr gut mit dem Fahrrad zu erkunden. Wie auf Nordstrand, dominiert auf Pellworm die Landwirtschaft, und die Aktivitäten für Naturfreunde sind beschränkt – sieht man von den Weiten des Wattenmeeres ab. Vom 35 m hohen Leuchtturm im Süden bekommt man einen guten Überblick über die gesamte Insel. Im Nordosten liegt eine **Vogelkoje**, die von 1905 – 1946 dem Entenfang diente. Es werden die üblichen Wattwanderungen (auch nach den Halligen Süderoog und Hooge, s. S. 76 und 77) angeboten, und man kann vom Hafen aus eine Fahrt zu den Seehundsbänken unternehmen.

70 Naturzentrum Nordfriesland in Bredstedt

Bredstedt liegt direkt an der B 5 (Husum – Niebüll), und zum Naturzentrum gelangt man am einfachsten, indem man dem Wegweiser zum Bahnhof folgt (Adresse: Bahnhofstr. 23). Neben ausführlichen Informationen über die großen Landschaftsformen (Geest, Wald, Heide, Moor, Gewässer, Wattenmeer und Halligen) bekommt der Besucher einen Einblick in die Tier- und Pflanzenwelt Nordfrieslands. Weiter stehen verschiedene vertonte Diaserien bereit, und das Naturzentrum veranstaltet auch Führungen durch Heide und Wald, Vogelschutzgebiete und Wattenmeer.

Das Naturzentrum Nordfriesland ist die wichtigste Anlaufstelle für Besucher der Halligen. Für alle diejenigen Halligen, die nur unter offizieller Führung zu besuchen sind, ist dort die zentrale Anmeldestelle. Das Haus ist von Mai bis Oktober täglich außer sonntags geöffnet.

71 Hauke-Haien-Koog

Verläßt man etwa 1 km nördlich von Bredstedt die B 5 (Husum – Niebüll) und fährt über Bordelum in Richtung Dagebüll, erreicht man nach gut 10 km den kleinen Ort Ockholm. Ein kurzes Stück westlich dieses Ortes beginnt der Hauke-Haien-Koog.

Der Koog enstand in den Jahren 1958 – 1960, als eine etwa 1 200 ha große Meeresbucht abgedeicht wurde. Davon sind rund 700 ha in 3 Wasserspeicherbecken **(Südbecken, Sielbecken, Nordbecken)** unterteilt, die das Entwässerungswasser aus dem Hinterland auffangen können. Über ein Schleusensystem werden die Gewässer der Soholmer und Lecker Au in die Becken geleitet, wenn Sturmfluten ein Abfließen in die Nordsee verhindern.

Schon bald nach Abschluß der Eindeichung veränderte sich der Lebensraum. Die ehemaligen Wattflächen süßten aus, die Speicherbecken nahmen den Charakter nährstoffreicher Flachseen an, und es bildeten sich große Schilfröhrichte. Parallel damit veränderte sich die Artenzusammensetzung der Lebensgemeinschaft.

Der Hauke-Haien-Koog ist vor allem Vogelfreunden ans Herz zu legen. Die Liste der Brutvögel weist über 40 Arten auf. Darunter sind typische Wasservögel wie Haubentaucher (15 Paare), Höckerschwan (10 Paare), Graugans (75 Paare), Stockente (20 Paare), Reiherente (10 Paare), Tafelente (10 Paare) und Bläßhuhn (30 Paare).

Weiter brüten im Gebiet Austernfischer (83 Paare), Säbelschnäbler (21 Paare), Kiebitz (105 Paare), Bekassine (10 Paare), Uferschnepfe (14 Paare) und Rotschenkel (25 Paare), Teichrohrsänger (40 Paare) und Schilfrohrsänger (50 Paare), daneben als seltenere Arten Große Rohrdommel, Löffelente, Rohrweihe, Wasserralle, Flußseeschwalbe und Bartmeise. (Die genannten Zahlen gelten für 1997.)
Eine weit größere Artenvielfalt als zur Brutzeit nutzt den Hauke-Haien-Koog als Rastgebiet. Der Koog ist deshalb ideal, weil die Vögel bei Niedrigwasser im Watt Nahrung suchen können, um bei Hochwasser nur kurz über den Deich zu fliegen und im eingedeichten Gebiet weitere Nahrung und Schutz zu finden. Zur Zugzeit wird der Koog von bis zu 50 000 Enten besucht. Beeindruckend sind die ▶ großen Schwärme von Pfeifenten. Zur selben Zeit können zudem ▶ große Limikolenschwärme (vor allem von Alpenstrandläufern) in der Luft sein. Zwergschwan und Nonnengans sind als Wintergäste zu sehen.
Dieses reiche Vogelleben kann man ganz bequem kennlernen. Man braucht nur die Straße Ockholm – Schlüttsiel – Dagebüll entlangzufahren, in einer der Ausbuchtungen zu parken und kann vom Autofenster aus beobachten. Zusätzlich sollte man hin und wieder einen Blick über den Deich seewärts werfen. Vor allem bei Lütt Jenswarft bestehen gute Beobachtungsmöglichkeiten; dort liegen Salzwiesen im Vorland.
Ausgangspunkt für Fuß- und Radwanderungen ist Schlüttsiel. Am Parkplatz gegenüber dem Sieltor ist ein **Infozentrum des Vereins Jordsand**, der den Hauke-Haien-Koog im Sommer betreut. Der Verein veranstaltet auch Führungen, man kann den ganzen Koog aber durchaus selbständig auf Straße und Deich umwandern oder mit dem Fahrrad umfahren. Von Schlüttsiel aus werden auch Bootsfahrten zu den Seehundsbänken durchgeführt, und man kann von dort aus mehrere Halligen und die Insel Amrum besuchen.

72 Naturkundemuseum Niebüll

Wer in Niebüll von der B 5 aus den grünen Hinweisschildern folgt, der gelangt zu einem schönen Backsteinbau mit einer begrünten Fassade (Adresse: Hauptstr. 108). Das Museum ist von April bis September täglich außer montags geöffnet und bietet dem Besucher in 12 Räumen ein reichhaltiges Anschauungsmaterial zu Themen wie Wald, Heide und Moor, Wattenmeer

und Binnengewässer, Fische (in Aquarien), Sing- und Greifvögel sowie Mineralien und Fossilien. Dabei liegt die Betonung auf der Region Nordfriesland. Man kann sich über den Nationalpark Schleswig-Holsteinisches Wattenmeer informieren, und das Museum veranstaltet auch naturkundliche Vorträge und Freilandführungen.

73 Rickelsbüller Koog

Mit dem Rickelsbüller Koog ist die Nordgrenze Deutschlands erreicht. Der nördliche Straßendamm bildet auf 2,5 km Länge die Grenze zwischen Deutschland und Dänemark. Im Süden wird der Koog vom nach Sylt führenden Hindenburgdamm begrenzt.

Das Gebiet ist vor allem für Vogelfreunde interessant. An Brutvögeln sind Austernfischer, Säbelschnäbler und Lachmöwe häufig zu beobachten. Sehr selten brüten auch Zwergseeschwalbe und Lachseeschwalbe. Mehr zu bieten hat der Rickelsbüller Koog allerdings zur Zugzeit und im Winter. Hervorzuheben ist das Vorkommen der ▶ Kurzschnabelgans. Vor den Deichbaumaßnahmen 1980 rasteten allein dort – damals hieß das Gebiet noch Rodenäs-Vorland – bis zu 12 000 Kurzschnabelgänse, darunter bisweilen die gesamte Brutpopulation von Spitzbergen. Heute ist die Zahl auf unter 1 000 gesunken. Ringel- und Nonnengans dagegen überwintern im Rickelsbüller Koog nach wie vor in beachtlichen Zahlen, sind aber auch nicht mehr so zahlreich wie vor dem Deichbau. Ansonsten weist die Liste der Durchzügler und Wintergäste u. a. folgende Arten auf: Brandgans, Pfeifente, Schellente, Goldregenpfeifer, Alpenstrandläufer, Knutt, Grünschenkel, Sturmmöwe und Ohrenlerche.

Um zu diesem interessanten Exkursionsgebiet zu gelangen, fährt man von der B 5 bei Niebüll ab in Richtung Klanxbüll und von dort weiter nach Norden in Richtung Rodenäs. Dort kann man nach Westen in Richtung Rickelsbüller Koog und Friedrich-Wilhelm-Lübke-Koog abbiegen oder direkt nach Norden bis zur Grenze fahren. Biegt man nach Westen ab, stößt man auf den Deich und kann vor dort aus beobachten oder seine Wanderung (zu Fuß oder mit dem Fahrrad) um den Koog herum beginnen. Vorzuziehen ist die nördliche Zufahrt. Entlang der Grenze kann man auf dem Straßendamm nach Westen bis zum Deich wandern und so ebenfalls seine Koog-Umrundung beginnen. Zeitweise besteht auch die Möglichkeit, mit dem Auto bis zum Außendeich zu fahren und dort zu parken. Dies sollte man nutzen, da ein Auto für Tiere oft eine geringere Störung bedeutet als ein Wanderer oder Radfahrer. Auf der (in Richtung Nordsee) linken Seite der Straße steht eine **Beobachtungshütte**, die benutzt werden darf und gute Beobachtungsmöglichkeiten bietet. Man sollte sich aber auch nach der dänischen Seite hin umsehen. Dort steht das Gebiet unter stärkerem Meerwassereinfluß als auf der deutschen Seite, und dort liegen auch deutlich größere Quellerwatt- und Salzwiesenflächen. Auf der deutschen Seite dagegen beginnen sich auf Grund der Eindeichung Schilfröhrichte auszubreiten. Das gesamte Gebiet steht unter Naturschutz, und die Wege dürfen nicht verlassen werden.

Die Speicherbecken des Hauke-Haien-Kooges bilden heute ein wichtiges Brut- und Rastgebiet für Vögel.

Die Halligen

Die Halligen Nordfrieslands sind interessante Reiseziele. Mit Ausnahme von Hooge, die eingedeicht ist, werden die Halligen immer wieder bis an die Warften hin überflutet. Dies führt zur Ausbildung typischer Salzwiesen; insgesamt beträgt deren Fläche um die Halligen herum rund 750 ha. Diese Wiesen und die riesigen Wattflächen im Bereich des nordfriesischen Wattenmeeres sind Lebensraum einer arten- und zahlenmäßig beeindruckenden Vogelwelt. Im Frühjahr erscheinen auf den Halligen Möwen und Seeschwalben, um in großen Kolonien zu brüten. Daneben brüten auch gerne Eiderente und Mittelsäger. In weitaus größeren Zahlen als zur Brutzeit sind Vögel im Gebiet der Halligen zur Zugzeit und im Winter zu beobachten. Den Vogelfreund erwarten dann vor allem Schwärme von Gänsen und Limikolen.
Die Halligen Nordstrandischmoor, Hooge, Gröde, Oland und Langeneß gehören nicht zum Nationalpark Schleswig-Holsteinisches Wattenmeer und können frei besucht werden. Die Halligen Südfall, Süderoog, Norderoog, Hamburger Hallig und Habel sind in den Nationalpark Schleswig-Holsteinisches Wattenmeer integriert und dürfen nur eingeschränkt oder gar nicht betreten werden.
Wer die Halligen besuchen will, kommt nicht darum herum, sich im voraus über die jeweiligen Schiffsverbindungen, die stark tideabhängig sind, und die gegebenenfalls notwendigen Genehmigungen zu informieren. Für Besuche der Halligen, die nur unter offizieller Führung besucht werden können, ist das **Naturzentrum in Bredstedt** (s. S. 73) die zentrale Anlaufstelle; man sollte aber zunächst vor Ort nachfragen.

74 Südfall

Westlich vor der Marscheninsel Nordstrand liegt die 54 ha große Hallig Südfall. Sie bietet dem Vogelfreund schöne Beobachtungsmöglichkeiten. Die Brutvögel sind mit Austernfischer (182 Paare), Lachmöwe (873 Paare), Silbermöwe (425 Paare), Sturmmöwe (201 Paare) und Küstenseeschwalbe (521 Paare) als den häufigsten Arten vertreten. Daneben brüten Sandregenpfeifer (14 Paare), Steinwälzer (2 Paare), Flußseeschwalbe (16 Paare) und Zwergseeschwalben (19 Paare). Alle diese Zahlen beziehen sich auf das Jahr 1997.
Südfall ist nur vom Deichübergang Fuhlehörn im Westen von Nordstrand per Wattwanderung oder Wattfahrt mit dem Pferdewagen zu erreichen. Für den Besuch ist eine Anmeldung erforderlich. Der Besucher darf sich auf der Hallig nur unter offizieller Führung bewegen.

75 Süderoog

Die 63 ha große Hallig Süderoog bietet etlichen Seevögeln Brutplätze und liegt deshalb in der Zone I (Ruhezone) des Nationalparks. Sie ist nur über das Watt von Pellworm aus mit einem offiziellen Führer zu besuchen. Da einige Kapitäne auf ihren Weg zu anderen Halligen aber oft dicht an Süderoog vorbeifahren, hat man auch aus der Entfernung gute Beobachtungsmöglichkeiten. Der westlich vorgelagerte Süderoogsand ist bei ▶ Seehunden sehr beliebt, und vom Schiff aus kann man dort häufig große Gruppen der Meeressäuger liegen sehen.

76 Nordstrandischmoor

Nordstrandischmoor (175 ha groß) ist über einen Damm mit dem Festland verbunden, aber nur wer einen längeren Aufenthalt gebucht hat, kann sich mit der Insellore über den Damm abholen lassen. Andere Besucher sind auf eine Überfahrt mit dem Schiff vom Anleger Nordstrand/Strucklahnungshörn aus angewiesen.
Früher hieß die Insel Lüttmoor, und beide Namen weisen daraufhin, daß hier einmal ein Moor gewesen ist. Und tatsächlich ist ja der ganze nordfriesische Küstenraum vor der großen Flut von 1634 ein Moorgebiet gewesen. Der salzhaltige Torf wurde abgebaut, und das daraus gewonnene Salz brachte den Nordfriesen Reichtum und Wohlstand. Durch den Torfabbau kam es aber zu einer nachhaltigen Landsenkung, und so hat Nordstrandischmoor häufig »Land unter«, weist aber gerade deshalb auch ▶ schöne Salzwiesen auf. Auf der Hallig bestehen ▶ mehrere Brutkolonien von Möwen.

77 Hooge

Die »Königin der Halligen« wird mit dem Schiff regelmäßig von Schlüttsiel aus angelaufen, darüber hinaus im Rahmen von Tagesfahrten u. a. von Pellworm, Föhr, Amrum und Sylt aus.
Erster Anlaufpunkt auf der mit fast 600 ha zweitgrößten Hallig ist die Hanswarft. Dort befindet sich ein **naturkundliches Infozentrum (»Wattenmeerhaus Hooge«**, betreut von der Schutzstation Wattenmeer). Daneben bieten sich Besuche des historisch interessanten **Königspesels** und des **Heimatmuseums** an. Die weitere Erkundung der Hallig erfolgt zu Fuß, per Fahrrad oder mit der Pferdekutsche.
Da Hooge ganz von einem Sommerdeich umgeben ist, wird es nur bei recht hohen Wasserständen überflutet. Die Salzwiesen sind auf Hooge deshalb nicht so gut ausgeprägt wie auf den anderen Halligen. Wen diese Pflanzengemeinschaft besonders interessiert, der sollte sich im Süden von Hooge umsehen. Dort sind auch größere Flächen mit Gemeinem Queller bestanden.
Natürlich bietet Hooge auch dem Vogelfreund einige Beobachtungsmöglichkeiten. Die häufigsten Arten sind Austernfischer, Rotschenkel und Wiesenpieper. Bemerkenswert ist der ▶ große Bestand des Mittelsägers; etwa 70 Paare dieser an der Nordseeküste nicht sehr häufigen Art brüten mittlerweile auf Hooge. Daneben weist die Hallig einen bedeutenden Brutbestand von Küsten- und Flußseeschwalbe auf.

78 Norderoog

Nur 9 ha ist Norderoog groß, aber dieser Flecken hat es in sich. Artenspektrum und Zahl der dort brütenden Seevögel haben den Verein Jordsand 1909 veranlaßt, Norderoog zu kaufen und als »Vogelfreistätte« einzurichten. Der Verein betreut auch weiterhin die Hallig, die heute in der Zone I (Ruhezone) des Nationalparks liegt. Ohne auf-

Priele durchziehen die Salzwiesen von Nordstrandischmoor. Die Hallig weist 4 Warften auf.

Bei »Landunter« – wie hier auf Hallig Hooge – überragen nur die Warften die tobende Nordsee.

wendige Erhaltungsmaßnahmen wäre Norderoog allerdings längst Sturmfluten zum Opfer gefallen. Norderoog beherbergt ▶ mit 2 900 Paaren (1997) eine der größten Brandseeschwalbenkolonien Deutschlands. In beachtlichen Zahlen brüten weiter (ebenfalls Stand 1997): Eiderente (100 Paare), Austernfischer (205 Paare), Lachmöwe (2 500 Paare), Silbermöwe (410 Paare), Küstenseeschwalbe (135 Paare) und Flußseeschwalbe (60 Paare), daneben noch einige weitere Arten in geringen Zahlen.
Während der Brutzeit ist ein Besuch der Hallig Norderoog verboten. Etwa ab Mitte Juli dagegen sind Besuche unter offizieller Führung nach Anmeldung möglich. Um nach Norderoog zu gelangen, ist eine Wattwanderung von der Hallig Hooge aus erforderlich.

79 Hamburger Hallig

Eigentlich keine echte Hallig mehr, sondern eher eine Halbinsel ist die 86 ha große Hamburger Hallig. Sie wurde bereits 1874 durch einen Damm mit dem Festland verbunden. Sowohl auf der Nordseite als auch auf der Südseite des Dammes hat das Meer freien Zugang, und deshalb haben sich dort ▶ artenreiche Salzwiesen entwickelt. Die Hamburger Hallig gehört heute zur Zone I (Ruhezone) des Nationalparks, kann aber selbständig besucht werden.
Man erreicht das interessante Exkursionsgebiet über die B 5 (Husum – Niebüll). Etwa 1 km nördlich von Bredstedt biegt man nach Nordwesten in Richtung Bordelum ab. In Bordelum wiederum biegt man in westlicher Richtung ab, und nach etwa 7 km gelangt man an den Seedeich des Sönke-Nissen-Koogs. Der Weg zur Hamburger Hallig ist dort ausgeschildert.
Den Damm zur Hallig kann man mit dem PKW befahren (Mautgebühr); die einspurige, mit Ausweichstellen versehene Fahrstraße wird aber bisweilen gesperrt. Am besten macht man sich vom Auto unabhängig und fährt mit dem Rad (Fahrradverleih am Beginn des Dammes, dort auch Infotafel). Auf etwa halber Strecke der 4,5 km langen Überfahrt, auf dem Schafberg, unterhält der NABU eine **Infostelle**, die mit einem Vogelwart besetzt ist, der auch zu den aktuell mög-

lichen Beobachtungen Auskünfte erteilt. Zudem wurde dort ein Lehrpfad eingerichtet, von dem aus der Besucher eine ▶ typische Salzwiese kennenlernen kann. Die Überfahrt endet auf dem Parkplatz vor der Warft.
Als Brutvögel sind auf der Hamburger Hallig Austernfischer, Säbelschnäbler, Kiebitz, Lachmöwe, Silbermöwe, Sturmmöwe und Küstenseeschwalbe vertreten, um die wichtigsten Arten zu nennen. Das Gebiet ist aber vor allem zur Zugzeit und im Winter einen Besuch wert. Auf Grund der weiten Rundumsicht finden sich im Herbst bis zu 40 000 Gänse ein, darunter allein ▶ bis zu 30 000 Nonnengänse. Die Fluchtdistanz der Vögel sinkt zum Frühjahr hin ab, und wenn sich der Beobachter ruhig verhält, nähern sich die Vögel manchmal auf 20 m. Auf der Hamburger Hallig hat man übrigens die Möglichkeit, einmal die sehr seltene Rothalsgans als Wintergast zu sehen. Die Hallig ist natürlich auch für Limikolen attraktiv, und im Winter kann man dort ▶ Ohrenlerchen in großer Zahl beobachten.

80 Habel

Die Hallig Habel wird nur ausnahmsweise mit dem Schiff von Schlüttsiel aus angelaufen; Termine sind im Schlüttsieler Hafen zu erfragen. Habel ist nur 3,5 ha groß, hat aber einen guten Bestand an Austernfischern (95 Paare), Lachmöwen (300 Paare) und Küstenseeschwalben (93 Paare) zu bieten (Zahlen von 1997). Auf der Hallig ist ein Vogelwart stationiert, der bei Bedarf Führungen durchführt. Ohne den Vogelwart darf man Habel nicht betreten.

81 Gröde

Gröde – oder richtiger: Gröde-Apelland – ist die kleinste politische Gemeinde Deutschlands. Nur etwa 16 Einwohner leben auf diesem 275 ha großen Eiland. Die Hallig ist von Schlüttsiel aus mit dem Schiff zu erreichen. Die Abfahrtzeiten sind tideabhängig und müssen monatlich neu im Hafen erfragt werden. Gröde wird aber auch vom Außenhafen Husum und vom Hafen Nordstrand/Strucklahnungshörn aus mit dem Schiff angefahren.
Gröde gilt als schönste der Halligen und beeindruckt im Sommer durch ihre ▶ Halligfliederblüte (= Widerstoß). Neben zahlreichen Rotschenkeln und Austernfischern hat Gröde eine ▶ sehr

Hallig Gröde weist schöne Salzwiesen mit einem dichten Bestand von Widerstoß – vor Ort Bondestave genannt – auf.

große Sturmmöwenkolonie aufzuweisen. Mehr Sturmmöwen als auf Gröde findet man in Schleswig-Holstein nur auf Amrum.

82 Oland

Die kleine Hallig direkt westlich von Schlüttsiel ist über einen Damm mit dem Festland verbunden. Der Damm kann nur bei Ebbe benutzt werden und dient zur Versorgung der Inselbewohner bzw. dem Transport von Dauergästen. »Jedermann« kann mit dem Schiff von Schlüttsiel aus nach Oland fahren, allerdings nicht regelmäßig. Das Auto muß in Schlüttsiel zurückbleiben; Oland ist autofrei.
Die Hallig hat nur eine einzige Warft. Das Land wird regelmäßig bei Sturmfluten überschwemmt, so daß sich eine ▶ typische Salzwiesenvegetation halten konnte – und entwickelt, da die Beweidung stark zurückgeht. Ansonsten sind ▶ Säbelschnäbler und Rotschenkel gut zu beobachten; Oland hat die größte Säbelschnäblerkolonie aller Halligen.

83 Langeneß

Die Hallig Langeneß – oder richtiger: Nordmarsch-Langeneß – ist über einen Damm mit der Insel Oland und über den Damm der Nachbarhallig mit dem Festland verbunden. Der Damm zwischen Oland und Langeneß ist für den Publikumsverkehr gesperrt. Von Schlüttsiel aus fährt aber ein Schiff die Hallig an. Man kann sein Auto mitnehmen, aber es gibt auf Langeneß weder Tankstelle noch Werkstatt; in Schlüttsiel bestehen genügend Parkplätze.
Langeneß hat 18 Warften. Auf der Rixwarft am Hafen besteht ein **Nationalpark-Informationszentrum** mit einer Ausstellung und Meerwasseraquarien, und auf der Peterswarft unterhält die Schutzstation Wattenmeer das **Wattenmeerhaus** als weitere Anlaufstelle für Naturfreunde. Man kann sich also vor Ort gut informieren; es können auch Wattwanderungen und vogelkundliche Exkursionen gebucht werden. Von Langeneß aus ist übrigens auch die Hallig Hooge zu erreichen – und von dort aus die Hallig Norderoog. Langeneß bietet ein ähnliches Bild wie Oland. Die Salzwiesenvegetation ist ähnlich, aber das Land wird durch sehr viele Priele gegliedert. Neben anderen Vogelarten brütet auf Langeneß der ▶ Mittelsäger. Am Südwestende bei Hilligenley besteht eine gute Möglichkeit, Seehunde auf den trockengefallenen Sandbänken liegen zu sehen.

Oland aus der Luft – man kann sich leicht vorstellen, daß es mehrmals im Jahr zu »Landunter« kommen kann.

Die nordfriesischen Geestinseln

Zieht man in Gedanken eine Linie von der Westküste der Insel Sylt nach Cuxhaven, so hat man einen Anhalt, wie die Nordseeküste in dieser Region vor den großen »Manndränken« verlaufen ist. Die »echten« nordfriesischen Inseln liegen ganz im Norden: Föhr, Amrum und Sylt. Sie sind aus hochliegendem Geestland entstanden und werden deshalb als Geestinseln bezeichnet. Die Nordsee hat das Land um diese Inseln herum verspült, und sie nagt auch gegenwärtig an ihnen. Die alten Geestrücken, die an der Westseite der Inseln teilweise Steilküsten bilden, erleiden bei Sturmfluten hohe Landverluste. Bekannt dafür ist das Rote Kliff auf Sylt. An den angerissenen Kliffs liegt ein Teil der jeweiligen Inselgeschichte offen; die eiszeitlichen Schichten werden sichtbar.
Alle 3 Inseln sind gut zu erreichen, Sylt sogar mit dem Autoreisezug über den Hindenburgdamm. Für den Naturfreund hat wiederum Sylt die wohl größte Vielfalt an lohnenden Exkursionsgebieten zu bieten, und mit über 300 dort beobachteten Vogelarten (darunter rund 100 Brutvögel) gehört die Insel auch zu den artenreichsten der gesamten Nordsee.

84 Föhr

Die 12,5 km lange, 8,5 km breite und 82 km² große »grüne Insel« ist mit der Fähre von Dagebüll aus zu erreichen. Autoverkehr ist zugelassen, die Insel verfügt aber über ein gutes Busnetz und eignet sich sehr für eine Erkundung mit dem Fahrrad (Busse teilweise mit Fahrradanhängern).
Im Süden besteht Föhr aus eiszeitlichem Geestland. Am **Goting-Kliff**, der 1,7 km langen und bis 9 m hohen Steilküste südlich von Nieblum, gibt die Insel ihre Geschichte preis. Von den Gletschern der Eiszeit aus dem Norden herantrans-

An der Südküste von Föhr stößt man am Strand auf Gesteinsbrocken, die während der Eiszeit aus Skandinavien hierher transportiert worden sind.

Die Walkiefer vor dem Wyker Friesenmuseum erinnern an eine vergangene Zeit.

portiertes Gestein hat dort einen Geröllstrand gebildet. In diesem Zusammenhang seien die Hügelgräber bei Goting und bei Hedehusum westlich von Nieblum erwähnt. Sie weisen Föhr nicht nur als altes Siedlungsland aus und sind somit historisch bedeutsam, sondern dort sind große Felsbrocken (Findlinge) verbaut, die ebenfalls aus Skandinavien stammen und in der Eiszeit in den Raum Föhr verfrachtet worden sind.
Ursprünglich waren die nährstoffreichen Teile der Geestgebiete mit Buchen-Eichenwäldern bestanden. Dieser Waldtyp nahm vor der Besiedlung durch den Menschen große Flächen ein. Als Besonderheit kann man davon auf Föhr in der Umgebung von Wyk noch Relikte sehen. In diesen Waldinseln ist die ▶ Gewöhnliche Stechpalme in stattlichen Exemplaren zu finden.
Im Norden geht Föhr in Marschland jüngerer Entstehung über. Auch Salzwiesen sind nur im Norden der Insel zu finden und eigentlich recht kleinflächig. Dieses Gebiet gehört dennoch zur Zone I (Ruhezone) des Nationalparks; zur Ferienzeit steht dort ein kleines **Infozentrum der Schutzstation Wattenmeer** offen. Im Nordosten von Föhr, in Dunsum, beginnt der Wattenweg hinüber nach Amrum (kundiger Führer empfohlen!).
Auf Föhr spielt die Landwirtschaft nach wie vor eine große Rolle, und »grün« heißt die Insel wegen ihrer ausgedehnten Weideflächen (für etwa 11 000 Rinder). Für den Vogelfreund bedeutet das, daß er auf Föhr zur Brutzeit zwar typische Arten wie Austernfischer, Rotschenkel und Silbermöwe, eine größere Artenvielfalt aber nur zur Zugzeit erwarten kann.
Bemerkenswert sind die ▶ 6 **Vogelkojen**, die auf der Insel verteilt liegen. Die erste wurde 1730 nach holländischem Muster in Oevenum angelegt. Insgesamt wurden auf Föhr von 1750 – 1935 etwa 3 Mio. Enten gefangen; alle 6 Kojen zusammen sollen in den besten Zeiten jährlich 40 000 Enten eingebracht haben. Die Boldixumer Vogelkoje an der Küste nordöstlich von Wyk ist gut erhalten und zu besichtigen.
Informationen erhält der Naturfreund in Wyk, wo er mit der Fähre von Dagebüll ankommt. Im Rathaus (mit der Kurverwaltung) wurde eine **Ausstellung über den Nationalpark Schleswig-Holsteinisches Wattenmeer** eingerichtet, und am Sandwall 38 besteht ein **Umweltzentrum.** Schließlich informiert das **Dr.-Carl-Häberlin-Friesenmuseum** über die Geschichte der Insel und gibt auch einen Überblick über die Walfangperiode, die der Bevölkerung in früherer Zeit (Höhepunkt im 18. Jahrhundert) Wohlstand gebracht hat. Darauf weist der Bogen aus Walkieferknochen vor dem Eingang des Museums hin.
Wer das Thema Walfang noch etwas vertiefen möchte, sei auf die Friedhöfe von Süderende, Nieblum (vor allem) und Wyk-Boldixum verwiesen. Dort sind noch Grabsteine aus der Walfangperiode zu sehen.

85 Amrum

Wie Föhr, ist auch Amrum mit der Autofähre von Dagebüll bzw. mit dem Schiff von Schlüttsiel aus zu erreichen. Autoverkehr ist auf der Insel also erlaubt, bei den örtlichen Verhältnissen kommt man aber gut mit dem Fahrrad zurecht. Die Insel ist nur 12 km lang und etwa 4 km breit (Fläche: rund 20 km^2).

Von Wittdün aus, wo man mit dem Schiff ankommt und als Einstieg das **Naturschutzzentrum** (Adresse: Mittelstr. 34) besuchen sollte, führt eine Straße nach Norden, über die der Naturfreund alle für ihn interessanten Punkte anfahren kann. Fahrradfahrer meiden die Autostraße und benutzen das entsprechende Wegenetz!
Der erste Abstecher von der Straße aus sollte zum **Leuchtturm** auf Großdün führen. Hat man diesen 1876 fertiggestellten und mit 64 m höchsten Leuchtturm an der deutschen Nordseeküste erstiegen, bekommt man einen guten Überblick über die gesamte Insel und erkennt, wie sie gegliedert ist. Zur offenen Nordsee hin liegt der bis zu 1,5 km breite und fast 15 km lange, aus feinem, fast weißen Sand bestehende **Kniepsand.** Landeinwärts schließt sich ein ebenso ▶ langer Dünengürtel an, der zu den schönsten in ganz Mitteleuropa gehört und gut 40 % der Inselfläche in Anspruch nimmt. Parallel zu diesem Dünengürtel wurde ein Waldstreifen angelegt, der die östlich gelegenen Marschen vor den ständigen Sandüberwehungen schützen sollte. Im Osten schließlich erkennt man Marschland und Salzwiesen.
Nebel, etwa in der Mitte der Insel, hat zweierlei zu bieten. Zum einen ist in der alten Windmühle am südlichen Ortsrand das **Amrumer Heimatmuseum** untergebracht. Neben der Mühlentechnik – die Mühle war bis 1963 in Betrieb und ist voll intakt – wird viel Sehenswertes über die Insel Amrum gezeigt, darunter auch das Modell einer Vogelkoje. Zum anderen waren Amrumer Seeleute auf Walfangschiffen aktiv (Höhepunkt im 18. Jahrhundert), und auf dem Nebeler Friedhof sind noch viele Grabsteine aus jener Zeit zu sehen.
Westlich der Straße zwischen Nebel und Norddorf liegen die ▶ schönen Dünengebiete. Da Amrum nach Westen ungeschützt ist, sind die Dünen sehr stark von Umlagerungsprozessen geprägt. Dabei entstehen sogenannte Runddünen. Die Kriech-Weide und die Gemeine Besenheide halten den Sand stellenweise sehr fest, so daß er nicht verweht werden kann. Die losen Teile der Dünen werden aber abgetragen, und es bilden sich Dünen mit einem Hut, die 20 m hoch werden können. Die Amrumer Dünen sind auch ein wichtiges Brutgebiet für Vögel. Die ▶ Eiderente beispielsweise ist auf Amrum häufiger als auf

Vom Flugzeug aus übersieht man die Dünen und den seeseitig vorgelagerten Kniepsand der Insel Amrum besonders gut.

allen anderen Nordseeinseln, und in Kaninchenbauen brüten Brandgans und Hohltaube.
Westlich der Straße Nebel – Norddorf liegt auch die 1866 an- und 1936 stillgelegte **Vogelkoje.** In den 70 Jahren wurden dort rund 420 000 Enten gefangen, zu 90 % Spießenten. Der Kojenteich und der niedrige Wald ringsherum sind Beobachtungsgebiet für verschiedene Enten, aber auch für Kleinvögel wie Gelbspötter, Dorngrasmücke, Fitis und Buchfink.
Im Skalnastal, wiederum westlich der Vogelkoje, liegt eine ▶ Wanderdüne. Auch in der Nähe von Pflegham, einem Dünengebiet westlich von Norddorf, sind ▶ Wanderdünen zu sehen. Das Amrumer Dünengelände ist insgesamt über Stege erschlossen, und man bekommt einen guten Überblick über die dort vorkommenden Pflanzen.
Kurz vor Norddorf liegt die **Aussichtsdüne,** die mit 32 m höchste Düne von Amrum. Norddorf selbst weist ein **Naturzentrum** auf, in dem man sich anhand von Schautafeln und Aquarien über die Pflanzen- und Tierwelt der Insel, ökologische Zusammenhänge und Maßnahmen des Naturschutzes informieren kann.
Der nördliche Zipfel der Insel, die **Amrum-Odde**, ist ein Muß für jeden Vogelfreund. Das Gebiet wurde bereits 1936 unter Schutz gestellt; betreut wird es vom Verein Jordsand. Im Rahmen von Führungen durch den dort stationierten Vogelwart kann man das Naturschutzgebiet kennenlernen (Termine z. B. bei der Kurverwaltung in Norddorf zu erfragen). Dort brüten (Zahlen von 1997): Austernfischer (18 Paare), Silbermöwe (640 Paare), Heringsmöwe (580 Paare), Sturmmöwe (18 Paare), Küstenseeschwalbe (23 Paare) und Zwergseeschwalbe (34 Paare), daneben noch verschiedene andere Vogelarten in geringeren Zahlen.
Insgesamt brüten auf Amrum rund 90 Vogelarten. Daneben lassen sich auf der Insel natürlich eine Menge Durchzügler und Wintergäste beobachten, darunter Ringelgans, Alpenstrandläufer, Knutt, Uferschnepfe, Pfuhlschnepfe, Großer Brachvogel und Regenbrachvogel. Gute Beobachtungsgebiete zur Zugzeit sind der Kniepsand, auf dem bisweilen große Vogelschwärme rasten, und die Flächen östlich der Straße Nebel – Norddorf.
Um die Nordspitze von Amrum kann man auch am Strand entlang herumwandern; der Sandhaken im äußersten Norden ist aber gesperrt. Für diese Wanderung sollte man mindestens 3 h (ab/bis Norddorf) ansetzen. Von der Nordspitze Amrums aus sieht man in 5 km Entfernung die Südspitze von Sylt und in 2 km Entfernung die östliche Nachbarinsel Föhr liegen. Etwas südlich vom Naturschutzgebiet Amrum-Odde beginnt der Wattenweg hinüber nach Dunsum auf Föhr (kundiger Führer empfohlen!).

In Vogelkojen wurden früher Wildenten in Mengen gefangen – eine willkommene Ergänzung des schmalen Nahrungsangebotes.

86 Sylt

Sylt ist bei 38 km Länge rund 100 km² groß und die nördlichste Insel Deutschlands. Im Gegensatz zu den beiden Nachbarinseln Amrum im Süden und Föhr im Südosten trotzt der blanke Hans Sylt jährlich rund 1,50 m Sand ab. Diese kleine Zahl addiert sich am Jahresende zu 1,5 Mio. m³ Material, und mit entsprechenden Schutzmaßnahmen wird versucht, dem Abtrag Einhalt zu gebieten.
Gängigerweise gelangt man per Bahn nach Sylt. Der Autoreisezug bringt jährlich fast eine Dreiviertelmillion Besucher über Niebüll (dort Autoverladung), Klanxbüll (nur Zusteigemöglichkeit) und den Hindenburgdamm nach Westerland. Sylt

ist aber auch über den Hafen Havneby auf der dänischen Insel Rømø zu erreichen; die Autofähre legt in List an.

Dem Naturfreund hat Sylt viel zu bieten, und das bereits bei der Fahrt über den Hindenburgdamm. Wer mit seinem Auto auf dem oberen Wagendeck steht, erhält einen Panoramablick auf den **Rickelsbüller Koog** (s. S. 74) und das Salzwiesenvorland. Vom Damm aus hat man dann bei abgelaufenem Wasser einen beeindruckenden Blick über das Wattenmeer.

In Westerland angekommen, erwarten den Naturfreund das **Rantum-Becken** und die **Hörnum-Odde** im südlichen, das **Morsum-Kliff** im östlichen und die **Braderuper Heide** und das **Listland** mit dem **Ellenbogen** im nördlichen Teil – um nur die wesentlichen Exkursionsgebiete zu nennen.

Das **Rantum-Becken** ist recht einfach zu finden. Von der Straße, die von Westerland nach Süden (= Hörnum) führt, biegt man etwa 1,5 km südlich von Westerland beim Hinweisschild nach Osten ab und kommt nach wenigen hundert Metern zur **Station des Vereins Jordsand** an der **Eidum-Vogelkoje.** Dort erhält man Auskünfte über das Gebiet und die verschiedenen Aktivitäten, zu denen auch Führungen gehören. Ein Weg

Am Morsum-Kliff im östlichen Teil von Sylt liegt die Inselgeschichte offen zutage. Schon geringe geologische Kenntnisse helfen, sie zu verstehen.

führt auf den Deich, auf dem man das Rantum-Becken umwandern, teilweise auch mit dem Rad umfahren kann. Vom Deich aus kann man nicht nur das Rantum-Becken selbst, sondern auch die vorgelagerten Wattflächen gut einsehen (Tide einkalkulieren).

Das Rantum-Becken wurde 1936/37 eingedeicht, um dort einen Wasserflughafen anzulegen. Daraus wurde aber nichts, und nach einer Zwischennutzung als Abwassersammelbecken richtete der Verein Jordsand dort 1979 ein Vogelschutzgebiet ein. Das etwa 570 ha große Brackwasserareal ist von einem breiten Schilfgürtel umgeben und Brutgebiet von Arten wie Brandgans (37 Paare), Reiherente (13 Paare), Austernfischer (24 Paare), Säbelschnäbler (20 Paare), Kiebitz (16 Paare), Rotschenkel (23 Paare), Lachmöwe (1 129 Paare), Sturmmöwe (193 Paare), Küstenseeschwalbe (67 Paare), Schilfrohrsänger (52 Paare) und Teichrohrsänger (37 Paare) – um nur die häufigsten Arten zu nennen (Zahlen von 1997).

Gleich gegenüber dem Rantum-Becken, westlich der Straße Westerland – Hörnum, beginnen die **Rantumer Dünen**, ein etwa 400 ha großes Naturschutzgebiet. Dort ist das Braunkehlchen häufig zu sehen, und im Spätsommer sucht der Regenbrachvogel nach Krähenbeeren. Man kann sich das Gebiet von der Straße aus anschauen; es führen aber auch einige Übergänge durch die Dünen zum Strand.

Ausgedehnte Dünen liegen auch im Süden der Insel um die **Hörnum-Odde.** Durch die Dünen führen mehrere markierte Wanderwege, an die man sich unbedingt halten sollte.

Blickt man von der Südspitze Sylts nach Süden, kann man Amrum liegen sehen. Im Gebiet zwischen den beiden Inseln haben ▶ Kegelrobben einen Wurfplatz – den einzigen in Deutschland. Dazu erfährt man Näheres im **Naturkundlichen Informationszentrum der Schutzstation Wattenmeer** in Hörnum. Es liegt nahe der Rantumer Straße, etwas südlich vom Abzweig zum Campingplatz.

Das **Morsum-Kliff** im Osten von Sylt erreicht man von Westerland aus über Keitum und Archsum; in Morsum folgt man der Ausschilderung »Morsumer Kliff« zum Parkplatz (Infotafel). Dort beginnt der Wanderweg durch das Gebiet, der vor allem zu einer Aussichtsplattform an der oberen Kliffkante führt.

Das Morsum-Kliff und seine Umgebung wurden bereits 1923 unter Naturschutz gestellt – vor allem, weil an dieser Stelle der geologische Aufbau von Sylt exemplarisch deutlich wird. Unter etwa 2 m mächtigem saaleeiszeitlichem Sand liegen von oben nach unten helle pliozäne Kaolinsande, rostfarbene pliozäne Limonitsandsteine und schwarz-braune miozäne Glimmertone. Das Eis hat diese Schichten aber gestaucht und schräg an die Oberfläche gedrückt, so daß sie heute nicht mehr übereinander, sondern nebeneinander liegen. Die Schichten enthalten Fossilien, die man aber nicht sammeln darf.

In den Dünen auf dem Plateau wachsen Kartoffel-Rose, Sand-Stiefmütterchen, Gemeine Besenheide, Schwarze Krähenbeere und Sand-Segge. Zauneidechsen sind dort zu sehen, aber auch Brandgans (vor Kaninchenbauen, den Brutplätzen der Art), Sumpfohreule und Klappergrasmücke.

Von Morsum aus geht es nun über Keitum (mit dem **Sylter Heimatmuseum**) und Munkmarsch nach Norden. Am südlichen Ortseingang von Braderup (Adresse: Buchholzstieg) liegt das **Naturzentrum.** In dem kleinen, unscheinbaren Holzhaus betreibt die Naturschutzgemeinschaft Sylt sinnvolle Umweltbildung. Daneben werden Exkursionen und Führungen durchgeführt.

Nördlich von Braderup liegt die **Braderuper Heide.** Das Gebiet wurde 1979 unter Naturschutz gestellt, nachdem auf Grund des Besucherdruckes die ▶ Dünenheidelandschaft stark bedroht war. Relativ steile Dünentäler fallen hier in die ostwärts vorgelagerte Marsch ab und verleihen der Landschaft ein liebliches Aussehen.

Nordöstlich von Braderup – der Weg ist gekennzeichnet (Schild) – gelangt man zum **Weißen Kliff**, wiederum einer geologischen Spezialität von Sylt. Dort stehen Kaolinsande an, die Braunkohlelagen enthalten.

Am Nordende der Braderuper Heide, westlich von Kampen liegt die **Uwedüne**, mit 52 m der höchste Punkt Sylts und die ▶ höchste Düne an der deutschen Nordseeküste überhaupt. Nur gut 500 m südlich davon, am Rand von Wenningstedt, liegt das **Großsteingrab Denghoog**; die Zufahrt ist an der Hauptstraße ausgeschildert. Das Grab wurde aus Gesteinsbrocken (Findlingen) errichtet, die die Gletscher der Eiszeit aus

Skandinavien herantransportiert haben. Zwischen Wenningstedt und Kampen wiederum liegt das 4 km lange und 30 m hohe **Rote Kliff**, wo Sylt seine stärksten Landverluste zu verzeichnen hat. Nur gut 2,5 km nördlich von Kampen wurde die seit 1767 bestehende **Kampener Vogelkoje** restauriert. Umgeben von dichtem Buschwerk, kann man sich dort gut über die alte Fangtechnik informieren. Die Kampener Vogelkoje war bis 1921 in Betrieb und hat sich seither zu einem Refugium für Pflanzen und Tiere entwickelt.
Wer der Straße weiter nach Norden folgt, kommt zum **Listland.** Die Straße führt um das gesamte Gebiet herum; dabei kommt man auch durch List. Das Listland ist ein Dünengebiet, das vor allem ▶ einige Wanderdünen von beachtlichen Ausmaßen aufzuweisen hat, die in dieser Ausprägung in Deutschland einmalig sind. Die Dünen erreichen eine Länge von 1 300 m, eine Breite von 400 m, eine Höhe von 35 m und wandern in Spitzenjahren etwa 10 m.
Das Gebiet ist für Botaniker sehr interessant. Besonders wertvolle Biotope sind die feuchten Senken in den Dünentälern. Dort wachsen Pflanzen wie Sumpfbärlapp, Kolben-Bärlapp, Kugel-Pillenfarn, Gewöhnlicher Sumpfquendel, Flutender Sellerie, Glocken-Heide und Weichwurz. Der Pflanzenfreund muß sich aber mit Blicken von der Straße aus begnügen, denn das Listland ist Naturschutzgebiet. Von List aus führen einige Wanderwege in die Randzonen.
Eine Entschädigung mag der **Königshafen**, die Bucht zwischen Listland und Ellenbogen, bieten. Dort liegt die kleine Insel **Uthörn**, auf der verschiedene Seevögel brüten, und die deshalb nicht betreten werden darf. Vom Deich am Nordrand des Listlandes bekommt man aber einen guten Überblick; ein Fußweg dorthin zweigt am Möwenberg von der Straße ab. In List sollte der Naturfreund noch die **Biologische Station** (Adresse: Hafenstr. 39) ansteuern; die Station veranstaltet auch naturkundliche Wanderungen.
In der Nordwestecke des Listlandes zweigt die Straße zum **Ellenbogen** ab. Da es sich um Privatgelände handelt, ist diese Strecke mautpflichtig. Zur Brutzeit begegnet man im Dünengelände Austernfischer, Kiebitz, Sturmmöwe und Braunkehlchen; daneben nutzen Brandgänse die Kaninchenbaue als Bruthöhlen. Auf den vorgelagerten Kies- und Sandflächen brüten Sand- und Seeregenpfeifer, Zwerg- und Brandseeschwalbe. Steht man schließlich am Leuchtturm auf dem Ellenbogen, ist der ▶ nördlichste Punkt Deutschlands erreicht.

Besonders eindrucksvolle Dünen liegen im Sylter Listland.

Reiseziele an der Ostsee

Die Ostseeküste im Überblick

Die Ostseeküste ist seit der Vereinigung für die Bewohner beider Teile Deutschlands erheblich länger, vielfältiger und damit reizvoller geworden: Während die Küste von Schleswig-Holstein ohne Schlei und Fehmarn 313 km lang ist, ist die Küste von Mecklenburg-Vorpommern insgesamt 1 500 km lang!
Neben diversen kleineren Schutzgebieten verfügt Deutschland an der Ostsee über 3 Schutzgebiete, in denen es um die Erhaltung einmaliger Lebensräume und Naturschönheiten in großflächigem Maßstab geht: den Nationalpark Vorpommersche Boddenlandschaft, den Nationalpark Jasmund und das Biosphärenreservat Südost-Rügen.
Bei einem Blick auf die Landkarte wird sofort deutlich, daß an dieser Küste eine recht enge Verzahnung zwischen typischen Küstenlebensräumen und Lebensräumen besteht, wie sie auch für das Binnenland typisch sind. Wer also entdeckungsfreudig und mobil ist, kann nicht weit vom Strand schöne und interessante Gebiete kennenlernen, an die man beim Stichwort Küste nicht unbedingt sofort denkt. Als Beispiele seien die Seen der Holsteinischen Schweiz, die Seen im Norden Mecklenburgs und die Moore genannt.

Zwischen Flensburg und Eckernförde

Ein recht entlegener Winkel Deutschlands ist das Land zwischen der dänischen Grenze und der Eckernförder Bucht. Wen es in den »hohen Norden« zieht, der nimmt die Autobahn von Hamburg über Rendsburg, Schleswig, Flensburg und weiter nach dem dänischen Kolding und läßt Schwansen, die Schlei und Angeln rechts liegen. Dort warten einige für den Naturfreund interessante Gebiete näherer Erkundung – auch wenn die ganze Gegend überwiegend von der Landwirtschaft geprägt ist.

87 Fröruper Berge

Führt einen die B 76 von Schleswig nach Flensburg, so sollte man seine Fahrt etwa 10 km südlich von Flensburg unterbrechen und dem Hinweisschild »Fröruper Berge« nach Osten folgen. Fährt man immer geradeaus, gelangt man auf einen Parkplatz, von dem aus man eine Rundwanderung antreten kann. Man kann aber auch vor dem Parkplatz rechts abbiegen, fährt dann durch den Wald (Rotbuche, aber auch Fichte und Europäische Lärche) und gelangt zum **Budschimoor.**
Das wellige Relief zeigt an, daß Moränen den Untergrund bilden. Tatsächlich liegt im Gebiet der Fröruper Berge etwa die Westgrenze der Moränen der letzten Eiszeit (Weichseleiszeit). Zeugen der Eiszeit sind auch die ▶ Toteislöcher; in den abflußlosen Senken sind heute Flachmoore ausgebildet. Das Budschimoor wurde wie viele andere norddeutsche Moore in der Vergangen-

heit entwässert und teilweise abgetorft; heute ist die Fläche wiedervernäßt, und es haben sich Schwingrasen ausgebildet. Auf einer Wanderung durch die Fröruper Berge kann man typische Waldvögel wie Rotkehlchen, Zilpzalp, Tannenmeise, Zaunkönig und Buchfink beobachten.

88 Museumsberg Flensburg

Über die Flensburger Innenstadt erhebt sich, schon von weitem sichtbar, der Museumsberg (Hinweisschilder an den Durchgangsstraßen; auch von einem der Parkhäuser in der Innenstadt zu Fuß gut zu erreichen). Das Heinrich-Sauermann-Haus und das Hans-Christiansen-Haus beherbergen die städtischen Museen und die Sammlungen für den Landesteil Schleswig. Im Heinrich-Sauermann-Haus sind seit 1998 auch die Bestände des ehemaligen **Naturwissenschaftlichen Heimatmuseums der Stadt Flensburg** zu sehen. Biologie, Paläontologie und Geologie stehen hier im Mittelpunkt, und die wichtigsten Lebensräume (Küsten, Heiden, Seen, Moore, Knicks, Wälder) mit ihren typischen Pflanzen und Tieren werden dargestellt. Die Museen sind täglich außer montags geöffnet.

Nationalpark Vorpommersche Boddenlandschaft

Gründung: 1.10.1990
Fläche: 805 km², davon 410 km² Ostsee, 241 km² Bodden, 36 km² Windwatten, 118 km² Land; 2 Schutzzonen: Schutzzone I (Kernzone) mit den Gebieten in einem schon heute naturnahen Zustand, Schutzzone II mit allen anderen Gebieten
Lage: vor der mecklenburgischen Ostseeküste zwischen Darß und Hiddensee
Sehenswertes: Darß, Zingst, Insel Hiddensee, Bug, die Boddenküste; Flachwassergebiete und Spülsäume, Windwatten, Dünen und Wälder, Röhrichte und Salzwiesen
Infozentren in: Darßer Ort, Born, Parkplatz Sundische Wiesen/Zingst, Vitte/Hiddensee
Beschreibungen: bei den Reisezielen Nr. 163, 165, 167 – 173

In den abflußlosen Senken der Fröruper Berge sammelt sich Wasser, und die Bäume bekommen »nasse Füße«.

89 Halbinsel Holnis

Die Halbinsel Holnis erreicht man, indem man von Flensburg Richtung Glücksburg und weiter über Bockholm nach Nordosten fährt; die Straße endet an einem Parkplatz. Von dort aus kann man einige Wege mit dem Fahrrad erkunden, aber eine Fußwanderung bietet sich eher an. Am besten geht man zunächst nach Westen, um an die Küste zu gelangen, von dort parallel zur Grenze des Naturschutzgebietes, später an der Wasserlinie und am Fuß des Kliffs entlang zur Nordostspitze, an der Ostseite so weit, wie man Lust hat, nach Süden und wieder zurück zum Parkplatz. Nachdem man am Strand auf den Zaun als Grenze des Naturschutzgebietes gestoßen ist, geht die Wanderung am Strand weiter. Im Spülsaum findet man Miesmuschel (stellenweise in großen Mengen), Eßbare Herzmuschel und Sandklaffmuschel. Interessanter ist aber die Besiedlung der Flachwasserzone mit Meeresalgen; im Wasser liegen zahllose Steine, auf denen sich Darmtang und Blasentang festgesetzt haben. Man sieht sehr

Biosphärenreservat Südost-Rügen

Gründung: am 1.10.1990 ausgewiesen, im März 1991 von der UNESCO als Biosphärenreservat anerkannt
Fläche: 235 km^2, davon 109 km^2 Land und 126 km^2 Wasserflächen; 4 km^2 Naturschutzgebiete; 3 Schutzzonen: Schutzzone I (Kernzone) umfaßt die Gebiete, in denen sich die Natur nach ihren eigenen Gesetzen entwickelt (rechtlicher Status: Naturschutzgebiet). Schutzzone II (Pflegezone) umfaßt die wertvollsten Flächen der Kulturlandschaft; zu deren Erhaltung sind spezielle Pflegemaßnahmen (z. B. extensive Beweidung) notwendig (rechtlicher Status: Naturschutzgebiet). Schutzzone III (Entwicklungszone) umfaßt die gesamte übrige Fläche einschließlich der Ortschaften (rechtlicher Status: Landschaftsschutzgebiet).
Lage: im Südosten der Insel Rügen
Sehenswertes: Steilküsten mit Blockstränden, Findlinge, Wälder, Wiesen, Röhrichte, Salzweiden, Alleen
Beschreibungen: bei den Reisezielen Nr. 177, 178

Nationalpark Jasmund

Gründung: 1.10.1990
Fläche: 30 km^2, davon rund 24 km^2 Land und 6 km^2 Ostsee; 3 Schutzzonen: Schutzzone I (Kernzone) umfaßt die Gebiete, die sich selbst überlassen werden, um sie dem ursprünglichen Zustand weitgehend anzunähern. In Gebieten der Schutzzone IIa (Entwicklungszone) sind forstwirtschaftliche Maßnahmen notwendig, um sie in das Niveau der Schutzzone I zu überführen. In Gebieten der Schutzzone IIb (Pflegezone) sind Pflegemaßnahmen notwendig, um die biotoptypische Formenvielfalt zu erhalten und zu fördern. Schutzzone III (Erholungszone) dient vor allem dem Tourismus (im wesentlichen die Siedlungsbereiche).
Lage: in der Nordostecke der Insel Rügen
Sehenswertes: kreidezeitliche und eiszeitliche Steilküste, Kerbtäler, größtes zusammenhängendes Buchenwaldgebiet an der Ostseeküste, Feuchtgebiete und Trockenrasen, Salzvegetation am Blockstrand der Nordküste
Infozentrum: am Königsstuhl
Beschreibung: siehe Reiseziel Nr. 174

gut, daß diese Algen ein festes Substrat brauchen, um sich anzuheften. Das Kliff selbst ist nicht so spektakulär wie etwa am Brodtener Ufer bei Travemünde (s. S. 119), bei Boltenhagen (s. S. 126) oder beim Ostseebad Ahrenshoop (s. S. 135), aber immerhin brüten in den Wänden ▶ Uferschwalben, wobei die Bestände neuerdings weit niedriger liegen als in früheren Jahren. Möglicherweise veranlaßte der starke Besucherandrang im Sommer die Vögel, ihre angestammten Brutplätze weitgehend aufzugeben. Den Vogelfreund entschädigt die Beobachtung von so typischen Küstenvögeln wie Kormoran, Graugans, Brandgans, Eiderente, Mittelsäger, Kiebitz, Rotschenkel, Lachmöwe, Sturmmöwe und Heringsmöwe. Insgesamt wurden auf Holnis bisher rund 130 Vogelarten beobachtet; davon sind rund 65 Arten Brutvögel. Diese Zahlen zeigen, daß die Halbinsel nicht nur zur Brutzeit, sondern auch zur Zugzeit (Herbst und Frühjahr) eine Exkursion wert ist. Wer nach der Wanderung um die Nordspitze von Holnis herum noch Beobachtungsbedarf hat, sollte auf dem Weg zurück nach Glücksburg die Stichstraße nach Schausende hineinfahren. Bald liegt auf der linken Seite das **Pugumer Noor (Neupugumer See)**, wo man Stockente, Reiherente, Bläßhuhn und andere Wasservögel beobachten kann.

90 Geltinger Birk

Dieses interessante, vom NABU betreute Gebiet erreicht man von Flensburg aus über die B 199, die man bei Gelting verläßt, um in Richtung Nieby zu fahren. Von Eckernförde im Süden aus erreicht man es über die B 203 (Richtung Kappeln) und die B 199 (Richtung Gelting). Von der Straße Gelting – Nieby zweigt man in Goldhöft zum Parkplatz südlich der Windmühle Charlotte ab. Von dort geht es nur noch zu Fuß oder per Fahrrad weiter nach Norden.

Der Nordwesten der Halbinsel Holnis steht unter Naturschutz.

Zunächst ist die Landschaft mehr oder weniger offen, und man hat zu seiner Linken zunächst das brackige **Geltinger Noor** und später die **Geltinger Bucht** mit ihren weiten Flachwasserzonen. Dann aber gelangt man in den **Beveroer Wald.** Die Bäume (Stiel-Eiche, Rotbuche) wurden früher vom Vieh verbissen und sind ständiger Windschur ausgesetzt. Beide Faktoren haben zu abenteuerlichen Baumgestalten geführt, und nicht ohne Grund wird vom »Gespensterwald« gesprochen.

Am nördlichen Rand des Beveroer Waldes liegt die **Hütte des Vogelwarts.** Dort kann man sich Fragen beantworten lassen und ggf. außergewöhnliche Beobachtungen melden. Auch das eine oder andere schriftliche Infomaterial liegt bereit, und die Hütte ist Ausgangspunkt für Führungen, die im Sommer regelmäßig stattfinden.

Laut Statistik haben 1996 im Naturschutzgebiet Geltinger Birk u. a. gebrütet: Brandgans (10 Paare), Mittelsäger (5 Paare), Austernfischer (8 Paare), Sandregenpfeifer (8 Paare), Kiebitz (4 Paare) und Rotschenkel (6 Paare). Weiter brüten im Schutzgebiet Graugans, Knäkente, Tüpfelsumpfhuhn, Küstenseeschwalbe, Zwergseeschwalbe, Brandseeschwalbe, Sprosser, Braunkehlchen und Neuntöter; insgesamt brüten knapp 80 verschiedene Vogelarten. Die Liste aller im Gebiet beobachteten Vögel weist aber rund 170 Arten auf, und das zeigt, daß sich nicht nur ein Besuch zur Brutzeit, sondern auch zur Zugzeit lohnt. Dann sind Pfeifente, Spießente, Reiherente, Bergente, Schellente, Eiderente, die Säger, verschiedene Greifvögel und eine Vielzahl von Watvögeln und von Kleinvögeln zu beobachten.

Geht/fährt man weiter zur Nordspitze (Seezeichen), liegt links vorgelagertes Land, das bei entsprechenden Windverhältnissen großflächig trockenfallen kann (▶ Windwatt), rechts gibt es größere Schilfröhrichte. Wendet sich dann der Weg nach Südosten, so hat man auf der linken Seite ▶ klassische Strandwälle, auf der rechten Seite Wald (vor allem Wald-Kiefer). Da diese Strandwälle der Lebensraum von Pflanzen wie

Scharfer Mauerpfeffer, Weißer Meerkohl, Strand-Salzmiere und Gemeiner Strandhafer und von Vögeln wie dem Sandregenpfeifer sind, sind die Flächen eingezäunt; vom Wander-/Radweg aus bekommt man aber einen völlig ausreichenden Überblick.
Die Wanderung kann man abschließen, indem man auf demselben Weg zurück zum Parkplatz geht/fährt; der Ausdauernde mag aber seinen Weg fortsetzen, um bei Falshöft die Straße nach Nieby bzw. Gelting zu erreichen. In Goldhöft geht es dann rechts ab zum Parkplatz südlich der Windmühle.

91 An der Mündung der Schlei

Die Schlei erstreckt sich als mehr oder weniger breites Gewässer von Schleswig bis nach Schleimünde. Nur über eine schmale Verbindung ist sie mit der Ostsee verbunden, und man kann landeinwärts einen abnehmenden Salzgehalt des Wassers erwarten. Das Mündungsgebiet mit dem **Naturschutzgebiet Vogelfreistätte Oehe-Schleimünde** erkundet man am besten von Maasholm aus. Am Ortseingang liegt ein großer Parkplatz. Von dort aus geht es zu Fuß oder per Fahrrad weiter, wobei die Fußwanderung vorzuziehen ist, denn vom Deich entlang der Schlei aus gibt es einiges zu sehen.
In der Ufervegetation fallen bald typische Arten wie Weißer Meerkohl, Strand-Beifuß, Salz-Binse und Gemeiner Strandhafer auf. Die Schlei weist in diesem Bereich aber auch eine vielfältige Unterwasservegetation auf. Neben Algen wie Darmtang und Blasentang kommen auch Blütenpflanzen wie Kamm-Laichkraut, Geschnäbelte Salde, Gemeines Seegras, Zwerg-Seegras und Teichfaden vor. Typische Küstenvögel, die man hier sieht, sind Austernfischer, Kiebitz, Rotschenkel, Lachmöwe und Sturmmöwe.
Dann treten die Ufer zurück, und außendeichs breiten sich weite Brackwasserröhrichte (Schilf, darin Salz-Aster) aus (auf Rohrschwirl, Teichrohrsänger und Rohrammer achten). Endpunkt der Wanderung ist die **Hütte des Vogelwarts** nicht weit vom Strand, an dem man Scharfen Mauerpfeffer, Weißen Meerkohl, Strand-Salzmiere und Gemeinen Strandhafer findet. Die Hütte ist gleichzeitig Infozentrum, und man sollte sich für

Vom Deich aus kann man zumindest einen Teil des Schutzgebietes Oehe-Schleimünde einsehen. Weitere Teile kann man unter Führung des Vogelwartes kennenlernen.

die ausgestellten Stücke und die ausliegende Literatur ein wenig Zeit nehmen. Daß der Vogelwart Fragen gerne beantwortet, versteht sich von selbst.
Laut Statistik haben 1997 im Gebiet gebrütet: Höckerschwan, Brandgans (29 Paare), Stockente, Reiherente, Mittelsäger (27 Paare), Turmfalke, Bläßhuhn, Austernfischer (9 Paare), Kiebitz, Sandregenpfeifer (5 Paare), Rotschenkel (9 Paare), Säbelschnäbler, Silbermöwe, Sturmmöwe (413 Paare), Küstenseeschwalbe (37 Paare), Zwergseeschwalbe (2 Paare), Feldlerche (13 Paare), Rauchschwalbe, Bachstelze, Wiesenpieper (14 Paare), Teichrohrsänger, Dorngrasmücke, Amsel, Rohrammer (6 Paare), Bluthänfling, Star und Rabenkrähe.
Allein diese Aufzählung würde schon reizen, weiter in das Gebiet vorzudringen. Das Innere des Naturschutzgebietes ist dem Besucher aber nicht zugänglich; lediglich Führungen sind möglich, die allerdings nur einen kleinen Teil des Gebietes berühren, um Störungen so gering wie möglich zu halten. So wird dem Besucher kaum deutlich,

die vielfältig die Natur an der Mündung der Schlei eigentlich ist. Zurück am Parkplatz, wird der Naturfreund dennoch eine lange Artenliste zusammengestellt haben. Zum Abschluß sollte er noch die Wasserfläche des **Wormshöfter Noors** mit dem Fernglas absuchen. Im Sommer wird dort reichlich Wassersport getrieben, aber im Herbst, Winter und Frühjahr können Wasservögel in Ruhe rasten.

92 Schwansener See

Eine Erkundung des Naturschutzgebietes Schwansener See sollte man in Dörphof (etwa 6 km südlich von Kappeln an der B 203) beginnen. Ein unscheinbarer Holzwegweiser weist auf das **»Vogelmuseum«** hin, und dieses kleine Museum mit seinem etwa 600 Präparaten (hauptsächlich Vögeln) sollte man sich in jedem Fall ansehen, zumal es gleichzeitig **Infozentrum des NABU** ist und man dort alle weiteren Informationen (Broschüre, Wegbeschreibung) zum Besuch des Schwansener Sees bekommen kann (geöffnet Mai bis September täglich von 10 bis 12 und von 14 bis 18 Uhr; in den übrigen Monaten an Wochenenden und Feiertagen zu den gleichen Zeiten).

Von Dörphof fährt man über Karby und Höxmark nach Schönhagen. Am Ortseingang von Schönhagen zweigt ein asphaltierter Weg (nicht den Weg nach »Hof Lückeberg« nehmen, sondern den nächsten; kleiner Parkplatz auf der rechten Straßenseite) schräg rechts ab zur Küste und damit zur **Hütte des Vogelwarts** und zum See. Von der Hütte aus kann man dann parallel zur Küste nach Süden wandern und einen guten Überblick sowohl über die küstennahen Lebensräume als auch den See selbst bekommen. Man sollte sich zur Brutzeit strikt an den Weg zwischen Strand und Grünland halten; zum Schutz der brütenden Seeschwalben und Regenpfeifer ist der Strand selbst von Anfang April bis Ende September gesperrt. Eine Umrundung des Sees bietet sich nicht an, denn Wanderwege führen auf der Westseite nur weiträumig um den See herum; für den Radwanderer sind die Strecken allerdings leicht zu bewältigen.

Der Schwansener See ist ein ▶ typischer Strandsee, der nur durch schmale Strandwälle von der

Ostsee getrennt ist. Vor allem Vögel finden dort Brutplätze und Nahrung. In den verschiedenen Lebensräumen (Strand, Dünen, Salzwiesen, Schilfröhrichte, Gebüsche, Wald) sind 124 Arten als Brutvögel nachgewiesen. Laut Statistik haben 1996 im Naturschutzgebiet Schwansener See u. a. gebrütet: Höckerschwan (6 Paare), Brandgans (15 Paare), Mittelsäger (10 Paare), Austernfischer (12 Paare), Säbelschnäbler (55 Paare), Sandregenpfeifer (20 Paare), Kiebitz (120 Paare), Bekassine (12 Paare), Rotschenkel (105 Paare), Lachmöwe (15 Paare), Flußseeschwalbe (72 Paare), Küstenseeschwalbe (8 Paare), Zwergseeschwalbe (21 Paare) und Trauerseeschwalbe (3 Paare). Weitere 32 Arten sind als Durchzügler und Wintergäste beobachtet worden.

Der Schwansener See ist natürlich nicht nur über Dörphof und Karby von Norden, sondern auch von Süden zu erreichen. Von Damp führt ein Weg entlang der Küste nach Norden. Auf diesen Weg stößt man auch, wenn man weiter nördlich die Stichstraße zum Schubystrand nimmt, um dort seine Wanderung zu beginnen.

93 Die Küste bei Waabs

Wer zur Abwechslung ein Stück Steilküste erleben will, sollte auf der Höhe von Damp die B 203 (Kappeln – Eckernförde) verlassen, die

Bei Waabs kann man eine typische Ostseesteilküste kennenlernen. Am Fuß des Kliffs liegen Kies und Geröll – Material, das in der Eiszeit in Form von Moränen abgelagert worden ist.

im Bogen nach Süden verlaufende, küstennähere Straße nehmen und bei Klein-Waabs/Strandbek an den Strand (Schildern folgen) fahren. Der interessante Küstenabschnitt liegt südlich des Parkplatzes. Das Kliff ist streckenweise noch aktiv, d. h. es bricht vor allem im Winter Material herunter. Entsprechend gering ist dort der Bewuchs mit Pflanzen, für die ▶ Uferschwalbe aber bieten sich passende Brutplätze. Am Fuß des Kliffs und am Strand findet man Feuerstein; angeschwemmt werden Darmtang, Blasentang, Seegras und Ohrenqualle.
Schaut man an der Küstenlinie entlang nach Norden, entdeckt man eine weitere Steilküste. Sie liegt südlich von Booknis, und wer mag, kann von Waabs – oder von Ritenrade bzw. Waabshof weiter nördlich – dorthin wandern.

94 Bültsee

Den Bültsee erreicht man, indem man von der B 76 (Schleswig – Eckernförde) in Richtung Nordosten nach Kosel/Rieseby abbiegt. Von dieser Nebenstraße wiederum biegt man nach rechts ab, wo der Sportplatz ausgeschildert ist. Auf dem Parkplatz stellt man sein Fahrzeug ab, geht am Spielfeld und am Sportlerheim entlang und gelangt an eine Badestelle und damit direkt an das Ufer des Sees.
Der ▶ nährstoffarme See liegt in einem Binnensander und verdankt seine Entstehung Toteis, das nach der letzten Eiszeit im Untergrund liegengeblieben und erst später weggetaut ist. An den Ufern ist nur stellenweise ein Röhricht mit Schilf, Rohrkolben, Gift-Wasserschierling und Flecht-Simse ausgebildet. Ökologisch wichtiger sind die Flachwasserzonen und die nur niedrig bewachsenen Ufer; dort kommen ▶ seltene Uferpflanzen wie Kugel-Pillenfarn, Sumpf-Brachsenkraut, Strandling und Wasser-Lobelie vor. Als typische Vögel kann man am Bültsee ▶ Rothalstaucher, Höckerschwan, Bläßhuhn, Teichrohrsänger und Rohrammer beobachten. Der See ist als Naturschutzgebiet ausgewiesen.

95 Hüttener Berge

Die Hüttener Berge – insgesamt als Naturpark eingestuft – liegen im Dreieck Schleswig – Eckernförde – Rendsburg in einem Moränengebiet mit entsprechend bewegtem Relief. Die Bezeichnung »Berge« erscheint übertrieben, dennoch sollte man nicht versäumen, auf den höchsten, den **Asch-Berg**, zu fahren. Diese Erhebung ist immerhin 98 m hoch, und von dort kann man weit über die wellige Landschaft sehen. Der Überblick zeigt schön, wie die Wiesen und Felder durch die für Schleswig-Holstein so ▶ typischen Knicks begrenzt sind (s. Foto S. 96). Knicks sind Wallhecken, die eine große Vielfalt an Pflanzen- und Tierarten aufweisen, u. a. als typische Vögel Heckenbraunelle, Dorngrasmücke, Bluthänfling und Goldammer.
Seine weitere Route durch das Gebiet der Hüttener Berge sollte man anhand einer Detailkarte selbst wählen. Für den Naturfreund interessant sind vor allem der **Bistensee** und der **Wittensee**, der mit rund 10 km² Fläche größte See im Landesteil Schleswig; die Stichworte sind: Röhrichte, Bruchwälder und Wasservögel (u. a. Haubentaucher, Kormoran, Große Rohrdommel, Graugans, Reiherente).

Knicks

Knicks sind ein charakteristisches Element der ostholsteinischen und nordwestmecklenburgischen Landschaft. Diese Wallhecken wurden trotz ihrer positiven Einflüsse auf die angrenzenden Felder und Wiesen (Windschutz, Verdunstungsschutz) und der großen Vielfalt an Pflanzen- und Tierarten nicht etwa aus ökologischen Gründen angelegt, sondern auf Grund von Gesetzen. Um 1770 erhielten die Bauern durch die sogenannten Verkoppelungsgesetze ihren eigenen Grund und Boden – mit der Maßgabe, die Flächen mit »lebendem Pathwerk« einzukoppeln. Während viele verstreute Gebüsche und Feldgehölze damals verschwanden, entstand ein Netz von Hecken, die deshalb Knicks genannt werden, weil sie alle 9 – 11 Jahre »geknickt«, also »auf den Stock gesetzt« werden müssen. Der gesamte Holzbewuchs wird dann bis auf kurze Stümpfe abgesägt. Tut man das nicht, »wächst der Knick durch« und entwickelt sich zu einer mehr oder weniger lichten Baumreihe weiter.

Vom 98 m hohen Asch-Berg im Naturpark Hüttener Berge kann man weit über die schleswig-holsteinische Landschaft mit ihren typischen Knicks sehen.

Die Artenvielfalt der Knicks ist beträchtlich, wobei die »alten bunten Knicks« (auch als Schlehen-Hasel-Knicks oder Eichen-Hainbuchen-Knicks bezeichnet) des Östlichen Hügellandes und der Hohen Geest die größte Vielfalt aufweisen. In einem einzigen solchen Knick können 1 600 – 1 800 verschiedene Tierarten leben. Die Eichen-Birken-Knicks im Büchener Sandergebiet und im südlichen Ostholstein weisen ein anderes Artenspektrum auf, ein wiederum anderes die Knicks auf feuchtem Untergrund. Ökologisch besonders wertvoll sind die Doppelknicks, die sogenannten Redder, vor allem wenn sie Hohlwege einfassen.

Von der Eckernförder Bucht zur Kieler Förde

Die Eckernförder Bucht, der Dänische Wohld und die Kieler Förde – das bedeutet in erster Linie interessante Küsten und die schleswig-holsteinische Landeshauptstadt mit ihren Botanischen Gärten, ihren Museen und dem Aquarium. Das bedeutet aber im Hinterland auch eine abwechslungsreiche Moränenlandschaft, Feuchtgebiete und Seen, die eine interessante Tier- und Pflanzenwelt aufweisen.

96 Tierpark Gettorf

Dieser 1968 eröffnete »Tier-, Vogel- und Blumenpark« liegt zwischen Eckernförde und Kiel (nicht weit von der B 76, ausgeschildert). Er hat heute einen Bestand von etwa 900 Tieren in 180 verschiedenen in- und ausländischen Arten. Zwischen Affenhaus, Afrika-Anlage, Tropenhalle, Südamerika-Anlage, Vogelparadieshalle, Australien-Anlage, Wasservogelwiese und Hirschkoppel sind verschiedene Volieren und kleinere Gehege angeordnet. Den Pflanzenfreund werden der Gewürzgarten, der Bauerngarten, ein Holsteiner Knick und die französische Gartenanlage erfreuen, die Kinder der Streichelzoo und der Spielplatz. Der Park ist das ganze Jahr über geöffnet.

97 Bewaldete Düne bei Noer

Um das relativ kleine Schutzgebiet (47 ha), das sich mühsam gegen je einen Campingplatz westlich und östlich behaupten muß, zu erreichen, fährt man von der B 503 (Eckernförde – Kiel) zwischen Noer und Krusendorf zum Camping-

Am Strand vor dem Dünenwald bei Noer sieht man verschiedene Stadien der Dünenbildung – und den Gemeinen Strandhafer als charakteristische Pflanze.

platz Grönwohld hinunter und gelangt so automatisch an den Strand. Von dort führt die Wanderung zwischen Zaun (Sicht kaum behindert) und Wasserlinie an der Bewaldeten Düne entlang nach Noer (und von dort entweder auf demselben Weg oder durch Noer und entlang der B 503 und der Stichstraße zum Ausgangspunkt zurück). Die Düne wurde unter Schutz gestellt, weil sich dort die Pflanzengesellschaften über lange Zeiträume hin ungestört entwickelt haben. In dem vom Wind geschorenen Wald dominiert meerseitig die Stiel-Eiche, weiter landeinwärts dann die Rotbuche.
Weniger ungestört verläuft heute die Entwicklung außerhalb des Zaunes. Für den Naturfreund ist dieser Teil des Gebietes aber noch interessant, denn es sind Strandwälle, Primär- und Sekundärdünen mit typischen Pflanzen wie Scharfer Mauerpfeffer, Stranddistel, Strand-Salzmiere, Sand-Segge und Gemeiner Strandhafer ausgebildet. Der Strandwanderer sollte auf die brütenden Sandregenpfeifer achten und einen weiten Bogen machen, sobald er die Warnrufe der Vögel hört. Am besten geht man unmittelbar am Wasser entlang, wo man zudem Miesmuschel, Eßbare Herzmuschel und Sandklaffmuschel finden und im Flachwasser sehen kann, wie der Darmtang auf Steinen angeheftet wächst.
Die **Flachwassergebiete im Süden der Eckernförder Bucht** sind übrigens für überwinternde Wasservögel (vor allem Stockente, Reiherente, Bergente, Eiderente, Trauerente, Schellente und Bläßhuhn) attraktiv. Die Zahlen gehen in die Tausende.

98 Die Küste bei Dänisch Nienhof und am Bülker Leuchtturm

Dänisch Nienhof liegt ganz im Norden der Landschaft zwischen Eckernförder Bucht und Kieler Förde, und allein schon wegen dieser exponierten Lage kann man dort eine Steilküste erwarten. Kommt man von Eckernförde über die B 76 und B 503, biegt man in Krusendorf nach Nordosten ab. Am Ortseingang von Schwedeneck/Ortsteil Dänisch Nienhof sollte man sich links der Straße die **Stiftseiche** ansehen, eine mächtige, etwa 600 Jahre alte Stiel-Eiche, um dann zum Parkplatz am östlichen Ortsausgang weiterzufahren (wiederum links der Straße). Von dort geht man an der Landstraße weiter und biegt an dem zweiten plausiblen Weg (grün-weiße Schranke) zur Küste hinunter ab. Kurz vor dem Strand muß man sich entscheiden, ob man oben auf der Kliffkante oder am Wasser entlang zurück nach Dänisch Nienhof wandern will. Am Strand kann man Seegras, Ohrenqualle, Miesmuschel, Eßbare Herzmuschel und Sandklaffmuschel angeschwemmt finden, im Kies nach attraktiven Stücken von Feuerstein suchen und in den Steilwänden brütende ▶ Uferschwalben beobachten. Von der Kliffkante aus hat man den weiten Blick über die Ostsee – und Schatten, sobald man in den Wald (vor allem Rotbuche) vor dem Strandzugang in Dänisch Nienhof kommt.
Um den richtigen Eindruck einer ▶ typischen Förde zu bekommen, sollte man nach der Wanderung bei Dänisch Nienhof noch über Strande zum **Bülker Leuchtturm** fahren. Von dort aus überblickt man sowohl den Bereich der **Kieler Außenförde** als auch den der **Innenförde**, die sich nach Kiel hin immer mehr verengt. In Richtung Dänisch Nienhof sieht man sehr schön, wie die Flachküste in eine Steilküste übergeht. Wer Steilküsten mag, sollte also vom Leuchtturm aus eine Strandwanderung in Richtung Nordwesten machen.

99 Botanischer Garten der Universität Kiel

Wer besonders an der Pflanzenwelt interessiert ist, sollte einen Besuch des **(neuen) Botanischen Gartens der Christian-Albrechts-Universität** beim Biologiezentrum (über Olshausenstraße anfahren, Adresse: Am Botanischen Garten) einplanen. Der Garten wurde 1985 eröffnet und bietet auf insgesamt 8 ha Fläche etwa 8 000 Arten aus allen Klimazonen Lebensraum. Das Freiland gliedert sich im wesentlichen in einen systematischen und einen ökologischen Bereich. Letzterer umfaßt u. a. Biotope wie Salzwiese, Düne, Heide, Teich, Erlenbruch, Feuchtwiese, Moor, ein 10 m hohes Alpinum und Kalktrockenrasen. Ein artenreicher Baumbestand ist nach der Verbreitung gegliedert. Die Gesamtfläche unter Glas beträgt rund 2 600 m²; Herzstück des Komplexes ist das 11,50 m hohe

Tropenhaus. Wer einen kühlen Tag für seinen Streifzug durch den Botanischen Garten erwischt, kann sich dort vor der Kulisse eines tropischen Regenwaldes aufwärmen.
Zu erwähnen ist noch der 2,5 ha große **alte Botanische Garten** am Düsternbrooker Weg (nicht weit vom Aquarium und vom Zoologischen Museum entfernt, s. u.), der Vorgänger des Gartens am Biologiezentrum. Viele botanische Spezialitäten wurden zwar an den neuen Standort verbracht, aber der schöne Baumbestand ist an alter Stelle erhalten geblieben. Das Gelände ist jedermann zugänglich.

100 Mineralogisch-Petrographisches und Geologisch-Paläontologisches Museum der Universität Kiel

Nicht weit vom Botanischen Garten liegen 2 der Museen der Christian-Albrechts-Universität (Adresse: Ludewig-Meyn-Str. 10, geöffnet Mittwoch 14 – 18 Uhr). Dort geht es um die Vielfalt der Gesteine von Sedimenten über Ergußgesteine bis hin zu metamorphen Gesteinen. Die Entstehung der Gesteine im Lauf der Erdgeschichte wird ebenso nachgezeichnet wie die wirtschaftliche Bedeutung von Gesteinen (Erzlagerstätten). Besonders interessante Stücke sind der ▶ 1962 bei Kiel gefallene Steinmeteorit und eine Scheibe eines ▶ über 20 t schweren Eisenmeteoriten aus Grönland. Weitere Themen der Museen sind die Entstehung der Vorkommen von Erdöl, Kohle und Grundwasser, die Erdgeschichte Schleswig-Holsteins und die Entwicklung der Lebensformen von den Anfängen bis heute (hervorzuheben die Fossilien von Seelilien und Sauriern aus der Kreidezeit).

101 Aquarium des Instituts für Meereskunde an der Universität Kiel

Mit dem Institut für Meereskunde verfügt die Christian-Albrechts-Universität über ein Zentrum der deutschen Meeresforschung. Damit Besucher eine Ahnung davon bekommen, mit welchem Lebensraum sich die Forscher beschäftigen, wurde 1969 bis 1972 das dem Institut angeschlossene Aquarium erbaut und am 10.5.1972 eröffnet. Es liegt an der Kiellinie – also der Uferpromenade – direkt an den Kaianlagen. Den Besucher erwartet außen ein Becken mit Seehunden; die Innenräume nehmen die rund 30 Schauaquarien ein. Der Schwerpunkt liegt auf einheimischen Süßwasser- und vor allem Meeresbewohnern. Eine besondere Attraktion ist das ▶ große Rundbecken mit dem Heringsschwarm.

102 Zoologisches Museum der Universität Kiel

Vom Aquarium ist es nicht weit zum Zoologischen Museum der Christian-Albrechts-Universität in der Hegewischstraße, dem ältesten Museum in Kiel. Bereits Ende des 18. Jahrhunderts existierte es in Form eines Naturalienkabinetts. Die Sammlungen, über die das Forschungsmuseum heute verfügt, sind ein-

Im Kieler Zoologischen Museum ist das Präparat eines Kieler Nasobems *(Rhinogradens chilonien-sis)* zu sehen.

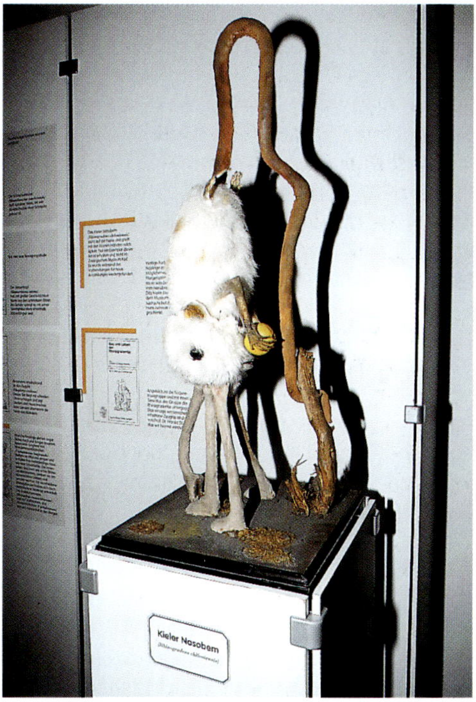

Entlang der Eider im Nordosten des Westensees ist ökologisch wertvolles Feuchtgrünland ausgebildet.

drucksvoll: rund 7 000 Schalen von Mollusken, 40 000 Insekten, 1 300 Stachelhäuter, 500 Amphibien und Reptilien, 9 000 Vögel und 2 000 Säugetiere. In den Schausammlungen ist natürlich nur ein Teil dieser Fülle zu sehen, teils unter ökologischen, teils unter systematischen Gesichtspunkten präsentiert. Ein besonders interesssantes Ausstellungsstück ist das ▶ 13 m lange Skelett eines jungen Blauwales im obersten Stockwerk, der 1881 vor Amrum gestrandet ist. Darüber hängt der ▶ 4,60 m lange Schädel eines Grönlandwales. Von der obersten Galerie kann man schön auf beide Stücke hinuntersehen, um sich dann von der ▶ Rekonstruktion des ausgestorbenen Riesenalken fesseln zu lassen.
Für den Profi-Biologen sei angemerkt, daß das Zoologische Museum über ein ▶ Präparat eines Kieler Nasobems verfügt. Zwar liegt über die Säugetierordnung der Naslinge (Rhinogradentia), die über die inzwischen im Meer versunkenen Hi-lay Islands in der Südsee verbreitet war, eine zusammenfassende »wissenschaftliche« Darstellung vor, aber das Kieler Stück wird wohl das einzige erhaltene Präparat sein. Es ist der Museumsleitung hoch anzurechnen, daß es dieses wertvolle Stück dem Publikum zugänglich gemacht hat (im Eingangsbereich aufgestellt).
In dem Gebäude an der Hegewischstraße hat übrigens auch das **Museum für Völkerkunde** seinen Platz. Wen dieses Gebiet interessiert, der braucht nur die entsprechenden Räume in seinen Rundgang einzubeziehen.

103 Rund um den Westensee

Der rund 770 ha große Westensee liegt südwestlich von Kiel und ist von dort über die B 4 (Richtung Bordesholm – Neumünster) gut zu erreichen. Wer sich zunächst großräumig orientieren will, sollte von der B 4 südlich von Molfsee (dort für Interessierte das **Schleswig-Holsteinische Freilichtmuseum**) abzweigen, direkt nach Westensee fahren und dort eine rund einstündige Wanderung auf den 88 m hohen **Tüteberg** unternehmen. Vom großen Parkplatz am nördlichen Ortseingang von Westensee geht man an der Kirche vorbei in Richtung Jugendherberge, um dann bei den ersten Häusern auf der rechten Straßenseite den unscheinbaren(!), bergauf führenden Weg einzuschlagen. Durch Wald, Felder und Wiesen gelangt man auf die durch eine Bank mit 2 kleinen Eichen markierte »Spitze« des Berges. Von dort aus hat man einem weiten Blick über die ▶ Knicklandschaft (s. S. 96) und den See. Zurück zum Ausgangspunkt geht es auf demselben Weg oder dem östlichen Parallelweg. Während dieser Wanderung kann man u. a. Mäusebussard, Fasan, Feldlerche, Baumpieper, Amsel, Singdrossel, Feldschwirl, Zilpzalp und Goldammer beobachten.
Am Parkplatz sollte man dann einen Blick auf die Uferzone des Sees mit ihren Schilfröhrichten und Teichrosendecken werfen. An dieser Stelle wird man typische Vögel des Sees sehen: Haubentaucher, Graureiher, Höckerschwan, Stockente, Reiherente, Bläßhuhn, Lachmöwe und Teichrohrsänger.
Auch andere Zonen des Sees sind noch naturnah, und so hat man 1989 das **Naturschutzgebiet Ahrensee und nordöstlicher Westensee** ein-

gerichtet. An einen Teil dieses Gebiet führt eine für den öffentlichen Verkehr gesperrte Straße (und damit ein Wanderweg) heran, die von der zum Nordufer parallelen Straße in Schönwohld nach Gut Marutendorf abzweigt. Am Beginn der Wanderung sollte man sich anhand der Infotafel über das Gebiet orientieren. Zum Gut geht es dann auf einer schönen Allee (an der Gabelung links halten), und zwischen den Bäumen hindurch sieht man links über die Niederungen – erst des Großhansdorfer Grabens und später der Eider. Dieser mit 188 km längste Fluß Schleswig-Holsteins entspringt 20 km südlich von Kiel und durchfließt auf seinem verschlungenen Weg bis zur Mündung in die Nordsee bei Tönning (s. S. 67) den nördlichen Westensee.
Ein Seitenweg führt zu einer Brücke über die Eider, und dort bekommt man einen guten Eindruck der Flora dieses ▶ ökologisch wertvollen Feuchtgrünlandes (Wiesen-Rispengras und Wiesen-Fuchsschwanzgras als vorherrschende Gräser, Echtes Mädesüß, Blut-Weiderich, Zottiges Weidenröschen, Wiesen-Bärenklau, Kohl-Kratzdistel) und des Flußufers (Großer Schwaden, Echtes Pfeilkraut, Ästiger Igelkolben). Über dem Wasser sieht man die Gebänderte Prachtlibelle fliegen. Die Amphibien sind im Gebiet mit Erdkröte, Europäischem Laubfrosch, Grasfrosch, Moorfrosch und Wasserfrosch vertreten. Insgesamt bieten diese Feuchtgrünlandflächen ungefähr 3 500 verschiedenen Pflanzen- und Tierarten Lebensraum.
Da man auf dieser Wanderung ohnehin nicht direkt ans Ufer des Westensees gelangt, kann man nun zum Ausgangspunkt zurückkehren. Man kann aber auch noch bis zum Weiher am Gut gehen, um dort Wasservögel wie Stockente, Reiherente, Tafelente und Bläßhuhn zu beobachten. Und wer mit dem Rad unterwegs oder sehr gut zu Fuß ist, kann eine »Runde drehen«, also dem Weg weiter folgen, nach Norden zur Straße fahren und zurück nach Schönwohld. Von Hohenhude südlich von Schönwohld aus kann man sich das Naturschutzgebiet, die Uferzone des Sees und auch die Mündung der Eider dann noch einmal aus einer anderen Perspektive ansehen.

104 Methorst- und Rümlandteich

Fährt man vom Ort Westensee die sehenswerte Allee in Richtung Rendsburg und hinter Emkendorf (mit dem schönen Herrenhaus) geradeaus

Am Methorstteich lassen sich Vögel wie der häufige Höckerschwan, aber auch der seltene Rothalstaucher beobachten.

weiter, gelangt man an den **Methorstteich.** Dessen Ufer sind mit Schilf umstanden, und auf der Wasseroberfläche sieht man das Schwimmende Laichkraut. An Wasservögeln sind auf diesem kleinen Gewässer ▶ Rothalstaucher, Höckerschwan, Reiherente und Bläßhuhn zu beobachten. Von der Kurve der Straße am Methorstteich aus führt ein Rundwanderweg um den südlich gelegenen **Rümlandteich** herum. Wie der Methorstteich, wurde auch dieses Gewässer vor allem wegen seiner Amphibien- und Wasservogelfauna unter Naturschutz gestellt.

105 Tierpark Warder

Der Tierpark bezeichnet sich selbst als Schutzpark für ▶ seltene und gefährdete Haustierrassen, und daraus geht schon hervor, um was es in Warder geht: um Schweinereien, Eseleien und ähnliches. Insgesamt sind auf den 40 ha Fläche (vornehmlich Weideland) 700 meist europäische Haus- und Nutztiere in 120 alten, gefährdeten oder erhaltenswerten Rassen zu sehen. Wer alle diese Tiere – plus die verschiedenen Stammformen – sehen will, hat einen rund 5 km langen Spaziergang durch verschiedene »Regionen« (z. B. Ungarn-Steppe, Skandinavien, Norddeutschland, Alpen) vor sich. Weiter gibt es einen Ausstellungsraum mit wechselnden naturkundlichen Austellungen, einen Bauerngarten, eine Streuobstwiese – und einen Streichelhof für die Kinder. Der Park liegt nicht weit von der A 7/E 45 (Ausfahrt Warder) zwischen Warder und Langwedel; er ist ganzjährig geöffnet.

106 Dosenmoor

Intakte Hochmoore sind in Norddeutschland nur noch selten zu sehen, und das Dosenmoor nördlich von Neumünster ist keine Ausnahme. Vor 400 bis 500 Jahren begannen die Menschen dort Torf zu stechen, zunächst in bäuerlichem Maßstab per Hand. Die großräumige Entwässerung und Abtorfung begann Anfang des 20. Jahrhunderts, ab 1966 in industriellem Maßstab. So sind heute die obersten Lagen der Torfdecke abgetragen, und die hochmoortypische Pflanzen- und Tierwelt ist nahezu verschwunden. Die Torfstiche stellen jedoch neue Lebensräume dar, und seit das Dosenmoor unter Schutz steht, kann sich die typische Lebensgemeinschaft (mit Sonnentau, Wollgras, Bekassine etc.) wieder regenerieren. Ein Wanderweg führt durch das Moor hindurch, so daß man sich einen guten Überblick verschaffen kann. Man fährt auf der B 4 von Neumünster in Richtung Kiel, sieht bald auf der linken Seite den **Einfelder See** liegen und biegt vor dem Ortsausgangsschild nach rechts ab, fährt durch die Bahnunterführung und gelangt zu einem Parkplatz. Von dort aus sind es nur ein paar Schritte zum Ausgangspunkt der Wanderung (dort auch Infotafel mit Karte).

107 TierPark Neumünster

700 Tiere in 125 verschiedenen Arten sind hier in einer landschaftlich schönen Umgebung auf 24 ha Fläche zu sehen. Dabei hat der TierPark als Schwerpunkte einheimische Tie-

Die Regeneration des weitgehend abgetorften Dosenmoores bei Neumünster schreitet langsam aber sicher voran.

re, vor allem Vögel und Säugetiere sowie Haustiere und deren wilde Stammformen. Die Areale mit Kranichen, Sumpf- und Watvögeln, Eulen, Wasservögeln und Kormoranen, Weißstörchen und Adlern sowie Fischottern und Seehunden werden am meisten interessieren. Integriert in den TierPark ist die Jagdlehrschau des Landesjagdverbandes Schleswig-Holstein, ein wiedererrichteter Geestbauernhof mit einem Bauerngarten, ein Naturlehrpfad und – natürlich – ein Streichelgehege und ein Spielplatz für die Kinder. Den TierPark erreicht man am besten von der A 7 aus. Der Weg von den Ausfahrten Neumünster-Mitte oder -Nord aus ist ausgeschildert (Adresse: Geerdtsstr. 100). Der Park ist ganzjährig geöffnet.

108 Wildpark Eekholt

Dieser Wildpark ist einer der größten und interessantesten Deutschlands. 1973 von Hans-Heinrich Hatlapa gegründet, beherbergt er heute 700 Tiere in 105 Arten. Es sind ausschließlich einheimische Tiere zu sehen, darunter – um nur einige zu nennen – Weiß- und Schwarzstorch, diverse Gänse- und Entenarten, Seeadler und andere Greifvögel, Birkhuhn, Kranich, Großtrappe, Kiebitz, Kampfläufer, Großer Brachvogel, Uhu und Kolkrabe, Wolf, Rotfuchs, Dachs, Fischotter, Rothirsch und Damhirsch. Der ▶ Rothirsch wird dabei besonders herausgestellt, und ein Besuch des Parks zur Brunftzeit in der zweiten September- und ersten Oktoberhälfte ist besonders lohnend. Neben dem »normalen« Rothirsch sind als Farbvarianten der Bleßhirsch und der weiße Rothirsch vertreten. Es gibt in Eekholt aber auch eine ▶ Schlangengrube mit Ringel- und Glattnatter, ▶ aktive Bienenvölker, denen man in den Stock sehen kann, und vieles mehr. Was auf den rund 70 ha Wald, Wiese und Moorgebiet zu sehen ist, verdient mehr als nur einen Besuch, zumal sich der Park als eine »Natur-Schule« begreift und über den Tierbestand hinaus eine Fülle von Informationen über bestimmte Arten, ökologische Zusammenhänge und Schutzprojekte ansprechend präsentiert wird. Man erreicht den Park am besten über die B 206 (Bad Bramstedt – Bad Segeberg) und folgt den Schildern. Eekholt hält seine Tore das ganze Jahr über offen.

Neben vielen anderen mitteleuropäischen Tierarten ist im Wildpark Eekholt auch Rotwild zu sehen. Der Park bietet zu allen Jahreszeiten interessante Beobachtungsmöglichkeiten.

109 Wildpark Trappenkamp

»Wald erleben« – das hat sich die Landesforstverwaltung Schleswig-Holstein im Wildpark Trappenkamp zum Ziel gesetzt. Und tatsächlich kann das sehr weitläufige Gelände zu jeder Jahreszeit und bei jedem Wetter Erlebnisse vermitteln. Man sollte seinen Besuch im **Infozentrum Waldhaus** mit seiner naturkundlichen Ausstellung, Film- und Diavorführungen und der wildkundlichen Lehrschau beginnen, um einen Spaziergang oder eine Radtour durch den Wald (überwiegend Fichte, daneben andere Baumarten) anzuschließen. In großen Gehegen, durch die die Wege teilweise hindurchführen, werden Schwarzwild, Damwild, Rotwild und Mufflon gehalten. Der Wald mit seinem teilweise üppigen Unterwuchs ist aber auch Lebensraum für viele freilebende Tiere. Zur Brutzeit kann man u. a. folgende Vogelarten beobachten: Schwarzspecht, Buntspecht, Baumpieper, Rotkehlchen, Amsel, Singdrossel, Waldlaubsänger, Zilpzalp, Fitis, Tannenmeise, Kohlmeise, Zaunkönig, Saatkrähe, Kolkrabe, Buchfink und Goldammer. Es gibt einen Wildlehrpfad mit erklärenden Tafeln, einen Nadel- und einen Laubbaumgarten – und nicht zuletzt einen großen Naturspielplatz. Am besten fährt man den Wildpark über die B 404 (Kiel – Bad Segeberg) an; man braucht nur den Schildern zu folgen, um zum Eingang mit dem Waldhaus zu gelangen. Der Park ist ganzjährig täglich geöffnet.

Durch die Holsteinische Schweiz zur Hohwachter Bucht

Eine genaue Navigation ist schon erforderlich, will man sich in dem Labyrinth von kleinen und großen Wasserflächen der Holsteinischen Schweiz zurechtfinden. Aber vielleicht hilft ja der Blick vom höchsten Berg Schleswig-Holsteins, dem Bungsberg, sich zu orientieren!? Aus »luftiger Höhe« läßt sich ganz gut entscheiden, ob es einen mehr ins Binnenland zu den Wasservögeln oder an die Küste zu den Seevögeln, in die Buchenwälder und die Knicklandschaft oder an die Strandseen zieht. Wie auch immer die Entscheidung ausfällt, so viel Abwechslung wie in diesem Teil Deutschlands bekommt der Naturfreund andernorts nicht oft geboten.

110 Großer Plöner See

Mit einer Fläche von 30 km² ist der Große Plöner See einer der größten Seen Norddeutschlands; seine mittlere Tiefe beträgt 16 m, die maximale Tiefe 60 m. Ein guter Ausgangspunkt für die Erkundung des Sees ist Plön. Vom Schloß aus hat man einen weiten Blick über die Wasserfläche und kann sich orientieren; rechts liegt die **Prinzeninsel**, auf die ein Wanderweg führt (Parkplätze an der B 430 am westlichen Ortsausgang von Plön). Von der Spitze der Prinzeninsel aus sieht man einige kleine Inseln. Die meisten dieser sogenannten Warder stehen als Brutgebiete für Wasservögel unter Naturschutz.

Folgt man der B 430 in südwestlicher Richtung, erreicht man Ascheberg. Am Ortsausgang kann man nach links zum Sportplatz abbiegen und dort vom Ufer aus einen Blick auf den **Ascheberger Warder** werfen, wieder eine geschützte Insel. Etwa 2 km südlich von Ascheberg biegt man links ab und fährt über Dersau nach Nehmten. Die Straße führt am **Nehmtener Forst** vorbei, der größten Waldfläche im Kreis Plön; eine Wanderung durch den Wald bietet sich an.

Nach Umrundung des südlichen Fingers des Sees gelangt man nach Bosau. Etwa 1 km nördlich dieses Orts ist am Seeufer ein schöner Erlenbruchwald zu sehen, in dem im Frühjahr die Sumpf-Dotterblume sehr üppig blüht. Von dort geht es über Bösdorf nach Plön zurück.

Insgesamt erkennt man auf dieser Umrundung des Sees entgegen dem Uhrzeigersinn, daß die Ufer stellenweise eine ▶ typische Zonierung mit Schilfröhrichten und Weißer Seerose aufweisen, an anderen Stellen der Buchenwald direkt an den See grenzt und an wieder anderen Wiesen. An Vögeln kann man auf einer Umrundung des Sees zur Brutzeit erwarten: Haubentaucher, Höckerschwan, verschiedene Entenarten, Bläßhuhn, Lachmöwe und Teichrohrsänger. Zur Zugzeit rasten auf dem See große Mengen von Wasservögeln.

Wer mag, kann den gesamten See auch – meist ufernah – umwandern. Er hat dann eine Strecke von 35 – 40 km vor sich und muß mit 7 – 8 h Wanderzeit rechnen. Wer diese Zeit nicht hat, kann auf sein Fahrrad steigen – oder eine Fahrt mit dem Schiff machen. Immer wieder einmal sollte man aber in den Himmel schauen. Am Größen Plöner See besteht die Chance, den ▶ Seeadler zu beobachten, der in der Holsteinischen Schweiz in einigen Paaren brütet.

111 Lanker See bei Preetz

Der Lanker See ist einer der größeren Seen der holsteinischen Seenplatte. Am besten fährt man zunächst durch das Zentrum von Preetz in Richtung Kühren/Löptin und zweigt dann beim Schild »Wassersportzentrum und Strandbad Lanker See« ab. Kurz vor dem Strandbad stellt man das Auto ab und geht bis zum Wasser vor; Radfahrer können weiterfahren.

Von dieser Stelle aus hat man einen guten Blick über das **Naturschutzgebiet Halbinsel und Buchten im Lanker See**, das rund 207 ha groß ist und ausgedehnte Röhrichte (mit Gelber Teichrose in den Buchten), Bruchwälder, einen weitgehend natürlichen Birkenwald und ökologisch bedeutsame Feuchtwiesen (mit Sumpf-Dreizack und Breitblättrigem Knabenkraut als Besonderheiten) umfaßt. Es ist ein ▶ wichtiges Brut- und Rastgebiet für Wasservögel: Haubentaucher, Höckerschwan, Graugans, Stockente, Schnatterente, Löffelente, Reiherente, Schellente, Bläß-

Die Sonne geht unter am größten See Norddeutschlands, dem Großen Plöner See. Vielleicht nach einer erlebnisreichen Umrundung mit dem Fahrrad?

huhn, Lachmöwe und Sturmmöwe. Fischadler und Seeadler jagen bisweilen über der Wasserfläche, und in den Randzonen kommen Beutelmeise, Raubwürger und Pirol vor. Die ▶ artenreiche Fischfauna des Sees setzt sich u. a. aus Lachsforelle, Edelmaräne, Hecht, Plötze (Rotauge), Rotfeder, Brachsen (Blei), Schleie, Karpfen, Europäischem Aal, Quappe (Rutte), Barsch und Zander zusammen, und einige Berufsfischer finden am See ihr Auskommen (ein Betrieb am Seeufer unterhalb des Parkplatzes). Fuß- und Radwanderer sollten sich auf der Karte am Strandbad über das von dort nach Süden führende Wegenetz informieren.

Nimmt man von Preetz aus die Straße über Kühren in Richtung Gut Wahlstorf (nicht Wahlstorf!), so kann man zu Fuß oder per Fahrrad einen Abstecher nach **Kührenermühle** machen (Wegweiser an der Straße). Man kommt dort zwar nicht an den See heran, lernt aber die Uferzone des Lanker Sees weiter kennen. Der teilweise feuchte Wald jenseits der Bahnstrecke weist manchen gefallenen, mit Moos überwachsenen Baum, einen insgesamt dichten Unterwuchs und Vögel wie Rotkehlchen, Zilpzalp, Fitis und Buchfink auf. Auf dem weiteren Weg in Richtung Gut Wahlstorf streift man das **Naturschutzgebiet Kührener Teiche und Umgebung.** Am Abflußgraben des mit Schilf, Breitblättrigem Rohrkolben, Sumpf-Schwertlilie, Schwarz-Erle und Weiden umgebenen Teiches kann man gut parken und die Wasserfläche absuchen. Im Frühsommer sind an dieser Stelle u. a. zu sehen: ▶ Rothalstaucher, Graugans, Stockente, Bläßhuhn, Sturmmöwe und Rauchschwalbe. Kurz vor dem Bahnübergang (wenn Schranke geschlossen, über die Sprechanlage deren Öffnung anfordern) hat man noch einmal einen Blick auf die Wasserfläche. Hinter dem Bahnübergang wird dann der Blick wieder frei auf den Lanker See, und man kann Haubentaucher, Kormoran, Höckerschwan, Graugans und Sturmmöwe beobachten. In Gut Wahlstorf können das Herrenhaus und die ▶ schöne Lindenallee bewundert werden. Ab dort geht es nur noch für Fuß- und Radwanderer in Ufernähe weiter zur B 76, die wieder zum Ausgangspunkt nach Preetz – oder anderen Zielen entgegen – führt; der Autofahrer muß einen Bogen fahren.

112 Schwentinepark Raisdorf

Etwa auf halbem Weg zwischen Preetz und Kiel fährt man auf der B 76 durch Raisdorf, und folgt man den entsprechenden Schildern, gelangt man zu einem Gelände an der Schwentine, das für den Naturfreund wegen des Wildparks interessant ist. Ansonsten ist der 40 ha große Schwentinepark mehr als ein Freizeitgelände der Gemeinde Raisdorf gedacht. Zu sehen sind Schwarzwild, Mufflon, Steinbock, Rotwild und Damwild, für die Kinder einige Haustiere – und der Fernsicht-Zoo mit seinen Volieren und Terrarien. Ein Spaziergang entlang des Rosensees oder entlang der naturnahen Schwentine in nordwestlicher Richtung wäre ein guter Abschluß für den Besuch des Schwentineparks. Manche sprechen von ▶ »einer der schönsten Flußtalwanderungen in Schleswig-Holstein«.

113 Dobersdorfer und Passader See

Fährt man von Preetz nach Schönberg, so liegen etwa auf halber Strecke 2 Seen nahe an der Straße, die sich der ornithologisch Interessierte nicht entgehen lassen sollte. Kommt man von Süden, erreicht man zunächst die Ostseite des **Dobersdorfer Sees.** Am Ortseingang von Schlesen sollte man den Parkplatz rechts der Straße anfahren, dort die wenigen Schritte zum Ufer gehen und ein Stück am See entlang in südwestliche Richtung wandern (schmaler Weg). Die ▶ Pflanzenzonierung am Ufer ist geradezu klassisch; von Land zum Wasser: Bruchwald mit Schwarz-Erle und Weiden – Schilfröhricht – Schwimmpflanzendecken aus Gelber Teichrose. Auf einer vorgelagerten Insel brüten ▶ Lachmöwen, womit das Spektrum der zu beobachtenden Wasservögel aber längst nicht erschöpft ist. Vielmehr sind zur Brutzeit entlang des Sees weiter zu beobachten: Höckerschwan, Graugans, Stockente, ▶ Kolbenente, Silbermöwe, Sturmmöwe, Teichrohrsänger, Sumpfrohrsänger, Dorngrasmücke, Zilpzalp und Rohrammer. Der See bietet aber auch zur Zugzeit und im Winter gute Beobachtungsmöglichkeiten.

Von Schlesen aus geht es weiter nach Stoltenberg. Dort kann man 2 Abstecher machen, nach Westen zum Südufer des **Passader Sees** und nach Fahren, um einen Überblick über den westlichen Zipfel des Sees zu bekommen. Die für den Dobersdorfer See genannte Vogelliste kann dort durch Haubentaucher, Kormoran, Schnatterente, Reiherente und Rohrweihe ergänzt werden.

114 Bottsand und Barsbeker See

Auf das **Naturschutzgebiet Bottsand** drängt, wie auf viele andere Schutzgebiete an den deutschen Küsten auch, der Kommerz ein: ein Ferienzentrum mit großem Seglerhafen auf der einen, ein ausgedehnter Campingplatz auf der anderen Seite. Der Naturfreund kann wieder einmal nur wehmütig werden.

Man erreicht das Gebiet von der B 502 Kiel – Heikendorf – Schönberg – Lütjenburg aus, indem man bei Wendtorf nach Norden abzweigt; man fährt bis zum Parkplatz vor dem Campingplatz. In geringer Entfernung sieht man ein Gebäude am Deich, in dem ein **Infozentrum des NABU** untergebracht ist (geöffnet an Wochenenden in der Hauptferienzeit). Vom Deich aus übersieht man das gesamte Naturschutzgebiet Bottsand ganz gut. Damit muß sich der Naturfreund allerdings begnügen; das Gebiet ist für Besucher gesperrt. Nach der Statistik haben 1996 im Gebiet gebrütet: Brandgans (15 Paare), Mittelsäger (8 Paare), Austernfischer (16 Paare), Säbelschnäbler (1 Paar), Sandregenpfeifer (25 Paare), Rotschenkel (15 Paare), Silbermöwe (1 Paar), Sturmmöwe (3 Paare), Küstenseeschwalbe (5 Paare), Zwergseeschwalbe (25 Paare), Feldlerche (25 Paare) und Wiesenpieper (25 Paare). Man kann noch eine kleine Deich- oder Strandwanderung nach Nordosten anschließen und auf dem Weg zurück zur Bundesstraße einen Abstecher über Wendtorf machen und einen Blick aus der Entfernung auf den **Barsbeker See** (ebenfalls Naturschutzgebiet) werfen, der mit Röhricht umgeben ist und immer weiter verlandet. Zur Brutzeit mag beides für den Vogelfreund wenig ergiebig sein, zur Zugzeit und im Winter sind aber im gesamten Gebiet – mit Bottsand, den flachen Küstengewässern und dem Barsbeker See – große Mengen von Enten und Limikolen zu beobachten.

Lediglich vom Deich aus erhält man einen Eindruck des Naturschutzgebietes Bottsand. Vogelfreunde sollten die Gegend vor allem zur Zugzeit und im Winter besuchen.

115 Rund um den Selenter See

Der Selenter See, zweitgrößtes Binnengewässer Schleswig-Holsteins, bildet in etwa den natürlichen nördlichen Abschluß der holsteinischen Seenplatte. Beginnen sollte man die rund 30 km lange Umrundung des Sees in **Selent** am Südufer und dort zunächst (wenn möglich) den Turm der **Blomenburg** (Hinweisschild an der Durchgangsstraße = B 202, Kieler Straße) besteigen, von wo aus man einen weiten Blick über die umgebende Landschaft hat. In Selent folgt man dann dem Wegweiser »Strand«, was einen an einem naturnahen Weiher vorbei zu einem Parkplatz am Badestrand führt. Dort gelangt man direkt an das Ufer des Sees und kann seine Vogelliste mit Bläßhuhn, Mönchsgrasmücke, Zilpzalp, Zaunkönig, Kolkrabe und Buchfink eröffnen.

Am Westufer des Sees bieten sich das Strandbad in **Grabensee** und der Ort **Fargau** als Punkte an, wo man die Seefläche gut einsehen kann. Am Strandbad in **Pülsen** gelangt man ebenfalls ans Ufer und kann von dort aus auch noch einen Weg benutzen, der durch eine Wiese und ein Waldstück bis hinunter zu einer heute verlassenen Kormorankolonie führt; die abgestorbenen Bäume stehen noch im Flachwasser. Dort bewegt man sich im Zentrum des Naturschutzgebietes, das den Nordosten des Selenter Sees umfaßt; also die Spielregeln beachten. Am Strandbad in **Giekau** ist man endlich einmal gnädig zu Naturbeobachtern: Das Strandbad verfügt neben einer ausgedehnten Liegewiese über einen – allerdings nicht sehr hohen – **Beobachtungsstand**, von dem aus man Teile des Schutzgebietes mit seinen Schilfröhrichten, Binsenbeständen, Teichrosendecken und typischen Vögeln wie Haubentaucher, Kormoran, Reiherente und Rohrweihe ganz gut überblicken kann.

Von Giekau aus kann man entweder über Seekrug und Bellin nach Selent zurückfahren – und dabei noch an der einen oder anderen Stelle einen Blick auf die Wasserfläche werfen – oder aber einen interessanten Abstecher nach Nordosten machen. Die Landschaft dort ist ausgesprochen wellig, d. h. eine typische Moränenlandschaft, und die sollte man sich einmal von »höherer Warte« aus ansehen: vom **Hessenstein** (Aussichtsturm) auf dem 133 m hohen **Pilsberg** (über Emkendorf zu erreichen), dem höchsten Punkt in der Umgebung des Selenter Sees.

Leider hat man nur begrenzte Möglichkeiten, direkt an das Ufer des Selenter Sees zu gelangen, wie hier in Pülsen.

Vom Dünenübergang aus läßt sich der Kleine Binnensee gut überblicken. Zudem führt ein Radwanderweg am Ufer entlang.

Fährt man vom Pilsberg aus in Richtung Gadendorf, sind weitere Blicke über die wellige Landschaft möglich.
Von Gadendorf geht es dann über die B 502 zurück nach Lütjenburg. Vor dem nördlichen Ortsausgang von Darby sollte man aber noch nach rechts abbiegen und sich die **Stauchmoränen am Hessenstein** ansehen (braunes Hinweisschild an der Straße). Man gelangt in das Gebiet rund um Niental, das bis 1990 allein landwirtschaftlich genutzt wurde. Dann kaufte die Stiftung Naturschutz Schleswig-Holstein rund 50 ha mit dem Ziel, auf den steilen Hängen und in den feuchten Senken neuen Lebensraum für Pflanzen und Tiere entstehen zu lassen. Gleichzeitig soll das nur noch extensiv beweidete Gebiet der Reinhaltung von Wasser und Luft und der Erholung dienen.

116 Kleiner, Großer und Sehlendorfer Binnensee bei Lütjenburg

Ein Blick auf die Karte zeigt, daß diese Gewässer ▶ Strandseen sind: Sand- und Kiesmassen wurden von weiter westlich gelegenen Küstenabschnitten herantransportiert und abgelagert und trennten die ehemaligen Meeresbuchten von der Ostsee ab. Großer und Sehlendorfer Binnensee haben noch heute eine schmale Verbindung mit der Ostsee.
Das **Naturschutzgebiet Kleiner Binnensee und angrenzende Salzwiesen** ist am besten für eine Exkursion geeignet. Man erreicht es über den Strandparkplatz von Behrensdorf (Infotafel). Von dort geht es zu Fuß oder per Fahrrad weiter, streckenweise direkt am See entlang; der Fußwanderer hat den Vorteil, ein Stück am Strand entlanggehen und die Pflanzen und Tiere des Strandes, der Strandwälle und der Dünen näher in Augenschein nehmen zu können. Am Strand findet man Darmtang und Blasentang, Miesmuschel, Eßbare Herzmuschel und Sandklaffmuschel angeschwemmt. Die ▶ Strandwälle sind eingezäunt, aber gut einzusehen; die Pflanzenwelt setzt sich aus Scharfem Mauerpfeffer, Europäischem Meersenf, Weißem Meerkohl, Strand-Salzmiere, Strandroggen und Gemeinem Strandhafer zusammen. Durch die Dünen führt streckenweise ein Bohlenweg; sie sind dort allerdings fast völlig mit Kartoffel-Rose bewachsen.

Die Vogelliste des Gebietes um den Kleinen Binnensee ist beachtlich; zur Brutzeit kann man u. a. beobachten: Kormoran, Graureiher, Höckerschwan, Graugans, Stockente, Mittelsäger, Bläßhuhn, Austernfischer, Sandregenpfeifer, Rotschenkel, Feldlerche, Wiesenpieper und Teichrohrsänger. Außerdem ist das Wildkaninchen zu sehen.

Diese Wanderung sollte man nachmittags unternehmen, denn dann hat man die Sonne im Rücken. Man kann sie fortsetzen in Richtung Hohwacht, wird dann aber wohl das Fahrrad vorziehen; ein Radwanderweg führt entlang der gesamten schleswig-holsteinischen Ostseeküste.

Der **Große Binnensee** ist leider kaum zugänglich. Da der Naturfreund aber am Kleinen und Sehlendorfer Binnensee auf seine Kosten kommt, mag er sich dort mit einem Überblick von der Höhe bei Stöfs zufriedengeben.

Den **Sehlendorfer Binnensee** wiederum kann man ganz gut erkunden, vor allem das der Ostsee zugewandte Ufer (Wanderweg bzw. Strand); einziger Wermutstropen: Man muß Kurtaxe bezahlen – auch wenn man nicht an den Strand und baden, sondern lediglich Vögel beobachten will. Es führt aber eine Straße von Hohwacht nach Sehlendorf, von der aus man verschiedene Bereiche des ausgedehnten, buchtenreichen Gewässers überblicken kann (Spektiv!). Und in Sehlendorf kann man in Richtung Strand fahren und hat bereits vor dem kurtaxepflichtigen Gebiet beste Beobachtungsmöglichkeiten. Rund 30 Vogelarten brüten am Sehlendorfer See, weitere rund 90 Arten ziehen durch und rasten kürzere oder längere Zeit.

117 Die Fischteiche zwischen Selent und Plön

Fischzucht hat in Schleswig-Holstein eine lange Tradition; Fisch war sozusagen das »Fleisch der Fastenzeit«. Die erste urkundliche Erwähnung eines Fischteiches stammt von 1208. Die größte Ausdehnung der Teichwirtschaft wird für die Wende vom 16. zum 17. Jahrhundert angenommen. Die gesamte Teichfläche wird damals rund 6 000 ha betragen haben; davon sind heute noch etwa 2 000 ha erhalten. Die Fischteiche haben heute als Rückzugsgebiete für seltene Pflanzen- und Tierarten ihre Bedeutung und sind deshalb teilweise unter Schutz gestellt. Zwischen Selent und Plön liegen einige vor allem ornithologisch interessante Teiche, die nicht nur zur Brutzeit einen Besuch lohnen, sondern auch zur Zugzeit (Rastgebiet vor allem für Gründelenten).

Kommt man von Norden (= von Selent), so sollte man sich zunächst die mit Röhrichten und Bruchwäldern umstandenen **Teiche um Lammershagen** näher ansehen. An Vögeln lassen sich dort zur Brutzeit u. a. beobachten: Kormoran, Höckerschwan, Stockente, Reiherente, Tafelente, Bläßhuhn und Teichrohrsänger.

Weiter südlich durchquert die Straße den im Mittel 0,50 – 1 m tiefen **Lebrader Teich** (Naturschutzgebiet), den unter Vogelfreunden bekanntesten Teich des Gebietes. Leider kann man in diesem Bereich kaum halten oder gar parken. Man kann nur nördlich des Teiches an der Straße oder südlich des Teiches in Lebrade parken und dann an der Straße entlanggehen. Aber Vorsicht, der Durchgansgverkehr nimmt wenig Rücksicht auf Vogelbeobachter! In den Großseggenriedern, Röhrichten und Erlenbeständen um den Teich herum finden ▶ Rothalstaucher, Höckerschwan, Graugans, Stockente, Reiherente, Tafelente, Bläßhuhn, Lachmöwe und Teichrohrsänger Lebensmöglichkeiten; auch der Wasserfrosch ist zu hören.

Fährt man von Lebrade aus nach Süden, so erreicht man nach rund 1 km Gut Rixdorf. Dort sollte man parken und dann die für den öffentlichen Verkehr gesperrte Straße (Fahrrad erlaubt) nach Theresienhof nehmen. Nach wiederum rund 1 km liegt rechts der **Rixdorfer Teich** und links der **Ketelsbekteich**. Während man ersteren nur wenig einsehen kann, ist letzterer mit seiner Uferzone aus Schilf, Rohrkolben und Flecht-Simse sowie ▶ Rothalstaucher, Reiherente und Bläßhuhn als typischen Bewohnern beobachterfreundlich gelegen.

Ein Blick auf die Wanderkarte zeigt, daß die anderen Teiche im südlichen Teil des Gebietes (**Neuer Teich**, **Rummelteich** und **Osterwischteich**) weitab von Straßen und Wegen liegen und deshalb kaum Beobachtungsmöglichkeiten bieten.

118 Rund um Malente

Bad Malente-Gremsmühlen liegt im Herzen der Holsteinischen Schweiz, und schon das Zentrum hat für den Naturfreund 2 nette Ziele parat.

Zunächst kann man einen Spaziergang durch das **Wildgehege** machen (ausgeschildert, Parkplätze an der Sebastian-Kneipp-Straße oder am Bahnhof). Dort werden Schwarz-, Dam- und Rotwild gehalten. Der Buchenwald, in den die Gehege eingefügt sind, ist Lebensraum für Vögel wie Buntspecht, Rotkehlchen, Amsel, Zaunkönig und Buchfink und für das Eichhörnchen. Anschließen könnte sich ein Besuch des nicht weit entfernten **Arboretums.** Es wurde zwar erst 1980 eingerichtet, und die Bäume sind noch nicht sehr groß, aber auf kleinem Raum ist eine recht große Artenvielfalt von Nadel- und Laubbäumen versammelt. Darunter sind heimische Arten, aber auch Arten, die aus anderen Ländern stammen und bei uns angepflanzt werden.

Malente bietet sich auch an, einen weiteren Eindruck der holsteinischen Seenlandschaft zu gewinnen, und zwar per Schiff vom Wasser aus. Zum einen wird die **»5-Seen-Fahrt«** angeboten, auf der man Dieksee, Langensee, Behlersee, Höftsee und Edebergsee westlich von Malente kennenlernen kann, zum anderen die **»Kellersee-Fahrt«** (See östlich von Malente).

Wer die Straße von Bad Malente-Gremsmühlen über Oberkleveez in Richtung Plön fährt, der sieht bei Kreuzfeld große Kiesgruben rechts der Straße. Die eiszeitlichen Gletscher haben aber nicht nur Kies, sondern auch größere Gesteinsbrocken transportiert. Einige solcher Brocken sind am Rand der Kiesgrube Wandhoff im **Findlingsgarten** (vor dem östlichen Ortseingang von Kreuzfeld rechts der Straße) nach ihrer jeweiligen Enstehungsgeschichte angeordnet aufgestellt. Darunter ist als Prunkstück der **Wandhoff-Findling**, mit einem Gewicht von 126 t ▶ einer der

Findlinge

Findlinge wurden während der Eiszeiten in den langsam fließenden Gletschern mittransportiert. Beim Abschmelzen des Eises wurden sie dann oft Hunderte von Kilometern vom Herkunftsort des jeweiligen Gesteines abgelagert. Geologen sprechen auch von erratischen Blöcken.

Die Blöcke können unterschiedlich groß sein. Der größte Findling Schleswig-Holsteins, der Riesenfels von Großkönigsförde, hat einen Umfang von 18 m und ein Gewicht von rund 200 t. Der größte Findling von Rügen, der »Buskam«, hat demgegenüber ein Volumen von 600 m³ und ein Gewicht von 1 626 t.

Besonders große Findlinge tragen oft eigene Namen. Beispiele sind etwa der »Riesenstein« bei Pudagla, der »Sagenstein« oder »Teufelsstein« im Schmollensee, der »Teufelsstein« im Lieper Winkel, der »Teufelsstein« bei Lubmin oder der »Rieke-Stein« an der Halbinsel Gnitz – um nur die Insel Usedom herauszugreifen.

Die »dicken Brocken« bilden teilweise regelrechte Blockstrände, etwa bei Staberhuk auf Fehmarn (s. S. 117). Aus ihnen wurden aber auch die Großsteingräber in Norddeutschland erbaut (z. B. Denghoog bei Wenningstedt auf Sylt, s. S. 86, oder das Langbett bei Karlsminde nordöstlich von Eckernförde).

Der Wandhoff-Findling von Kreuzfeld ist einer der größten Findlinge Schleswig-Holsteins.

größten Findlinge Schleswig-Holsteins. Er hat ein Alter von rund 2 Mrd. Jahren, wurde 1983 gefunden, besteht aus grobkörnigem Småland-Granit und hat eine Reise von rund 600 km hinter sich.

Sicherlich hat Schleswig-Holstein manche urige Baumgestalt aufzuweisen, aber kaum ein Baum ist so bekannt wie die **Bräutigamseiche von Dodau.** Kommt man vom Findlingsgarten (s. o.), biegt man in Kreuzfeld links ab, durchfährt das Dorf und folgt weiter der Straße, die letztlich zur B 76 (Plön – Eutin) führt. Kurz hinter dem Forsthof Dodau steht die Bräutigamseiche rechts der Straße im Wald (Schild). Ein Astloch in der etwa 500 Jahre alten Stiel-Eiche diente und dient Menschen, die Kontakt suchen, als Briefkasten; er wird regelmäßig von der Post bedient.

119 Sibbersdorfer See

Der kleine See gleich nördlich des Großen Eutiner Sees unterscheidet sich kaum von anderen Seen der Holsteinischen Schweiz. Das Ufer ist mit Schilfröhrichten bestanden, an die sich landeinwärts ein Bruchwald aus Schwarz-Erle und Weiden anschließt. Typische Wasservögel, die man hier im Frühsommer beobachten kann, sind Graugans, Reiherente und Bläßhuhn. Interessant ist der See aber wegen seinem **Vogelschutzgebiet Möweninsel**; dort brüten ▶ Lach- und Sturmmöwen. Um den See zu erreichen, fährt man von Eutin nach Fissau und weiter nach Sibbersdorf. Wo die Straße nah am See verläuft, führt ein kleiner Weg zum Ufer, von wo aus man die Möweninsel gut überblicken kann.

120 Bungsberg

Wie hoch die eiszeitlichen Moränen in Norddeutschland aufgetürmt worden sind, wird bei der Auffahrt zum Bungsberg nordwestlich von Schönwalde (nordwestlich von Neustadt) deutlich: Mit 168 m ist der Bungsberg die ▶ höchste Erhebung Schleswig-Holsteins, und von der **Aussichtsplattform des Fernmeldeturmes** hat man einen weiten Rundblick über die holsteinische Landschaft. Tafeln erklären, was in welcher Richtung zu sehen ist. Man achte auf die ▶ typischen Wallhecken, die Knicks (s. S. 96).

Vom Turm auf dem 168 m hohen Bungsberg, die höchste Erhebung Schleswig-Holsteins, kann man nach Nordwesten über die wellige Knicklandschaft bis zur Ostsee blicken.

In einzelne Haken gegliedert ist der Graswarder bei Heiligenhafen. Typischer Brutvogel ist die Sturmmöwe.

121 Das Teichgebiet bei Kletkamp

Neben den schon vorgestellten Fischteichen zwischen Selent und Plön (s. S. 110) hat auf Gut Kletkamp ein weiteres Zentrum der schleswig-holsteinischen Fischzucht bestanden. Fischteiche mit Teichrosendecken, Röhrichten und Bruchwäldern liegen auch heute noch um das Gut herum, und zur Brutzeit kann man u. a. folgende Vogelarten beobachten: Haubentaucher, Höckerschwan, Graugans, Stockente, Reiherente, Tafelente, Bläßhuhn und Teichrohrsänger. Gut Kletkamp liegt südöstlich von Lütjenburg nahe der Straße nach Neustadt; man folgt dem Hinweisschild und gelangt über eine ▶ schöne Kastanienallee direkt in das Teichgebiet.

122 Weißenhäuser Brök und Wesseker See

Das 57 ha große **Naturschutzgebiet Weißenhäuser Brök** vor dem Ferienzentrum Weißenhäuser Strand (nahe der B 202, bei Oldenburg i. H.) soll das ▶ größte Dünengebiet der schleswig-holsteinischen Ostseeküste erhalten. Von der Vordüne am Strand bis zur Braundüne weiter landeinwärts ist die gesamte Dünenentwicklung zu sehen. Maximal erreichen die Dünen eine Höhe von 6 m. Schützenswert ist nicht nur die Dünenkette mit ihrer typischen Vegetation, sondern auch das Vorkommen wärmeliebender Insekten.

Den **Wesseker oder Dannauer See** kann man leider kaum einsehen. Vom Parkplatz am östlichen Ortseingang von Weißenhäuser Strand aus kann man immerhin durch den Wald zum Rand des ausgedehnten Schilfröhrichts gehen. Die offene Wasserfläche des flachen Strandsees liegt aber weit entfernt, so daß kaum einzelne Wasservögel zu bestimmen sind. Eine über dem Röhricht jagende Rohrweihe mag den Beobachter entschädigen. Der See spielt als Brut- und Rastgebiet für Wasservögel wie Schwarzhalstaucher, Große Rohrdommel, Schnatterente, Brandgans, Rohrschwirl und Bartmeise eine Rolle. Vom Deich westlich von Weißenhäuser Strand hat man einen ähnlichen Blick, aber von einer »höheren Warte« aus als zuvor.

123 Binnensee und Graswarder bei Heiligenhafen

Eigentlich müßte man das Naturschutzgebiet Graswarder an der Küste bei Heiligenhafen aus der Luft sehen, denn es handelt sich hier um eine ▶ typische Nehrungshalbinsel, die in mehrere Haken gegliedert ist. Der erdverhaftete Besucher beginnt seine Exkursion am »Gillhus« (großer Parkplatz). Von dort geht es zunächst am Deichfuß entlang; man kann also die Ostsee nicht sehen, hat dafür aber einen guten Blick über die landseitigen Flächen. Dann liegt links eine Reihe von Häusern, deren Bestand, sofern sie nicht gegen das Meer gesichert werden, nur noch von begrenzter Dauer ist. Die gesamte Küste des Graswarders ist nämlich in ständiger Bewegung. Material wird vom

Hohen Ufer westlich von Heiligenhafen abgetragen, mit küstenparallelen Strömungen nach Osten verfrachtet und am Graswarder in Form von Sandhaken angelagert. Auf den Luftbildern im **NABU-Infozentrum** ist das gut zu sehen. Und damit wären wir an dem wichtigsten Punkt einer Graswarder-Exkursion angelangt. Der dort stationierte Vogelwart leitet nämlich Führungen in einen Teil des Gebietes, das ansonsten gesperrt ist, damit die Vegetation mit ihren speziell angepaßten Strandwall-, Dünen- und Salzwiesenarten (z. B. Scharfer Mauerpfeffer, Stranddistel, Weißer Meerkohl, Widerstoß oder Strandflieder, Gemeine Grasnelke) und die brütenden Vögel (insgesamt über 40 Arten) möglichst wenig gestört werden.

Nach der Statistik haben 1996 im **Naturschutzgebiet Graswarder** u. a. gebrütet: Brandgans (13 Paare), Eiderente (9 Paare), Mittelsäger (12 Paare), Austernfischer (25 Paare), Säbelschnäbler (21 Paare), Sandregenpfeifer (7 Paare), Rotschenkel (3 Paare), Silbermöwe (25 Paare), ▶ Sturmmöwe (2 450 Paare), Flußseeschwalbe (12 Paare), Küstenseeschwalbe (80 Paare) und Zwergseeschwalbe (2 Paare). Der Graswarder und der benachbarte **Binnensee** spielen aber auch als Rast- und Überwinterungsgebiet für Enten (Pfeifente, Reiherente, Bergente, Tafelente, Eiderente, Trauerente, Schellente) und für Limikolen (Goldregenpfeifer, Kiebitz, Alpenstrandläufer) eine große Rolle. Eine Exkursion lohnt sich also nicht nur zur Brutzeit.

124 Heimatmuseum Heiligenhafen

Den Abschluß einer Erkundung des Gebietes um Heiligenhafen könnte ein Besuch des Heimatmuseums bilden (Adresse: Thulboden 11 a). Ein Teil der naturkundlichen Sammlung wurde zwar in das NABU-Informationszentrum auf dem Graswarder verlagert, aber im Museum verblieben ist die ▶ Fossiliensammlung des verstorbenen Ernst Horn, die vor allem Funde vom Hohen Ufer westlich von Heiligenhafen umfaßt. Wer also bei seinen Strandwanderungen auf Fossilien gestoßen ist, der kann seine Funde im Museum bestimmen und sich mit entsprechenden Hintergrundinformationen versorgen.

Fehmarn

Die Insel Fehmarn ist vielen Menschen lediglich als Durchgangsstation auf dem Weg nach Skandinavien im Bewußtsein. Auf der sogenannten Vogelfluglinie fahren in jedem Sommer Tausende von Autos und so mancher Zug über den imposanten »Kleiderbügel« der Fehmarnsund-Brücke und weiter nach Puttgarden, wo die Fähren nach Rødby in Dänemark starten. Unter eingeweihten Naturfreunden aber hat Fehmarn schon lange einen guten Klang, und es lohnt sich durchaus, die Insel zu erkunden – auch wenn von den 78 km Küstenlinie nur ganze 3,5 km von der intensiven Beanspruchung durch den Badebetrieb ausgenommen sind.

125 Wasservogelreservat Wallnau

Das bekannteste Gebiet, das Fehmarn dem Naturfreund zu bieten hat, ist Wallnau, ein rund 300 ha großes Teichgebiet, in dem früher Fischzucht betrieben wurde, und dessen Mosaik unterschiedlicher Lebensräume gerade noch rechtzeitig dem Zugriff der Tourismusindustrie entzogen werden konnte. Man erreicht Wallnau über Landkirchen, Petersdorf und Bojendorf; ausgeschildert ist das Gebiet nur kurz vor dem Ziel. Zunächst sollte man sich im **NABU-Infozentrum** am Parkplatz umsehen, um dann zu Fuß (allein oder im Rahmen einer Führung) durch das Teichgebiet zu den verschiedenen Beobachtungsständen und zum Beobachtungsturm zu gehen. Von den Beobachtungsständen aus überblickt man verschiedene Teiche; vom Turm aus hat man einen weiten Blick über alle wesentlichen Teile des Gebietes (Spektiv!). Eine Beobachtungsliste kann zur Brutzeit u. a. folgende Vogelarten umfassen: ▶ Rothalstaucher, Graureiher, Graugans, Brandgans, Stockente, Reiherente, Bläßhuhn, Austernfischer, Säbelschnäbler, Uferschnepfe, Dunkler Wasserläufer, Rotschenkel, Sturmmöwe, Feldlerche, Mehlschwalbe, Rauchschwalbe, Bachstelze, Amsel, Teichrohrsänger, Dorngrasmücke, Mönchsgrasmücke, Fitis, Zaunkönig, Dohle, Haussperling und Buchfink. Insgesamt brüten aber rund 80 Vogelarten im Gebiet, und zur Zugzeit kommen zig weitere Arten vor. Auch die Liste der Amphibien kann sich sehen lassen: Kammolch, Teichmolch, Rotbauchunke, Erdkröte, Kreuzkröte, Wechselkröte, Moorfrosch und Wasserfrosch kommen in Wallnau vor. Bleibt dem Naturfreund nur die Entscheidung, zu welcher Jahreszeit er demnächst wiederkommen will. Und während man dies überlegt, sollte man auf den Deich steigen und von dort aus auf die Ostsee schauen. Sand-, Kies- und Geröllstrand liegen eng beeinander und landeinwärts ▶ klassische Strandwälle.

126 Flügger Watt und Krummsteert

Von Wallnau aus sollte der Naturfreund als nächstes die Südwestecke Fehmarns ansteuern. Über Kopendorf, Püttsee und Flügge gelangt man zum **Flügger Teich** und zum **Flügger Watt** (Parkplätze kurz vor dem Flügger Leuchtturm), und vom Deich aus kann man auch den ganzjährig gesperrten **Krummsteert** ganz gut überblicken. Hier geht es um küstennahe, von der Ostsee abgetrennte Wasserflächen, eine vom Meer ständig umgestaltete Nehrung mit Strandwällen und flachen Dünen und eine von ihr teilweise eingeschlossene Flachwasserbucht. In erster Linie ist das Gebiet für Vogelfreunde interessant, sowohl zur Brutzeit als auch zur Zugzeit. Die Wasservögel unter den für Wallnau genannten Arten kommen auch hier vor.

An verschiedenen Stellen sind im Wasservogelreservat Wallnau Beobachtungsstände eingerichtet. Von dort aus kann man Vögel beobachten, ohne zu stören – hier ein Blick auf künstlich aufgeschüttete Kies-Brutinseln.

127 Sulsdorfer Wiek bei Orth

Vom Flügger Watt aus gelangt man über Kopendorf und Sulsdorf nach Orth und zur Sulsdorfer Wiek. Man fährt zum Hafen von Orth und geht vom dortigen Parkplatz aus die wenigen hundert Meter auf dem Deich entlang, von dem aus man das ganze Gebiet sehr gut überblicken kann. Die Wasserfläche ist von Röhrichten umgeben, und zur Brutzeit sind u. a. zu beobachten: Haubentaucher, Höckerschwan, Brandgans, Stockente, Schnatterente, Reiherente, Lachmöwe und Sturmmöwe. Eine ornithologische Exkursion zur Sulsdorfer Wiek ist natürlich auch zur Zugzeit und im Winter lohnend.

128 Nördlicher Binnensee und Grüner Brink

Ein Blick auf die Karte zeigt an der nordwestlichen Küste von Fehmarn eine Reihe von Strandseen, teilweise binnendeichs, teilweise außendeichs gelegen. Insgesamt ein lohnendes Exkursionsgebiet – wären da nicht die vielen Campingplätze, von denen ein starker Druck auf die Pflanzen- und Tierwelt ausgeht. Glücklicherweise ist wenigstens der **Grüne Brink** mit seinen Strandwällen, Dünen, Salz- und Feuchtwiesen und der entsprechend vielfältigen Pflanzen- und Tierwelt als Naturschutzgebiet (rund 80 ha) ausgewiesen. Man erkundet das gesamte Gebiet am besten per Fahrrad vom Deich aus; mit dem Auto kann man die Campingplätze anfahren, dort parken und auf dem Deich oder am Strand (im Gebiet Grüner Brink zur Brutzeit gesperrt) wandern. Die Vogelfauna umfaßt die schon für die anderen Gebiete Fehmarns erwähnten Arten. Für den Grünen Brink werden 50 Brutvogelarten und 170 insgesamt beobachtete Arten angegeben.

129 Meereszentrum Fehmarn in Burg

Wer meint, er brauche nach all den Beobachtungen heimischer Tiere und Pflanzen etwas Exotisches, mag einen Besuch des Meereszentrums in Erwägung ziehen. Es liegt am Ortseingang von Burg (Abfahrt Burg der B 207/E 47, Hinweisschild an der Einfallstraße, Adresse: Gertrudenthaler Str. 12). Den Besucher erwarten »700 000 Liter tropisches Meerwasser«, verteilt auf rund 40 Aquarien mit Tieren tropischer Küsten und ein großes Becken mit Haien (mehrere Arten).

Auf dem Weg von Wallnau nach Burg durchquert man Kopendorf mit seinem gut erhaltenen Dorfteich.

130 Burger Binnensee

Von Burg aus ist es nicht weit zum **Burger Binnensee** an der Südküste. Dieser »See« ist mit der Ostsee verbunden und mag auf den ersten Blick kaum Raum für Natur zu lassen; allzu dominierend ist die Ferienanlage Burgtiefe. Immerhin sollte man einen Blick auf die **Kohlhofinsel** werfen, denn dort sind im Frühsommer Höckerschwan, Brandgans, Stockente, Mittelsäger, Austernfischer, Säbelschnäbler, Sandregenpfeifer, Kiebitz, Lachmöwe, Silbermöwe, Küsten- und Flußseeschwalbe zu beobachten. Zur Zugzeit und im Winter sollte man das Gebiet allerdings eher in eine Fehmarn-Exkursion einbeziehen als im Sommer.

131 Die Küste bei Staberhuk

Eine Erkundung der Insel Fehmarn wäre unvollständig, hätte man nicht noch eine Steilküstenwanderung gemacht. Es bietet sich an, von Burg über Sahrensdorf, Meeschendorf und Staberdorf zum Strandparkplatz nördlich von Gut Staberhof zu fahren und von dort aus entlang der Wasserlinie um die Südostspitze Fehmarns herum zu wandern. Sandstrand, Kiesstrand, ein ▶ typischer Blockstrand – all das ist hier zu sehen. Nördlich von diesem Gebiet findet man Steilküsten bei Katharinenhof, Klausdorf und Marienleuchte, westlich davon bei Wulfen.

Im Naturschutzgebiet Grüner Brink im Norden von Fehmarn gehört extensive Beweidung zu den Pflegemaßnahmen.

Lübecker Bucht, Lauenburgische Seen und Schaalsee

Rund um die Lübecker Bucht liegen die bekannten Ostseebäder Kellenhusen, Grömitz, Scharbeutz, Timmendorfer Strand und Travemünde. Was aber ist mit dem, der in diesem Gebiet Natur sucht? Nun, er mag keine großen Gebiete vorfinden, wo Seevögel in bedeutender Zahl und Vielfalt brüten, aber so manches Ziel ist einen Besuch wert. Und wer dem Touristenrummel ganz entfliehen möchte, der findet in den beiden großen Naturparks südlich von Lübeck (**Naturpark Lauenburgische Seen** und **Naturpark Schaalsee**) genügend Ruhe – und eine abwechslungsreiche, erkundenswerte Landschaft mit einer interessanten Pflanzen- und Tierwelt obendrein.

132 Haus der Natur in Cismar

Im Ortskern von Cismar, an der B 501, der Ostsee-Bäderstraße (Adresse: Bäderstr. 26), ist ein privates Museum zu besichtigen, das einen Besuch auf jeden Fall lohnt. Auf ca. 500 m² Ausstellungsfläche ist von Mineralien und Fossilien über Korallen bis hin zu präparierten Krebsen, Insekten, Vögeln und Säugetieren viel zu sehen. Schwerpunkt des Naturmuseums sind die Schnecken und Muscheln. Mehr als 4 000 Arten von Mollusken sind ausgestellt, darunter solche mit millimeterkleinen Schalen und andere mit Schalen von über 1 m Länge. Damit verfügt das Haus der Natur über ▶ eine der größten privaten Schnecken- und Muschelsammlungen der Welt (mehrere Millionen Einzelstücke). Abgerundet wird die Tätigkeit des Museums durch Sonderaustellungen. Es ist ganzjährig täglich geöffnet; Parkplätze am Haus und auf der gegenüberliegenden Straßenseite.

133 Zoo »Arche Noah« Grömitz

Grömitz (nordöstlich von Neustadt) ist über die B 501, die Ostsee-Bäderstraße, leicht zu erreichen. Wer einmal etwas anderes als Wasser und Strand sehen will, mag einen Besuch des Zoos (Adresse: Mühlenstr. 32) erwägen. »Über 300 Tiere aus aller Welt ... auch zum Streicheln« erwarten den Besucher. Da man an der Küste ist, sei auf das Becken mit Seehunden und auf den Teich mit Wasservögeln hingewiesen.

134 Sea Life Zentrum Timmendorfer Strand

Viele Möglichkeiten, einen Blick unter Wasser zu tun, hat der normale Naturfreund nicht, und so mag sich mancher für einen Besuch des Sea Life Zentrums in Timmendorfer Strand interessieren. Das Zentrum liegt an der Kurpromenade (empfohlen wird der Parkplatz P 2, von dort sind es noch etwa 300 m zu gehen, Adresse: Kurpromenade 5) und ist in Form einer großen Welle gebaut. Neben einer Vielzahl von Aquarien gibt es offene Becken, in denen man mit den Tieren in Kontakt kommen kann, und ein großes Tiefseebecken mit einem Unterwassertunnel. Von heimischen Krabben und Seesternen bis zu Haien aus tropischen Meeren ist vieles zu sehen.

135 Aalbeekniederung und Hemmelsdorfer See

Der **Hemmelsdorfer See** ist vor allem bemerkenswert, weil auf seinem Grund ▶ mit 40,50 m unter NN die tiefste Stelle Deutschlands liegt, sieht man vom Meer ab. Um sich diese Stelle anzusehen, fährt man nach Timmendorfer Strand/Niendorf, steuert den Parkplatz P 4 an und geht von dort die 800 m zu Fuß zum **Hermann-Löns-Blick (= Beobachtungsturm)** – und damit zum Seeufer. Der Weg führt durch die **Niederung der Aalbeek**, die von einem ▶ typischen Erlenbruchwald (Schwarz-Erle, daneben Weiden und Birken, als Kletterpflanze Gemeiner Hopfen) eingenommen wird. Bis zum Turm sind im Frühsommer folgende Vögel zu beobachten: Buntspecht, Rotkehlchen, Amsel, Singdrossel, Mönchsgrasmücke, Zilpzalp, Fitis, Kohlmeise, Zaunkönig und Buchfink. Vom die Baumwipfel überragenden Beobachtungsturm aus kann man dann weit über die Wasserfläche und die angrenzenden Schilfröhrichte schauen und dabei Wasservögel wie Haubentaucher, Höckerschwan, Stockente, Reiherente, Bläßhuhn, Teichrohrsänger und Rohrammer beobachten. Wer mag, kann dem Weg noch ein Stück folgen. Unweit vom Turm führt er über eine Holzbrücke über die Aalbeek und weiter. Man kann von dem genannten Parkplatz aus also den ganzen Hem-

Vom Beobachtungsturm bei Niendorf erhält man einen guten Überblick über die Bruchwälder und Röhrichte am Nordufer des Hemmelsdorfer Sees.

melsdorfer See mehr oder weniger weiträumig mit dem Rad umfahren (Karte am Parkplatz oder eigene Wanderkarte). Bei Hemmelsdorf und Offendorf am Westufer und bei Grammersdorf und Wilmsdorf am Ostufer kann man jeweils direkt an das Ufer des Sees gelangen.

136 Vogelpark Timmendorfer Strand in Niendorf

Die Wanderung vom Beobachtungsturm am Hemmelsdorfer See zurück zum Parkplatz (s. o.) sollte der vogelkundlich besonders Interessierte im angrenzenden Vogelpark unterbrechen. Der Park ist 7 ha groß und beherbergt etwa 1 300 Vögel in rund 350 Arten. Ein Teil der Vögel lebt in großen freien Arealen oder Netzkäfigen, die in die Landschaft der Aalbeekniederung eingepaßt sind; ein anderer Teil der Vögel ist in normalen Volieren untergebracht. Das Artenspektrum umfaßt u. a. Pelikane, Reiher, Störche, Flamingos, Gänse, Enten, Greifvögel, Falken, Kraniche, Hühnervögel und Papageien. Der ▶ Weißstorch ist in einer größeren Gruppe zu sehen; darunter sind auch freifliegende Vögel. Besonders zu erwähnen sind die Eulen; in Niendorf ist die ▶ größte Sammlung lebender Eulen der Welt zu sehen.

137 Brodtener Steilufer bei Travemünde

Dieser Abschnitt der deutschen Ostseeküste wird als einer der schönsten bezeichnet. Fairerweise muß aber gesagt werden, daß die mecklenburgische Küste zumindest ähnlich schöne und eindrucksvolle Steilküsten zu bieten hat wie Schleswig-Holstein (etwa die Küste bei Boltenhagen, s. S. 126, oder das Hohe Ufer in Ahrenshoop, s. S. 135). Wie auch immer, das Brodtener Steilufer zieht sich auf etwa 4 km Länge zwischen Niendorf im Norden und Travemünde im Süden die Küste entlang. Stellenweise liegt die Kliffkante 20 m über dem Wasserspiegel der Ostsee. Das Material setzt sich aus Geschiebemergel, Tonen und Sanden zusammen. Wie für Moränen üblich, sind auch größere Gesteinsbrocken (Findlinge) enthalten, die am Fuß der Wand zu sehen sind. Immer wieder stößt man auch auf von der Kliffkante herabgestürzte Bäume, über die man hinübersteigen muß, wenn man am Strand entlanggeht. Beides weist darauf hin, daß die längste Strecke des Brodtener Steilufers ein ▶ aktives Kliff ist. Der Abbruch pro Jahr beträgt 0,50 – 1,50 m.

Dieser ständige Abbruch macht das Gebiet für Fossiliensammler interessant; es gilt als ein sehr ergiebiger Fundort, wie man im Museum der Stadt Bad Schwartau (s. S. 121) oder im Museum für Natur und Umwelt der Hansestadt Lübeck (s. S. 121) überprüfen kann. Anhand der dortigen Sammlungen könnte man auch seine eigenen Fundstücke bestimmen.

Flora und Fauna des Brodtener Steilufers unterscheiden sich nicht wesentlich von denen anderer Steilufer an der Ostseeküste. Hervorzuheben ist wieder die ▶ Uferschwalbe, die in der Steilwand brütet.

Um dieses schöne Gebiet kennenzulernen, fährt man am besten den Strandparkplatz am Nordausgang von Travemünde an. Von dort geht man zum Strand hinunter und weiter an der Wasserlinie entlang nach Norden bzw. Nordwesten. Das

Herabgestürzte Bäume zeigen an, daß das Brodtener Steilufer noch längst nicht zur Ruhe gekommen ist. Die Ostsee nagt ständig am Kliff.

logische Ende der Strandwanderung zeigt die Holztreppe an, die zur Kliffkante hinaufführt. An der Kante entlang geht es dann zurück zum Parkplatz, wobei man verschiedentlich sehr schöne Blicke auf die Wand, den Strand und die Flachwasserzone hat. Der frühe Morgen eignet sich für die Wanderung am besten, denn dann fällt Licht in die Wand – und man ist oft ganz allein.

138 Dummersdorfer Ufer

Nördlichster Punkt des **Naturschutzgebietes Dummersdorfer Ufer** ist der Skandinavien-Kai südlich von Travemünde, und der ist an den Zufahrtstraßen gut ausgeschildert. Kommt man von Norden, fährt man den Skandinavien-Kai an, weiter in Richtung Lübeck und biegt nach Dummersdorf ab. In Dummersdorf schlägt man den »Hirtenbergweg« ein, der in einem Parkplatz nahe der Küste endet. Von dort aus kann man verschiedene Wanderungen durch das Gebiet machen; es bestehen mehrere gekennzeichnete Wanderwege. Zunächst sollte man zur Küste gehen, um einen Blick über die Trave und die angrenzende Landschaft zu bekommen. Auf dem diesseitigen Ufer stößt die **Hirtenberg-Halbinsel** (auch **Stülper Huk** genannt) als Kernstück des Schutzgebietes in die Trave vor. Dorthin führt ein Wanderweg, und von der Kuppe dieses knapp 15 m hohen »Berges« bekommt man einen weiteren Eindruck des Gebietes.
Unter Schutz gestellt wurde es vor allem, weil die Böschungen überwiegend nach Osten und Süden geneigt sind, sich wegen der intensiven Einstrahlung stark erwärmen und sich deshalb Trockenrasen (Hirtenberg-Halbinsel, **Ballastberg**) ausgebildet haben. Die Dummersdorfer ▶ Trockenrasen zählen zu den schönsten und artenreichsten in Schleswig-Holstein, und alle Pflegemaßnahmen zielen darauf ab, sie zu erhalten. Einige, für diesen Lebensraum typische Pflanzen- und Tierarten seien genannt: Heide-Küchenschelle, Schlehdorn, Behaarter Ginster, Heide-Nelke, Gemeine Grasnelke, Gamander-

Ehrenpreis, Hain-Wachtelweizen, Genfer Günsel, Feld-Thymian, Sand-Strohblume, Gemeine Eberwurz, Kleines Habichtskraut, Goldlaufkäfer, Kleiner Fuchs, Distelfalter, Schachbrettfalter, Hauhechelbläuling, Zauneidechse, Dorngrasmücke, Sperbergrasmücke und Goldammer.
Neben den Trockenrasen gibt es im Schutzgebiet das unterschiedlich ausgeprägte Traveufer, Waldflächen und extensiv bewirtschaftete Wiesen und Felder. Als Gewässer ist der kleine **Silkteich** auf der Hirtenberg-Halbinsel zu nennen. Die Wanderwege ermöglichen es, diese Vielfalt ganz gut kennenzulernen.

139 Museum der Stadt Bad Schwartau

Dieses Museum (in der Schillerstraße bzw. Anton-Baumann-Straße; an den Durchgangsstraßen ausgeschildert; Parkplätze um das Museum herum) ist zwar in erster Linie eine wichtige kulturelle Institution, hat aber auch für den Naturfreund etwas zu bieten. Neben einigen Exponaten zur heimischen Tierwelt ist vor allem die ▶ geologisch-paläontologische Sammlung zu erwähnen, die der Bad Schwartauer Hans-Jürgen Sterley zusammengetragen hat. Die Abteilung informiert über die Flora und Fauna der einzelnen Perioden der Erdgeschichte, den Verlauf der Eiszeiten und damit auch über die Entstehungsgeschichte der Ostsee. Wer besonders an Fossilien interessiert ist, mag in der Sammlung des Museums das eine oder andere Stück bestimmen können, das er zuvor draußen gefunden hat. Unter Fachleuten gilt im übrigen die Trilobiten-Sammlung als einzigartig.

140 Museum für Natur und Umwelt der Hansestadt Lübeck

Die Hansestadt Lübeck bietet dem Besucher viel, darunter das überregional bedeutende Museum für Natur und Umwelt (das ehemalige Naturhistorische Museum). Nachdem die seit 1893 gesammelten Schätze des Museums im 2. Weltkrieg fast völlig vernichtet worden waren, begann bereits 1951 ein Neuaufbau der Sammlungen, und 1963 wurde das heutige Gebäude am Mühlendamm zwischen Dom und Mühlenteich (Parkplätze vor dem Haus) eröffnet.

Naturschutzgebiet Dummersdorfer Ufer: Von der Höhe überblickt man die Hirtenberg-Halbinsel mit dem Silkteich und die Trave.

Im Erdgeschoß steht die Erdgeschichte Schleswig-Holsteins im Mittelpunkt. Besonders interessant sind die ausgestellten Fossilfunde, darunter als Rarität das ▶ Skelett eines 10 Mio. Jahre alten Bartenwales aus dem Glimmerton von Groß-Pampau im Kreis Lauenburg. Gleich daneben hängt von der Decke ein modellierter rezenter Bartenwal. Thema im 1. Obergeschoß sind die Säugetiere und Vögel Schleswig-Holsteins. Dabei werden die Tiere in den typischen Lebensräumen (Dioramen) gezeigt. Im 2. Obergeschoß sind neben weiteren zoologischen Präparaten auch lebende heimische Tiere in Aquarien und Terrarien zu sehen. Und zum Abschluß kann man das Leben in einem ▶ Bienenvolk studieren.

141 Wakenitzniederung

Fast muß man dem Naturfreund raten, diese schöne Flußlandschaft zwischen Lübeck und Ratzeburger See sehr bald zu besuchen, denn nach bestehenden Plänen wird demnächst eine Autobahn das Gebiet queren und ▶ Erlenbruchwälder zerstören, die wirklich eindrucksvoll und in ihrer Gesamtheit schützenswert sind. Von der B 207 aus kann man die Wakenitz an 3 Stellen mit dem Auto erreichen, von Norden nach Süden: beim »Waldhotel Müggenbusch«, beim »Landhaus Absalonshorst« und bei Rothenhusen, das nur wenig nördlich der Mündung der Wakenitz in den Ratzeburger See liegt. Es besteht aber auch ein ausgedehnten Fuß- und Radwanderwegenetz. Die genannten Punkte sind auch Anleger für Schiffe, die zwischen Lübeck/Moltkebrücke und Rothenhusen verkehren, und es ist sicher kleine schlechte Idee, das Gebiet auf der einen Strecke zu Lande und auf der anderen vom Wasser aus zu erkunden.

142 Ratzeburger See

Dieser große See südlich von Lübeck ist bekannt als ein Zentrum des Wassersports. Obwohl er landschaftlich schön ist, wird der Naturfreund eher die kleineren Seen der Umgebung erkunden wollen. Immerhin kann man aber, wenn man per Auto von Lübeck kommt, bei Groß-Sarau und Pogeez ans Ufer gelangen und von dort die Wasserfläche nach Wasservögeln absuchen. Radfahrer und Fußgänger sind besser dran; ihnen steht der Weg entlang des gesamten Westufers zur Verfügung. Wegen der Lage der Stadt bestehen auch in und um Ratzeburg gute Beobachtungsmöglichkeiten. Wer einen weiten Blick über den See und die umgebende Landschaft haben möchte, fährt von Ratzeburg am Ostufer des Sees entlang nach Norden. Der Aussichtspunkt liegt zwischen Utecht und Thandorf.

Vogelfreunde werden feststellen, daß der Sommer nur bedingt die »richtige« Zeit ist, den Ratzeburger See zu besuchen. Es bieten sich vielmehr Herbst, Winter und Frühling an. Dann nämlich rasten Tausende von Wasservögeln auf dem See. Und wenn sehr strenger Frost herrscht, bleiben immer einige eisfreie Stellen, an denen sich die Taucher, Enten und Bläßhühner konzentrieren.

143 Mechower und Röggeliner See

Einen ersten Eindruck des mäßig nährstoffreichen **Mechower Sees** bekommt man, wenn man von der B 208 (Ratzeburg – Gadebusch) in Ziethen nach Nordosten (Richtung Schlagsdorf – Schönberg) abbiegt. Man kommt unmittelbar am See entlang und kann die mit Röhricht und Bruchwald umstandene Wasserfläche absuchen. Von Schlagsdorf aus bietet sich eine Wanderung über den »Moorweg« (= Straße nahe der Kirche) an, der zum nördlichen Teil des Sees führt. Insgesamt wird die Liste eines Vogelbeobachters zur Brutzeit in etwa so aussehen: Haubentaucher, ▶ Rothalstaucher, Kormoran, Graugans, Stockente, Reiherente, Tafelente, Schellente, Sumpfrohrsänger, Drosselrohrsänger, Kolkrabe und Rohrammer.

Ein ähnliches Artenspektrum kann man am vom Typ her gleichen **Röggeliner See** erwarten, den man am besten in Klocksdorf unter die Lupe – oder besser: das Fernglas – nimmt. Klocksdorf erreicht man über die beschriebene Straße in Richtung Schönberg, indem man auf etwa halber Strecke nach Carlow abbiegt. In der Ortsmitte von Klocksdorf ist eine Infotafel aufgestellt, und nachdem man sie studiert hat, geht man zum Strandbad hinunter, dort über die Liegewiese und den schmalen Uferpfad entlang bis zu dem niedrigen **Beobachtungsstand.** Von dort hat man einen sehr guten Blick auf eine ▶ Kormorankolonie mit über 150 Brutpaaren – und das allein ist Grund genug, den Röggeliner See zu besuchen.

Starker Wind hat den Mechower See »in Aufruhr versetzt«, und am Ufer wurde biologischer Schaum (von Mikroorganismen gebildete Eiweißstoffe) angeweht.

144 Garrensee, Plötschersee, Schwarze Kuhle und Salemer Moor

In einer eiszeitlichen Schmelzwasserrinne zwischen Ratzeburger See und Schaalsee liegt ein 400 ha großes Naturschutzgebiet mit 3 kleinen Seen und einem Moor, die man alle im Rahmen einer einzigen Wanderung durch schönen Mischwald (vor allem Rotbuche) kennenlernen kann. Startpunkt ist ein Parkplatz an der B 208 (Ratzeburg – Gadebusch) zwischen Sande und Mustin; Hin- und Rückweg bedeuten zusammen eine Strecke von etwa 8 km.

Der erste See, den man erreicht, ist der 19 ha große und bis 24 m tiefe, ursprünglich nährstoffarme, heute aber etwas eutrophierte **Garrensee.** Er ist von Erlenbruchwald umgeben, an den sich seewärts Seggenrieder und Schilfröhrichte anschließen. Der Pflanzenfreund findet dort Straußblütigen Gilbweiderich, Gemeinen Wasserschlauch, Strandling und Zwerg-Igelkolben.

Es folgt der ebenfalls nährstoffarme **Plötschersee.** Man kann ihn, wie die beiden anderen Seen, sowohl am West- als auch am Ostufer umwandern (und damit Hin- und Rückweg variieren). Der dritte See auf der Perlenschnur ist die 3 ha große und bis 12 m tiefe **Schwarze Kuhle**, ein Braunwassersee (= dystropher See) mit ▶ Schwingrasen am Ufer. Die Schwingrasen reichen bis zu 12 m in die Wasserfläche hinein. In der Verlandungszone wachsen Moor-Birke und Schwarz-Erle, am Boden dann Arten wie Rundblättriger Sonnentau, Gewöhnliche Moosbeere, Straußblütiger Gilbweiderich, Fieberklee, Blumenbinse, Schlamm-Segge, Faden-Segge und Drachenwurz und auf der Wasserfläche die Weiße Seerose.

Westlich von Plötschersee und Schwarzer Kuhle liegt das **Salemer Moor**, ein bewaldetes Hochmoor. Der Wanderweg führt an der Ostseite entlang (dort auch Infotafel); das Moor selbst darf man nicht betreten. Zur schützenswerten Pflanzenwelt des Gebietes gehören u. a. Rundblättriger und Mittlerer Sonnentau, Sumpf-Porst, Rosmarinheide, Rauschbeere, Gewöhnliche Moosbeere, Weißes Schnabelried, Faden-Segge und Drachenwurz. Die Amphibien sind u. a. mit Rotbauchunke und Europäischem Laubfrosch vertreten. An Vögeln brüten Krickente, Baumfalke und Bekassine, vor allem aber der ▶ Kranich. Wegen letzterer Art wurde das Salemer Moor auch nur am Rand zugänglich gemacht.

Die Wanderung endet an der Straße Salem – Dorotheenhof – Ratzeburg, von wo aus man natürlich auch starten kann. Geht man ein Stück in Richtung Dorotheenhof, kommt man am **Ruschensee** und damit am westlichen Ausläufer des Naturschutzgebietes vorbei. Der Ruschensee nimmt das Überschußwasser des Salemer Moores auf. Von dieser Stelle aus kann man noch einmal einen Blick auf das Salemer Moor werfen.

Am Ufer des Schwarzsees im Hellbachtal sind Schwingrasen und eine klassische Schwimmblattpflanzenzone ausgebildet.

145 Naturpark-Haus Mölln

Wer sich über die Natur um Ratzeburger See und Schaalsee informieren will, findet im Stadtzentrum von Mölln (genauer: im Stadthauptmannshof) einen geeigneten Anlaufpunkt. Das im Neuaufbau befindliche Naturpark-Haus, vom WWF betreut, bietet auf rund 150 m^2 Fläche einiges Anschauungsmaterial: ein Diorama der Seenlandschaft, Schautafeln, Modelle und eine Tondiaschau. Auch an interaktive Exponate ist für die Zukunft gedacht.

146 Wildpark Mölln

An den Besuch des Naturpark-Hauses könnte sich ein Besuch des Wildparks im Nordosten des Stadtgebietes von Mölln anschließen (ausgeschildert, aber unauffällig und nicht immer schlüssig; Adresse: Birkenweg). In einem Gebiet mit schönen, alten Rotbuchen und dem Grundlosen Kolk in der Mitte bestehen mehrere Wanderwege, die an einem Schwarzwildgehege entlang und durch ein Damwildfreigehege führen. Einige andere Säugetiere in Gehegen und verschiedene Eulen und Rabenvögel in Volieren ergänzen den Tierbestand. Am **Grundlosen Kolk** gibt es einen kleinen Holzsteg, von dem aus man ▶ typische Moorpflanzen wie Blutauge oder Sumpf-Fingerkraut, Fieber- oder Bitterklee und Drachen- oder Schlangenwurz sehen kann.

147 Im Hellbachtal

Eine sehr schöne Wanderung beginnt an einem Parkplatz am Drüsensee südlich von Mölln. Man erreicht ihn, indem man von der Straße Lehmrade – Mölln vor der Nordspitze des Sees nach Südosten abzweigt. Vom Parkplatz aus geht es zunächst durch den Wald »berg«ab, und wenn man vor sich auf den Wanderweg schaut, sieht man schon am Material, daß man sich auf einer Moräne befindet. Hat man den Drüsensee erreicht, bleibt der Weg bis zum Ende des Hellbachtales mehr oder weniger eben. Er zieht sich im Schatten der ▶ teilweise sehr alten Bäume (vor allem Rotbuchen) an der breiten Bachaue entlang, und man hat fast ständig eine schöne Sicht auf die ▶ Hochstaudenflur. Nach etwa 2 km (vom Parkplatz aus) erreicht man den kleinen **Lottsee.** Die fast runde Seefläche ist mit Schilfröhricht, Schwarz-Erlen und Weiden umstanden; die Wasserfläche ist teilweise mit Weißer Seerose bedeckt. Weiter geht es am Waldrand entlang zum dystrophen **Schwarzsee**; ein kleiner Holzwegweiser weist den Wanderer zum Ufer. Hier sind ▶ schöne Schwingrasen mit Drachen- oder

Schlangenwurz ausgebildet, und man bekommt bald nasse Füße. Die Pflanzendecke ist aber ohnehin empfindlich, und man sollte gar nicht erst versuchen, bis zum Wasser vorzudringen.
Mit dem Erreichen des Schwarzsees ist zwar der Weg noch nicht zu Ende, aber sinnvollerweise die Wanderung für denjenigen, der zum Auto zurück muß. Auf dem Rückweg kann man noch den **Krebssee** »mitnehmen«, der nahe am Lottsee liegt, aber schwer zu finden ist. Überhaupt ist die Beschilderung nicht immer eindeutig. Ein beobachteter Mäusebussard, Baumfalke, Schwarzspecht oder Eichelhäher mag dafür entschädigen.

148 Schaalsee

Mit 72 m Tiefe ist der Schaalsee der ▶ tiefste See Norddeutschlands; er ist 14,5 km lang, maximal 5,5 km breit und hat eine Fläche von 23 km^2. Beginnen sollte man seine Erkundung des Sees in Zarrentin, und zwar im **Pahlhuus**, dem 1998 eröffneten **Informationszentrum Naturpark Schaalsee** am östlichen Ortsausgang (Hinweisschild an der Ausfallstraße, Adresse: Wittenburger Chaussee 13). Bevor man dann – mit Informationen versorgt – in die Umgebung aufbricht, sollte man den **Moorlehrpfad** hinter dem Pahlhuus abgehen, der durch einen Erlenbruchwald und ein typisches Flachmoor führt. Bemerkenswert sind die Bestände der ▶ Schneide, eines kalkliebenden Sauergrases (Vorsicht, Blattränder mit scharfen Widerhaken!).
Die Wasserfläche des Schaalsees ist durch Halbinseln und Inseln (Werder) stark gegliedert, und wegen der meist steilen Ufer ist die typische Vegetationszone mit Röhricht und Bruchwald meist recht schmal. Große Gebiete stehen zudem unter Naturschutz und sind für Besucher gesperrt. Eine schöne Wanderung führt über den **Seedorfer Werder** im nach Westen ausgebuchteten Teil des Sees. Alte Bäume, Erlenbruchwald und schöne Blicke auf den See erwarten den Naturfreund. Startpunkt für diese Wanderung ist Seedorf. Wer mag, kann auch erst über den Werder wandern und dann um den Küchensee herum zurück nach Seedorf.
An Brutvögeln ist der See relativ artenarm, er spielt aber als Mauserplatz für Haubentaucher, Graugans und Reiherente eine Rolle – und natürlich als Rast- und Überwinterungsgebiet für verschiedene Wasservogelarten. Am nördlichen Ende von Zarrentin gibt es einen **Hochstand**, von dem aus man zur Zugzeit die am gegenüberliegenden Ufer ▶ zum Übernachten einfallenden Kraniche beobachten kann. Und insgesamt ist das Gebiet um den Schaalsee herum immer gut für eine Beobachtung des ▶ Seeadlers.
Abschließend noch der Hinweis, daß auf der »Offiziellen Rad- und Wanderkarte« des Naturparks Schaalsee (im Pahlhuus erhältlich) auch die Storchennester des Gebietes eingezeichnet sind. Wen also der ▶ Weißstorch besonders interessiert, der kann gezielt auf die Suche gehen. Von Zarrentin aus braucht man nur wenig nach Westen zu fahren, um den ersten Störchen beim Brutgeschäft und bei der Aufzucht der Jungen zuzusehen; Nester sind in Schadeland, Testorf und Gudow.

Der Vogelfreund sollte den Schaalsee nicht nur zur Brutzeit, sondern auch im Herbst und Winter besuchen.

Zwischen Trave- und Warnowmündung

Die Mündungen zweier Flüsse von ganz passabler Größe markieren die Grenzen dieses Küstenabschnitts der Ostsee. Und in beiden Mündungen liegen bedeutende Hafenstädte: Lübeck mit Travemünde und Rostock. Das Land zwischen diesen beiden Städten ist wellig, die Küste entsprechend abwechslungsreich: mal flach, mal steil. Etwa auf halber Strecke liegen die große Wismarbucht mit der Insel Poel, nördlich davon das Salzhaff mit der Halbinsel Wustrow.

149 Dassower See und Pötenitzer Wiek

Zwischen Lübeck und Travemünde erweitert sich die Trave bis zur Pötenitzer Wiek vor Priwall. Nach Osten hin ist die Wiek ausgebuchtet; diese Bucht trägt den Namen Dassower See (obwohl brackig). Man erreicht das Gebiet, indem man von der B 105 (Lübeck – Rostock) in Selmsdorf nach Dassow abbiegt. Die erste Möglichkeit, an das Ufer des **Dassower Sees** zu gelangen, besteht in Zarnewenz. In Schwanbeck und in Dassow führt die Straße direkt am Ufer entlang, und man kann auf die Wasserfläche blicken. In Dassow kann man dann in nordwestlicher Richtung nach Priwall fahren; direkt am Ufer entlang führt ein Wanderweg, den man auch mit dem Rad befahren kann.

Der 9 km^2 große Dassower See mit seiner reich strukturierten Uferzone und seinen ausgedehnten Flachwasserbereichen steht unter Naturschutz, und zwar wegen der teilweise seltenen Ufer- und Wasserpflanzen (z. B. Gemeine Natternzunge, Echter Sellerie und Salz-Bunge; auf der **Insel Buchhorst**), vor allem aber wegen der artenreichen Vogelwelt. Im Gebiet brüten beispielsweise Höckerschwan, Graugans, Brandgans, Gänsesäger, Mittelsäger, Rohrweihe und Drosselrohrsänger; Kormoran und Graureiher sind auf der Nahrungssuche zu beobachten.

Nach der Brutzeit wirkt sich die Lage des Gebietes in besonderer Weise aus. Auf die von Nordosten ankommenden Wasservögel wirkt die Lübecker Bucht wie ein Trichter, und sie werden »automatisch« in die Pötenitzer Wiek und zum Dassower See gelenkt. So spielt der See bereits im Hochsommer eine wichtige Rolle als ▶ Mausergebiet für Haubentaucher, Stockente, Reiherente, Tafelente und Schellente. Zur Zugzeit und im Winter sind dann Tausende von Wasservögeln zu beobachten, darunter neben den schon genannten Arten auch Bläßhuhn und Bergente. Weiter halten sich im Gebiet Rothalstaucher, Ohrentaucher, Singschwan, Höckerschwan, Saatgans, Bläßgans, Kanadagans, Bergente, Gänsesäger und Zwergsäger auf. Bei Sturm fliegen von der Ostsee auch Eiderente, Trauerente, Samtente und Eisente ein.

150 Die Steilküste bei Boltenhagen

Die ausgedehnte und markante Steilküste bei Boltenhagen erreicht man über Klütz, und Klütz wiederum, indem man die B 105 (Lübeck – Rostock) in Grevesmühlen verläßt und die 11 km über eine ▶ schöne Allee nach Norden fährt. Vom Herzen des sogenannten **Klützer Winkels** aus fährt man dann in nordöstlicher Richtung nach Ostseebad Boltenhagen und beginnt dort die Strandwanderung in Richtung Norden. Bei Boltenhagen ist noch flacher Sandstrand, aber bald steigt das Land an, und am **Großklützhöved** erreicht das rotbraune Kliff fast 30 m Höhe. Geht man weiter, jetzt in westlicher Richtung, kommt man zu dem niedrigeren **Kleinklützhöved.** Bemerkenswert sind die ▶ Uferschwalbenkolonien in den Steilwänden.

Wem der Weg Boltenhagen – Kleinklützhöved mit rund 8 km zu lang ist, der kann in Steinbeck an die Küste fahren und dort zum Strand hinuntersteigen; der Parkplatz liegt westlich der weithin sichtbaren Windmühle. Die abwechslungsreiche Landschaft des Klützer Winkels eignet sich insgesamt sehr gut für Radtouren. Eine Route führt teilweise an der oberen Kante der Steilküste

entlang und berührt dabei auch das 50 ha große **Naturschutzgebiet Brooker Wald**, einen Laubwald in naturnaher Ausprägung. An typischen Vogelarten sind im Klützer Winkel zur Brutzeit Mäusebussard, Rauchschwalbe, Dorngrasmücke, Bluthänfling, Stieglitz, Grauammer und Goldammer zu beobachten.
Im Herbst und Winter kann man in der **Wohlenberger Wiek**, der Bucht östlich von Ostseebad Boltenhagen, große Mengen von Wasservögeln beobachten. Darüber hinaus spielt die östlich angrenzende **Eggers Wiek**, ja die gesamte **Wismarbucht** bis hinüber zur Insel Poel, eine wichtige Rolle im Vogelzug.

151 Zoo Schwerin

Der landschaftlich schöne Zoo der mecklenburg-vorpommerschen Landeshauptstadt liegt am Südufer des Schweriner Sees und ist am besten über die Crivitzer Chaussee zu erreichen. Am dortigen Haupteingang liegt auch ein Parkplatz; ein zweiter Eingang liegt in Norden am Waldschulenweg. Der Zoo wurde 1956 gegründet und zeigt auf rund 15 ha Fläche mit altem Baumbestand und einem zentral gelegenen Moor über 1 000 Tiere in rund 200 Arten. Neben ausländischen Tieren wie Krokodilen, Pinguinen, Känguruhs, Kattas, Gibbons, Schneeleoparden, Tigern, Löwen, Nashörnern, Zebras, Tapiren und Giraffen werden auch verschiedene mitteleuropäische Vögel und Säugetiere gezeigt. Im Zusammenhang mit einem Besuch an der Ostseeküste ist die ▶ 3 ha große Wasservogelanlage besonders interessant. Sie wurde bewußt naturnah wie ein Biotop der mecklenburgischen Landschaft gestaltet. Dort kann man sich über 50 Vogelarten aus der Nähe ansehen, z. B. Haubentaucher, Kormoran, Graureiher, Weißstorch, Graugans, Brandgans, Kolbenente, Reiherente, Tafelente, Schellente, Teichhuhn und Kranich. Der Zoo ist ganzjährig täglich geöffnet.

152 Rund um den Schweriner See

Der 64 km² Fläche bedeckende Schweriner See ist für den Naturfreund nährerer Erkundung wert. Von der Stadt aus empfiehlt es sich, die B 104 in Richtung Brüel/Güstrow zu nehmen, die sozusagen quer durch den See führt. Leider ist es nicht ganz leicht, entlang dieser Straße zu beobachten; es sind kaum Stellen vorhanden, wo man anhalten kann. Mal hat man einen offenen Blick auf den See, mal hat man feuchten Erlenwald neben der Straße, mal einen Kanal oder einen Graben. Entlang des Kanals jagt der Grau-

Nördlich von Rampe fährt man direkt am Ufer des Schweriner Sees entlang. Der Wind hat Algen ans Ufer gedrückt.

reiher, und in den Gräben blüht im Mai die ▶ Sumpf-Wasserfeder. Etwa auf halber Strecke kann man einen Abstecher zum westlichen Ufer des Sees machen. Von der Straße Wickendorf – Lübstorf aus hat man immer wieder einen guten Blick über die Landschaft, und man findet auch Stichstraßen, die hinunter zum Ufer führen.
Zurück zur B 104: Kurz vor Rampe liegt nördlich der Straße das 110 ha große **Naturschutzgebiet Ramper Moor.** Auf Infotafeln ist dargestellt, welche seltenen Pflanzen- und Tierarten in diesem Flachmoor vorkommen: Echte Sumpfwurz, Fleischfarbenes und Breitblättriges Knabenkraut, Sumpf-Knabenkraut, Kolbenente, Große Rohrdommel, Fischadler, Baumfalke, Kranich, Bekassine, Sumpfohreule, Eisvogel und Fischotter. Das Gebiet selbst ist für Besucher gesperrt; die Vögel sind aber auch in der Umgebung des Moores zu beobachten.
Bei Rampe sollte man nach Norden auf die Straße nach Retgendorf – Flessenow abbiegen. Die Straße führt zunächst direkt am Seeufer entlang, und man findet Stellen, wo man anhalten kann, um die Wasserfläche in Ruhe nach Wasservögeln abzusuchen. Von Flessenow aus kann man die Straße nach Alt Schlagsdorf nehmen. Man fährt auf einer unbefestigten Straße zunächst durch eine Lindenallee und erreicht vor Alt Schlagsdorf den **Schlagsdorfer See.** Die Wasserfläche ist von einem Schilfgürtel umgeben, davor liegen Schwimmblattpflanzen – die typische Zonierung der Ufervegetation an mitteleuropäischen Gewässern. An Vögel sind dort zu beobachten: Haubentaucher, Graureiher, Rohrweihe und Bachstelze.
Nicht weit vom Schlagsdorfer See führt ein Wanderweg im Bogen zurück zum Schweriner See und zum 190 ha großen **Naturschutzgebiet Döpe.** Auch der Döpe-See ist mit einem Schilfgürtel umgeben; es brüten der Haubentaucher und verschiedenen Entenarten. Daneben ist der See als Rastplatz für Gänse und Tauchenten von Bedeutung.

153 Tierpark Wismar

Wer von Lübeck in Richtung Rostock und weiter nach Osten unterwegs ist, mag einen Besuch des Tierparks Wismar in Erwägung ziehen. Entsprechende Hinweisschilder (stilisierter Waschbär und »Tierpark«-Pfeil) stehen an der südlichen Einfallstraße von Grevesmühlen aus (Adresse: Am Tierpark 5). Der Park zeigt eine Auswahl heimischer Tiere. Wasservögel, Greifvögel und Eulen sind vielleicht die den Naturfreund hier am meisten interessierenden Tiergruppen. Außerdem kann er Damwild und Rotwild aus nächster Nähe kennenlernen, die etwa auf Darß und Zingst leben, dort aber nur selten in freier Natur zu beobachten sind. Kinder finden im Tierpark ein Streichelgehege und einen Spielplatz.

154 Poel, Langenwerder und Boiensdorfer Werder

Die **Insel Poel** nördlich von Wismar ist 37 km² groß und damit die drittgrößte Insel Mecklenburg-Vorpommerns. Man erreicht sie, indem man bei Groß Strömkendorf von der Straße Wismar – Blowatz – Pepelow – Ostseebad Rerik nach Westen abbiegt. Zunächst überquert man den Breitling und kann schon beiderseits der Straße die ersten Vögel beobachten: Höckerschwan, Brandgans, Sturmmöwe und Kormoran. Die wellige Landschaft der Insel wirkt besonders schön, wenn in der zweiten Maihälfte der Raps in voller Blüte steht und überall große gelbe Flächen das überwiegende Grün unterbrechen. Entlang der Straßen und Wege (am besten Fahrrad benutzen) kann man auf Poel Feldlerche, Bachstelze, Blut-

Südlich von Timmendorf Strand auf Poel ist eine schöne Steilküste ausgebildet; in der Wand brüten Uferschwalben.

hänfling, Stieglitz und Grauammer beobachten, und aus Gebüschen ertönt der Gesang des ▶ Sprossers.

Im Südosten der Insel ziehen sich Wiesen zur Küste hinunter. Davor liegen Salzwiesen mit Strand-Wermut und um den **Faulen See** ein mehr oder weniger breiter Schilfgürtel, in dem der Teichrohrsänger zu Hause ist. Das Gebiet steht unter Naturschutz; zu beobachten sind dort Graureiher, Höckerschwan, Stockente, Löffelente, Mittelsäger, Kiebitz, Rotschenkel, Lachmöwe und Silbermöwe – um nur einige Arten zu nennen. Südlich von Timmendorf Strand ist eine Steilküste ausgebildet, und dort findet man brütende ▶ Uferschwalben.

Die **Insel Langenwerder** vor der Nordküste der Insel Poel ist rund 1 km lang und 200 – 450 m breit. Arten wie Höckerschwan, Brandgans, Mittelsäger, Austernfischer, Sandregenpfeifer, Rotschenkel, Lachmöwe, Schwarzkopfmöwe, Sturmmöwe, Silbermöwe, Flußseeschwalbe, Küstenseeschwalbe, Brandseeschwalbe und Zwergseeschwalbe brüten dort. Und weil die Insel ein so wichtiges Seevogelbrutgebiet ist, ist ein Besuch während der Brutzeit nicht möglich. Man kann aber vom Strand in Gollwitz im Norden von Poel aus hinüberschauen (dort auch Infotafel). Außerhalb der Brutzeit – von Ende Juli bis Oktober – werden Führungen angeboten; nähere Auskünfte erteilt die Kurverwaltung in Kirchdorf. Die Insel ist auch für Durchzügler, vor allem für Wasservögel und Limikolen, von Bedeutung.

Einen Blick auf die Insel Langenwerder kann man auch vom **Boiensdorfer Werder** etwas weiter nördlich aus erhalten. Auf dem Weg ins Gebiet sollte man in Boiensdorf die **Meeresbiologische Station** besuchen. Der Boiensdorfer Werder wird zwar touristisch genutzt, aber ein großer Teil steht unter Schutz und darf zur Brutzeit nicht betreten werden. Man findet dort ▶ typische Salzwiesenpflanzen wie Strand-Milchkraut, Salz-Schuppenmiere, Gemeiner Queller, Widerstoß, Salz-Aster und Strand-Beifuß. An Vögeln sind zu beobachten: Kormoran, Graureiher, Brandgans, Mittelsäger, Seeadler, Säbelschnäbler, Lach- und Silbermöwe, Küsten- und Brandseeschwalbe.

Vom Boiensdorfer Werder aus kann man nach Norden zur **Halbinsel Wustrow** hinübersehen. Das Gebiet ist wegen seiner teilweise seltenen Küstenflora und -fauna naturkundlich interessant; man erkundige sich in Ostseebad Rerik nach dem aktuellen Stand der Besuchsmöglichkeiten.

155 Conventer See

Zwischen Heiligendamm im Westen, Börgerende im Osten und Bad Doberan im Süden erstreckt sich die 1 200 ha große, durch Verlandung einer von der Ostsee abgeriegelten Meeresbucht entstandene **Conventer Niederung.** Teil dieser Niederung ist das knapp südlich der Küste gelegene, 216 ha große Naturschutzgebiet um den **Conventer See.** Davon wiederum nimmt die offene Wasserfläche nur 85 ha ein; der See weist einen sehr breiten Röhrichtgürtel auf. Zu den Brutvögeln des Sees gehören beispielsweise Graugans, Teichrohrsänger und Bartmeise, zu denen der Niederungswiesen Wiesenpieper, Schafstelze, Feldschwirl und Sumpfrohrsänger. Als Rastgebiet spielt der See für Saatgans, Bläßgans, Stockente, Pfeifente, Reiherente und andere Wasservögel eine Rolle.

Den Conventer See erreicht man von Heiligendamm aus (schöne Steilküste zwischen Heiligendamm und Ostseebad Kühlungsborn!). Eine für Nichtanlieger gesperrte Straße führt parallel zum Deich nach Börgerende, von der aus (bzw. vom parallelen Deich aus) man beobachten kann. Wer kurze Wege bevorzugt, startet in Börgerende. Dorthin fährt man von Heiligendamm über eine der schönsten ▶ Alleen Mecklenburgs nach Bad Doberan und weiter nach Nordosten. Von dieser Strecke aus kann man die Niederung insgesamt gut übersehen; zudem führt ein Weg hinein.

156 Gespensterwald bei Nienhagen

Um es vorweg zu sagen, niemand braucht dort zu befürchten, von Gespenstern belästigt zu werden, schon gar nicht bei Tag. Um den Wald zu erkunden, stellt man sein Fahrzeug in Nienhagen ab und geht im Ort zur Küste vor. Biegt man dann nach Westen ab, gelangt man in einen Buchenwald, der zunächst noch ein wenig Unterwuchs aufweist, wo der Waldboden dann aber nur noch niedrig mit Moosen und Gräsern bewachsen ist. Wenn in diesem Wald das Licht abends flach in das Waldesinnere fällt und die Stämme regelrecht zum Leuchten bringt, kann man schon auf merkwürdige Gedanken kommen. Der Wald stößt direkt an die Steilküste, und rutscht bei Stürmen ein Stück Küste ab, werden auch Bäume mit in die Tiefe gerissen.

157 Botanischer Garten der Universität Rostock

Die alte Hansestadt Rostock hat für den Besucher viel zu bieten; für den Naturfreund ist der Botanische Garten der Universität (Adresse: Hamburger Str. 28) ein lohnendes Ziel. Man findet dort natürlich vieles, was man auch in anderen botanischen Gärten zu sehen bekommt: einen systematischen Bereich, einen Bereich mit Heil- und Gewürzpflanzen, ein Alpinum. Daneben aber sollte man sich in den Bereichen Flachmoor, Hochmoor, Heide und Düne umsehen, denn das sind Lebensräume, die man an der Küste in größerem Maßstab auch zu sehen bekommt. Zusätzlich zum Freigelände verfügt der Botanische Garten über **Gewächshäuser** mit subtropi-

Auf Grund der Windverhältnisse können sich im Gespensterwald bei Nienhagen direkt an der Küste kaum höhere Bodenpflanzen entfalten.

schen und tropischen Arten. Diese Häuser liegen getrennt vom Freigelände an der Stelle des alten Botanischen Gartens (Adresse: Doberaner Str. 143). Beide Teile des Botanischen Gartens könnten deutlich besser ausgeschildert sein, so daß sie der interessierte Besucher leichter findet. Parken kann man jeweils in den umliegenden Straßen.

158 Zoologische Sammlung der Universität Rostock

Es gibt wohl kaum einen Vogelfreund, der nicht von dem berühmten ▶ »Rostocker Pfeilstorch« gehört hätte. Dieser Weißstorch wurde 1822 bei Schloß Bothmer geschossen und trug, als er erlegt wurde, einen Pfeil afrikanischer Eingeborener im Hals. Die Verletzung war so gering, daß der Vogel damit »nach Hause« fliegen konnte – und der Beweis war erbracht, daß die mecklenburgischen Weißstörche in Afrika überwintern. Das Präparat dieses berühmten Vogels ist heute noch in der Zoologischen Sammlung zu sehen. Überhaupt bilden einheimische und tropische Vögel den Schwerpunkt der Sammlung; daneben verfügt sie über einen Querschnitt der Wirbellosen Tiere.

Die Sammlung wird zwar in erster Linie im Rahmen des Universitätsbetriebes genutzt, Besuche sind aber nach telefonischer Anmeldung möglich (Tel. 0381/498-1930, Frau Schmitz; nicht immer erreichbar). Dies ist keine Dauerlösung, aber ein eigenes Zoologisches Museum, das der Universitätstadt Rostock gut anstehen würde, ist derzeit noch Zukunftsmusik. Die Zoologische Sammlung ist direkt neben dem Hauptgebäude der Universität am Universitätsplatz 2 untergebracht.

Der »Rostocker Pfeilstorch« ist das wohl bekannteste Stück der Zoologischen Sammlung der Universität Rostock.

159 Zoo Rostock

Der Zoo in Rostock lohnt in jedem Fall einen Besuch, da man dort verschiedene Tierarten aus nächster Nähe sehen kann, die man bei Exkursionen entlang der Küste oft nur aus weiter Entfernung oder gar nicht zu sehen bekommt. Außerdem liegt der Zoo in einem parkartigen Gelände (mit großen Rhododendronbüschen, die im Mai/Juni in voller Blüte stehen), so daß man dort auch Ruhe und Entspannung finden kann. Neben vielen anderen Tieren sind vor allem die ▶ Seevögel bemerkenswert, die in einer begehbaren Großvoliere leben. Aus nächster Nähe kann man sich Baßtölpel, Eiderente, Trauerente, Zwergsäger, Austernfischer, Säbelschnäbler und Kampfläufer ansehen. Die Wasservögel sind ebenfalls mit verschiedenen Arten im Zoo vertreten, u. a. mit Kormoran, Bläßgans, Graugans, Nonnengans, Brandgans, Pfeifente, Spießente, Tafelente und Reiherente. Auch verschiedene Greifvögel und Eulen kann man aus der Nähe kennenlernen, und ein ▶ freifliegendes Weißstorchpaar hat auf dem Turm der Eisbärenanlage seinen Horst. Schließlich sind Robben bei den Besuchern immer beliebt, und in Rostock sind neben Seehunden auch ▶ Kegelrobben zu sehen.

Leider ist der Zoo als eine der Attraktionen der Hansestadt nicht gut ausgeschildert (wie andere für den Besucher Rostocks interessante Punkte auch). Er liegt im Südwesten der Stadt (Adresse: Rennbahnallee 21), und man wird wohl einen Stadtplan zu Rate ziehen oder vor Ort fragen müssen. Ausgeschilderte (und gebührenpflichtige) Parkplätze sind am Zoo in genügender Menge vorhanden.

Fischland, Darß und Zingst

Der Blick auf eine Landkarte mit Fischland, Darß und Zingst ist mehr als verwirrend. In dieser Region ist die Ostseeküste zerrissen in teilweise sehr schmale Landstreifen und mit der Ostsee nur über Engen verbundene Boddengewässer. Ein Rundflug würde sehr helfen, die Gliederung der Landschaft zu verstehen, und kann nur empfohlen werden. Ein Flugplatz liegt südlich von Barth an der Straße in Richtung Löbnitz (Schild an der Straße).
Als **Fischland** bezeichnet man die schmale Landverbindung zwischen Ostseebad Dierhagen im Süden und Ostseebad Ahrenshoop im Norden. **Darß** nennt man das Landschaftsviereck, das von der Ostseeküste im Westen und Norden und von der Straße Ostseebad Ahrenshoop – Born – Wieck – Ostseebad Prerow im Süden und Osten begrenzt wird. Es ist im wesentlichen ein Waldgebiet, das im Westen direkt an die Ostseeküste grenzt. Und **Zingst** heißt der in West-Ost-Richtung verlaufenden Landfinger, der von Ostseebad Zingst im Westen und Pramort im Osten begrenzt wird.
Große Teile dieser Region gehören heute zum 805 km² großen Nationalpark Vorpommersche Boddenlandschaft. Die Parkgrenzen umfassen weite Flächen, die naturnah waren und sind und auf Grund der Unterschutzstellung erhalten werden können. Man erkundet diese Landschaft am besten von Ostseebad Dierhagen oder von Ostseebad Zingst aus.

160 Bernsteinmuseum Ribnitz-Damgarten

Fährt man von Süden bzw. Südwesten in Richtung Darß/Zingst, ist Ribnitz-Damgarten das logische Einfallstor. Die Stadt bezeichnet sich selbst als »die Stadt des Bernsteins und das Tor zum Fischland«, und der geologisch – und künstlerisch – Interessierte sollte dort einen Besuch des Bernsteinmuseums einplanen. Es befindet sich im Kulturzentrum der Stadt, dem ehemaligen Kloster Sankt Klaren in der Altstadt (Adresse: Im Kloster 1 – 2). Die Ausstellung des Museums behandelt Themen wie »Bernsteinfunde an der Küste von Mecklenburg-Vorpommern«, »Seltene Einschlüsse im baltischen Bernstein«, »Das Bernsteindrechslerhandwerk«, »Bernstein in der Medizin«, »Die technische Verwendung von Bernstein« und vieles mehr; weitere Themen sind in Vorbereitung.

161 Vogelpark Marlow

Von Ribnitz-Damgarten sind es nur etwas mehr als 10 km zum Vogelpark in Marlow. Auf einer Fläche von 12 ha sind dort (derzeit) etwa 150 verschiedene Vogelarten zu sehen. In den teilweise begehbaren Anlagen leben die Vögel in naturnahen Lebensräumen. Besonders interessant ist die Großvoliere mit den ▶ Meeresvögeln wie Austernfischer, Säbelschnäbler, Großer Brachvogel, Rotschenkel und Sturmmöwe – Arten, die man an der Küste auch im Freiland beobachten kann. Weiter sind von besonderem Interesse die Gehege mit den Weißstörchen (auch freifliegenden), den Schwänen, Gänsen und Enten (z. B. Singschwan, Nonnengans, Brandgans, Spießente, Löffelente, Reiher-

Die freien Wasserflächen sind die ökologisch wichtigsten Teile des Ribnitzer Großen Moores bei Dierhagen.

ente, Eiderente) und den Kranichen. In einem besonderen Gelände werden Greifvögel und Falken vorgeführt, z. B. Schwarzmilan, Mäusebussard und Turmfalke – ebenfalls Arten, die draußen zu sehen sind.
Der Vogelpark wurde im Juli 1994 eröffnet, und er wird in den kommenden Jahren durch weitere Volieren noch attraktiver, als er heute schon ist. An den Zufahrtstraßen stehen entsprechende Schilder, so daß man den Park leicht findet (Adresse: Kölzower Chaussee). Es stehen ein großer kostenfreier Parkplatz, ein Restaurant und ein Streichelgehege für die Kinder zur Verfügung.

162 Ribnitzer Großes Moor bei Dierhagen

Auf dem Weg zum Darß bietet sich an, das rund 275 ha umfassende **Naturschutzgebiet Ribnitzer Großes Moor** südlich von Ostseebad Dierhagen zu erkunden. Man fährt nach Neuhaus hinein und stellt sein Fahrzeug auf dem (gebührenpflichtigen!) Parkplatz am Ortseingang ab; von

Bernstein

Trotz seines Namens ist Bernstein hart gewordenes, fossiles Harz von Bäumen. Der erste Teil des Namens bezieht sich darauf, daß Bernstein brennbar ist (niederdeutsch: Börnsteen = »Brennstein«, daraus wurde Bernstein). Man findet ihn vor allem an der Ostseeküste (daher »Gold der Ostsee«), weniger an der Nordseeküste. Es handelt sich hier um den sogenannten Baltischen Bernstein. Das Harz, aus dem er entstand, wurde vor rund 40 – 50 Mio. Jahren von Nadelbäumen (Bernsteinkiefer – *Pinus succinifera*) gebildet. Vom Originalstandort des Bernsteinwaldes, den man in Mittelschweden und Finnland annimmt, wurde der Bernstein dann während der Eiszeiten vor allem durch die großen Flüsse nach Süden transportiert. Die Lagerstätten der südlichen Ostsee sind also Stellen, wo Bernstein aus dem Norden zusammengeschwemmt worden ist.
Besonders interessant sind Bernsteinstücke, die als Einschlüsse (Inklusen) kleine Tiere enthalten. Diese Tiere – sehr oft sind es Insekten – blieben einst an dem Baumharz kleben, wurde von ihm umflossen und schließlich darin eingeschlossen und konserviert. Mit Hilfe solcher Stücke kann man die in einem bestimmten Gebiet einst vorhandene Kleintierwelt rekonstruieren.

dort geht es nur mit dem Fahrrad oder zu Fuß weiter. Eine Infotafel unterrichtet über das Gebiet und das Wegenetz.

Es handelt sich hier um ein ▶ küstennahes Hochmoor, das sich am Ende der letzten Eiszeit, vor etwa 11 000 – 12 000 Jahren, gebildet hat. Wie in vielen anderen Mooren in Deutschland, wurde auch im Großen Moor jahrhundertelang Torf gestochen; bis 1950 wurde im Zentrum maschinell abgetorft. Ab 1975 wurde die zur Torfgewinnung notwendige Entwässerung durch Aufstau zwar rückgängig gemacht, aber noch heute sind wegen des zu niedrigen Wasserstandes zwei Drittel des Schutzgebietes mit Wald-Kiefer und Moor-Birke bewaldet.

Wertvollere Biotope sind natürlich die aufgelassenen Torfstiche mit ihren freien Wasserflächen und die wiedervernäßten Teile des Schutzgebietes. Dort wachsen Pflanzen wie Torfmoose (verschiedene Arten), Königs-Rispenfarn, Heide-Gagelstrauch, Rundblättriger Sonnentau, Sumpf-Porst, Gewöhnliche Moosbeere, Glocken-Heide, Sumpf-Wasserfeder, Scheiden-Wollgras, Schmalblättriges Wollgras und Weißes Schnabelried. Seltene Libellen- und Schmetterlingsarten finden in diesem Moor ebenso einen geeigneten Lebensraum wie Moorfrosch, Kreuzotter, Höckerschwan, Kranich, Sumpfohreule und verschiedene Singvögel.

In der warmen Jahreszeit sollte man sich gegen Mücken schützen, und manche Wege sind feucht bis naß und daher am besten mit Gummistiefeln zu begehen.

163 Rund um den Saaler Bodden

Auf dem Weg von Ribnitz-Damgarten zum Darß bzw. nach Zingst muß man den Saaler Bodden umfahren. Umfährt man ihn auf der Westseite (Ostseebäder Dierhagen – Wustrow – Ahrenshoop), so empfiehlt es sich, zwischen Ostseebad Dierhagen und Ostseebad Wustrow, sein Fahrzeug einmal rechts der Straße auf einem der Parkplätze abzustellen und die weiten Wiesen- bzw. Weideflächen (mit einzelnen Baumreihen und kleinen Feldgehölzen) des Fischlandes, die sich bis zum Saaler Bodden hinunterziehen, mit dem Fernglas abzusuchen. Es gibt auch verschiedene Stichwege, auf denen man zu Fuß oder – bequemer – mit dem Fahrrad zum Boddenufer gelangen kann. Auf den Wiesenflächen sind u. a. zu beobachten: Stockente, Rohrweihe, Kiebitz, Feldlerche (sehr häufig!), Nebelkrähe und Feldhase.

In Ostseebad Wustrow kann man an der Kirche nach Osten abbiegen, bis zu einem Parkplatz fahren (Kleingeld für Parkgebührenautomat nötig!) und von dort aus eine schöne Exkursion durch die Wiesen, am Bodden entlang in Richtung Althagen-Niehagen machen. Aus dem Text auf der Infotafel geht hervor, was den Naturfreund erwartet: »Schonen Sie die Uferbrüche als Lebensraum für spezialisierte Vogelarten wie Teich- und Drosselrohrsänger, Rohr- und Wiesenweihe. Bleiben Sie auf dem Wanderweg. Im benachbarten Salzwiesenbereich sollen z. B. Kiebitz, Rotschenkel, Wiesenpieper und Feldlerche in Ruhe brüten können. Schützen Sie gefährdete Pflanzenarten,

Eine Wanderung entlang des Hohen Ufers bei Ahrenshoop ist immer ein besonderes Erlebnis. Man kann am Strand auch nach Bernstein suchen.

wie z. B. Wiesenorchideen (Breitblättriges Knabenkraut), Strand-Aster, Meerstrand-Dreizack und andere salzliebende Arten.« Und für den Saaler Bodden werden als typische Fischarten aufgeführt: Hecht, Döbel, Rotfeder, Blei, Güster, Europäischer Aal, Barsch, Zander und Dreistacheliger Stichling.
Die Ostseite des Saaler Boddens läßt sich von der Straße Ribnitz-Damgarten – Saal – Fuhlendorf – Barth aus erkunden. Verschiedene Wege und Straßen führen zum Bodden. Allerdings ist die Küste südlich von Saal ziemlich verbaut. Immerhin fährt man zwischen Saal und Neuendorf etwas erhöht durch Raps- und Getreideschläge und hat einen guten Blick auf den Bodden und den ihn umgebenden Schilfgürtel. Der Naturfreund sollte sich dann auf das Gebiet um Neuendorf-Heide und Michaelsdorf konzentrieren. Dort ist die Landschaft offener als südlich von Saal. Wiesen und Äcker wechseln ab, und man kann u. a. Stockente, Turmfalke, Lachmöwe, Feldlerche, Schafstelze, Sumpfrohrsänger, Nebelkrähe, Bluthänfling, Stieglitz und Grauammer beobachten.

164 Hohes Ufer und Ahrenshooper Holz

Einen Halt sollte man in Ostseebad Ahrenshoop einlegen. Dort kann man – wieder einmal – eine ▶ typische Ostseesteilküste erleben. Von einem der großen Parkplätze (gebührenpflichtig!) etwa in der Ortsmitte geht man direkt auf die Küste zu (leichter Anstieg). Dort angekommen, übersieht man gleich, wohin man sich wenden möchte. Zu empfehlen ist eine Wanderung am Strand entlang der Steilküste nach Süden: rechts die Brandung, links die eindrucksvolle ockerfarbene Erdwand. Der Strand ist überwiegend Kiesstrand; zwischen den Kieseln kann man mit etwas Glück Bernstein finden. An einigen Stellen der Steilwand haben ▶ Uferschwalben mehr oder weniger große Brutkolonien.
Am nördlichen Ende von Ahrenshoop führt von der Durchgangsstraße ein Weg nach Osten in das **Ahrenshooper Holz**; am Beginn des Wegs steht eine Infotafel, die man vom Auto aus leicht übersieht. Der Baumbestand des 54 ha großen Naturschutzgebietes setzt sich aus Rotbuche, Stiel-Eiche, Hänge-Birke, Moor-Birke, Eberesche und Berg-Ahorn zusammen. Die Bäume sind teilweise sehr alt oder schon abgestorben und mit Porlingen und Moos bewachsen. Eine Besonderheit sind die ▶ teilweise mehrere Meter hoch wachsenden Büsche der Gewöhnlichen Stechpalme. Im Mai wachsen am Waldboden herdenweise Große Sternmiere, Schattenblume und Maiglöckchen. Daneben sind Adlerfarn, Busch-Windröschen, Wald-Veilchen, Waldmeister, Mauerlattich, Vielblütige Weißwurz, Flatter-Binse und Pfeifengras zu finden. An Vögeln sind zu beobachten: Hohltaube, Kuckuck, Kleinspecht, Amsel, Mönchsgrasmücke, Waldlaubsänger, Zilpzalp, Fitis, Buchfink und andere Arten. In der warmen Jahreszeit ist Mückenschutz ratsam!

165 Am Darßer Weststrand

Der Darß ist ein wesentlicher Teil des Nationalparks Vorpommersche Boddenlandschaft. Der Weststrand wiederum ist einer der landschaftlichen und ökologischen Höhepunkte des Parks und der ▶ eindrucksvollste Strand an der gesamten deutschen Ostseeküste. Da er sehr exponiert liegt und schweren Stürmen ausgesetzt

Die Form vieler Bäume entlang des Darßer Weststrandes – wie dieser Wald-Kiefer – wird vom Wind stark verändert. Man spricht von Windflüchtern.

ist, brechen immer wieder Stücke der Küste ab ins Meer – einschließlich der Bäume, die an der Küste wachsen (vor allem Wald-Kiefer und Rotbuche), und diese Baumleichen liegen in Abständen am Strand. Insgesamt ist dies ein Küstenabschnitt, an dem Material abgetragen und mit einer Strömung nach Norden transportiert wird. Am Darßer Ort (s. S. 137) wird das Material wieder angelagert, und auch die Hohe Düne von Pramort (s. S. 139) ist aus dem Material aufgebaut.
Den recht unberührten Strand kann man gut erkunden. Eine schöne Wanderung (per Fahrrad und/oder zu Fuß) beginnt am Parkplatz Drei Eichen an der Straße Ostseebad Ahrenshoop – Born. (Auch auf diesem Parkplatz ist eine Parkgebühr zu entrichten; selbst mitten im Wald kann man sein Auto also nicht abstellen, ohne daß abkassiert wird!) Zunächst nimmt man den Alten Mecklenburger Weg durch den Wald nach Norden, um dann nach Westen abzubiegen und den Strand zu erreichen. Am Strand entlang geht es dann nach Norden in Richtung Darßer Ort.
Der Wald ist stellenweise trocken, stellenweise feucht, und entsprechend wachsen Wald-Kiefer und Rotbuche oder Schwarz-Erle. Man sollte sein Augenmerk vor allem auf die teilweise mehrere hundert Jahre alten und entsprechend dicken und verzweigten Rotbuchen richten. An Vögeln sind u. a. zu beobachten: Ringeltaube, Schwarzspecht, Rotkehlchen, Singdrossel, Fitis, Haubenmeise, Tannenmeise, Zaunkönig, Eichelhäher und Goldammer. Wo im übrigen Gräben entlang der Waldwege verlaufen, können Mücken in der warmen Jahreszeit sehr unangenehm werden. Zumindest dem Fußwanderer wird empfohlen, ein Mückenschutzmittel parat zu haben; dem Radwanderer hält der Fahrtwind die Plagegeister vom Leib.
Wo der Wald an den Strand stößt, zeigen umgestürzte Bäume an, wie weit die Ostsee bei schweren Stürmen landeinwärts vordringt. Auf die vorherrschende Windrichtung wiederum weist die Wuchsform der Bäume an der Küste hin. Der Wind kommt meist aus Westen, und folglich sind die Kronen der Bäume oder auch die Stämme selbst nach Osten geneigt. Man nennt solche Bäume ▶ Windflüchter, und am Darßer Weststrand sind sie in allen Stadien und Formen zu sehen.
Geht man direkt an der Wasserlinie entlang, findet man immer wieder Muscheln angespült: Miesmuschel, Eßbare Herzmuschel und Sandklaffmuschel. Daneben findet man den Blasentang und zwischen den vom Meer freigespülten Steinen auch Feuersteine. Man sollte aber auch einmal zum Himmel schauen; mit Glück läßt sich am Darß der ▶ Seeadler beobachten.
Wie lange man seine Strandwanderung ausdehnen will, hängt von der eigenen Ausdauer ab. Man sollte mindestens bis zum Müllerweg wandern und dann auf diesem landeinwärts. Wo der Müllerweg auf das k-Gestell stößt, liegt das Grab des bekannten Forstmeisters Ferdinand Freiherr von Raesfeld (s. rechts: Forst- und Jagdmuseum Born). Über die Wegekreuzung Großer Stern führt die Wanderung entweder dorthin zurück,

wo man sein Fahrrad am Strand abgestellt hat, oder zurück zum Parkplatz Drei Eichen. Verschiedene Routen sind möglich, und man kann je nach Kondition zwischen kürzeren und längeren Varianten wählen.

166 Forst- und Jagdmuseum Born

Für den forstlich und jagdlich Interessierten sei gesagt, daß auf dem Darß der königliche Forstmeister Ferdinand Freiherr von Raesfeld (29.9.1855 – 6.5.1929), der Altmeister des deutschen Waidwerks, gewirkt hat. Neben dem Haus in Born (Gedenktafel am Haus, zur Straße hin), wo von Raesfeld 1891 – 1913 gelebt und gearbeitet hat, ist ein Forst- und Jagdmuseum eingerichtet, das man an Wochenenden besuchen kann (und sonst nach Absprache mit der Kurverwaltung). Das Grab des Forstmeisters liegt mitten im Darßer Wald (s. links).

Von Born aus ist es nicht weit nach Wieck. Dort besteht ein **Infozentrum des Nationalparks Vorpommersche Boddenlandschaft** mit einer schön gemachten Ausstellung, die auch die Interessen von Kindern berücksichtigt.

167 Zum Darßer Ort

Zur Nordspitze des Darß, dem Darßer Ort, gelangt man am besten von Ostseebad Prerow aus. In der Nordwestecke des Ortes findet man an der Zugangsstraße einen Parkplatz, auf dem man sein Auto abstellen (und dafür bezahlen) muß. Von dort aus kann man entweder zu Fuß gehen, mit dem Fahrrad fahren oder sich per Pferdekutsche oder Darßbahn weiterbefördern lassen. Bis zum **Nothafen Darßer Ort** bewegt man sich in einem Wald, der überwiegend aus Wald-Kiefer besteht. Am Boden wachsen Flechten, Preiselbeere, Blaubeere und Europäischer Siebenstern. Am Nothafen enden Rad- und Bahntour; vom Fahrradparkplatz geht es nur noch zu Fuß weiter. Um einen wirklichen Überblick zu bekommen, macht man am besten die Rundwanderung, die die beiden Aussichtplattformen am Fukarek- und am Libbertsee, ▶ typischen Strandseen, ein-

Vom Flugzeug aus sind der Darßer Weststrand, der Leuchtturm und die Strandseen am Darßer Ort gut zu überblicken.

schließt. Sie beginnt in einem Dünengebiet, in dem man das Sand-Stiefmütterchen sehen kann, führt dann teilweise auf einem Steg durch ein feuchtes Gebiet mit ausgedehnten Schilfröhrichten (die Randzone des **Ottosees**, eines weiteren Strandsees), bevor man wieder in ein trockeneres, mit Heide-Wacholder, Wildrosen und schließlich Wald-Kiefer bestandenes Gebiet und zur **ersten Plattform** kommt. Von dort verschafft man sich einen Überblick über den Darßer Ort und den **Fukareksee.** Weiter führt der Weg durch die ersten Dünen (mit Schwarzer Krähenbeere) zur **zweiten Plattform.** Von dort kann man die Wasserfläche des **Libbertsees** mit seinem Röhrichtgürtel gut übersehen. Die Vögel, die man an den beiden Seen zur Brutzeit beobachten kann, sind Haubentaucher, Kormoran, Graureiher, Höckerschwan, Graugans, Brandgans, Löffelente, Reiherente, Lachmöwe, Sturmmöwe und Drosselrohrsänger.

Von der zweiten Plattform führt der Weg durch den Dünengürtel auf die Küste zu, wo man ein Stück am Strand entlang nach Süden wandert bis zum Überweg, der wiederum durch den Dünengürtel landeinwärts zum Leuchtturm führt. Den 1848 fertiggestellten **Leuchtturm Darßer Ort** kann man besteigen, und aus rund 30 m Höhe hat man einen guten Rundblick über die gesamte Landschaft: den Darßer Ort im Norden, den Strand mit seinem Dünengürtel im Westen und den Wald im Süden und Osten. Am Leuchtturm sollte man sich auch im **Natureum** umsehen, das vom Meeresmuseum Stralsund betreut wird. Es ist eine Menge zu sehen, von präparierten Vögeln bis hin zu lebenden Ostseebewohnern in Aquarien; außerdem ist verschiedenes Infomaterial zu haben.

Auf dem Rückweg nach Prerow sollte man den Leuchtturmweg nehmen, denn so bekommt man neue Eindrücke vom Wald auf dem Darß. Man mag nicht sehr viele Vogelarten entdecken, aber vielleicht hört man den Schwarzspecht, im Mai kann man in der Abenddämmerung die Waldschnepfe quorren hören, und wer Glück hat, sieht am Himmel den ▶ Seeadler kreisen.

Man kann diese Wanderung, für die man ruhig einen ganzen Tag ansetzen sollte, beliebig ausdehnen, denn es führen verschiedene Wege durch den Darß-Wald, sowohl in Nord-Süd-Richtung als auch in West-Ost-Richtung. Das Gebiet eignet sich besonders für Radtouren; mit dem Fahrrad kann man einfach größere Gebiete abdecken als zu Fuß. Als Abrundung wäre noch ein Besuch des **Darß-Museums** in Ostseebad Prerow zu überlegen; es ist allerdings kein rein naturkundlich ausgerichtetes Haus.

168 Die Vogelinseln Große Kirr und Barther Oie

Besuchen kann man diese beiden Inseln im Barther Bodden zwar (derzeit) nicht, aber man kann sie vom Zingster Boddendeich (**Beobachtungsplattformen** westlich bzw. östlich von Ostseebad Zingst) oder während einer Boddenrundfahrt von Ostseebad Zingst oder Ostseebad Prerow aus ganz gut einsehen. Die Inseln erheben sich nur wenig über den Mittelwasserspiegel. Eine naturverträgliche Weidewirtschaft und Überflutungen haben einen Lebensraum mit Salzgrasland, Prielen, Flutrinnen, Tümpeln und Schilfröhrichten entstehen lassen, der vor allem als Brut- und Rastgebiet für Vögel von Bedeutung ist. Hervorzuheben als Brutvögel sind Alpenstrandläufer (zieht daneben in mehreren zehntausend Exemplaren durch), Kampfläufer (Balzplatz und etwa 10 Brutpaare), Uferschnepfe und Rotschenkel (etwa 100 Brutpaare). Von der **westlichen Beobachtungsplattform** kann man eine ▶ Lachmöwenkolonie einsehen. Ansonsten sieht und hört man von dort neben den erwähnten Arten auch Höckerschwan, Austernfischer, Kiebitz und Großen Brachvogel, und während der Deichwanderung vom Ort aus hört man im Schilfröhricht entlang des Boddens den Teichrohrsänger. Im Frühjahr kann man auf Kirr und Oie größere Mengen von Gänsen, im Herbst von Gänsen und ▶ Kranichen beobachten (am besten von den Beobachtungsplattformen bzw. von der Dreh-/Schwimmbrücke nördlich von Bresewitz aus).

169 Im Osterwald

Der Osterwald östlich von Ostseebad Zingst ist mit 750 ha das größte zusammenhängende Waldgebiet der ganzen Halbinsel. Von 3 Parkplätzen aus kann man den Wald erkunden: einem Parkplatz östlich von Zingst Ost (gebührenpflichtig!),

einem im Süden am südlichen Beginn des Wieker Weges (gebührenfrei, aber wie lange noch?) und dem Parkplatz Sundische Wiesen (gebührenpflichtig!) am Ende des befahrbaren Teils der Straße von Ostseebad Zingst hinaus nach Pramort. Vom Parkplatz aus muß man jeweils zu Fuß gehen oder mit dem Fahrrad fahren.
Nimmt man den Wieker Weg, so durchquert man den gesamten Osterwald in Süd-Nord-Richtung von der Kleinen Wiek bis zur Ostsee und bekommt einen umfassenden Eindruck (incl. der Mücken, die in der warmen Jahreszeit ziemlich lästig werden). Der Baumbestand setzt sich aus Wald-Kiefer, Fichte, Rotbuche, Stiel-Eiche, Hänge-Birke, Moor-Birke, Schwarz-Erle und Eberesche zusammen. Im Mai kann man entlang des Weges folgende Vogelarten sehen oder hören: Ringeltaube, Schwarzspecht, Baumpieper, Rotkehlchen, Mönchsgrasmücke, Waldlaubsänger, Zilpzalp, Fitis, Kohlmeise, Zaunkönig, Eichelhäher, Buchfink und Goldammer.
Von der Wegkreuzung, an der von links die Betonstraße einmündet, kann man einerseits nach Müggenburg oder Zingst Ost wandern, andererseits über die Betonstraße zum Parkplatz Sundische Wiesen oder aber direkt nach Norden zum Strand. Am Strand kann man Sandregenpfeifer, Lachmöwe, Sturmmöwe und Brandseeschwalbe beobachten. Im Angespül findet man die »üblichen Drei«: Miesmuschel, Eßbare Herzmuschel und Sandklaffmuschel. Von dieser Stelle aus kann man auch auf dem Deich nach Zingst Ost wandern und kommt dann zur **Jägerbuche** in der Nähe des Parkplatzes (genaue Position s. Wanderkarte). Diese markante Rotbuche hat einen Stammumfang von 4 m; der Baum ist als Naturdenkmal geschützt.

170 Durch die Sundischen Wiesen nach Pramort

Einen ersten Eindruck der Sundischen Wiesen bekommt man bereits, wenn die Straße von Ostseebad Zingst hinaus nach Pramort etwa 2 km hinter Müggenburg einen Bogen nach Nordosten macht. Man hat dort links der Straße den Osterwald, rechts das weite Wiesen-/Weidengelände. Nun ist es nicht mehr weit bis zum Parkplatz, auf dem man sein Auto abstellen muß. Von dort aus geht es nur noch zu Fuß oder per Fahrrad weiter, wobei das Rad wegen der recht großen Entfernungen vorzuziehen ist (Verleihe am Parkplatz).

Bei Pramort sind die höchsten Dünen der deutschen Ostseeküste aufgetürmt.

Vor Pramort liegen ein großes Windwatt und die Insel Großer Werder – beide Schlafplätze ziehender Kraniche.

Nur wenig östlich des Parkplatzes liegt links der Straße das **Infozentrum des Nationalparks Vorpommersche Boddenlandschaft**, in den das gesamte östlich liegende Gebiet integriert ist. Im Zentrum sollte man sich auf jeden Fall die gut gemachte Ausstellung ansehen; dort bekommt man aber auch schriftliches Infomaterial, und man kann sich von den Parkwächtern beraten und seine Fragen beantworten lassen.
Auf dem weiteren Weg nach Pramort hat man zunächst die Sundischen Wiesen zu beiden Seiten der Straße, später tritt von Norden her Wald an die Straße heran. In diesem Bereich kann man zur Brutzeit folgende Vogelarten beobachten: Graureiher (an den Gräben jagend), Kuckuck, Feldlerche, Sprosser, Feldschwirl, Teichrohrsänger, Sumpfrohrsänger, Gelbspötter, Klappergrasmücke, Zilpzalp, Fitis, Nebelkrähe, Pirol, Buchfink, Goldammer und Rohrammer. Am Himmel läßt sich bisweilen der Schwarzmilan sehen, und mit Glück sieht man den ▶ Seeadler kreisen. Zur Zugzeit sind diese ausgedehnten Wiesenflächen ein ▶ idealer Rastplatz für Kraniche und Gänse.
Vor Pramort kann man nach Nordwesten abbiegen und zur Hohen Düne gelangen. Dort sind entlang eines Bohlenweges 2 **Aussichtsplattformen** erbaut, von denen aus man das ökologisch sensible Gebiet gut übersehen kann. Der Sand, der die Dünen aufbaut, stammt vom Darßer Weststrand, wurde mit der Strömung verfrachtet und bei Pramort wieder abgelagert. Die Hohe Düne ist rund 13 m hoch, und das ist für die deutsche Ostseeküste Rekord. An der Nordsee können Dünen natürlich wesentlich höher werden; die mit 52 m höchste Düne dort ist die Uwedüne auf Sylt (s. S. 86).
Zurück zur Straße, wandert oder fährt man bis nach Pramort vor. Dort ist ein weiterer **Beobachtungsstand** erbaut. Von dort aus bzw. vom Deich daneben kann man die Spitze der Halbinsel Zingst mit dem vorgelagerten ▶ 10 km² großen Windwatt und der Insel Großer Werder gut überblicken. Je nach Jahreszeit, lassen sich dort Vögel wie Graureiher, Graugans, Brandgans und verschiedene Möwen, aber auch große Mengen rastender Wasservögel und Limikolen beobachten (Spektiv!). Das Windwatt und der Große Werder sind zudem ▶ bedeutende Schlafplätze des Kranichs. Pramort wird deshalb zur Zugzeit der Kraniche stark besucht; es gelten dann allerdings besondere Regelungen für den Beobachter, die man im Infozentrum (beim Parkplatz) erfragen kann. Zum Parkplatz muß man nun auf der Straße zurückgehen bzw. -fahren; eine alternative Route besteht nicht.

171 Unterwegs im »Kranichland«

Der Begriff »Kranichland« existiert natürlich nicht wirklich, auch wenn der Kranich in Mecklenburg (sonst vor allem in Skandinavien) noch verschiedene Brutplätze hat. Kraniche sind Zugvögel, die bei uns im März eintreffen und im Oktober wieder nach Süden ziehen. Sie überwintern teils schon in Südspanien und in Nordafrika, teils aber auch weiter südlich in Ostafrika.
Während eines Jahreszyklus kommen an traditionellen Sammelplätzen immer wieder Massen von Kranichen zusammen. So kann man sie beispielsweise im September/Oktober in dem Gebiet nördlich der Straße Barth – Stralsund bis hin zur Küste gut beobachten. Beginnen sollte man seinen Besuch dieses Gebietes im neuen **Kranich-Informationszentrum in Groß Mohrdorf** (an der Durchgangsstraße), wo man sich über den Kranich und geeignete Beobachtungspunkte orientieren kann. Fährt man dann durch das Gebiet, sieht man immer wieder Trupps von Kranichen auf den abgeernteten Feldern nach liegengebliebenen Körnern suchen. Man sollte die Vögel aber stets nur aus sicherer Entfernung beobachten; scheucht man sie auf, so fliegen sie weiter und verbrauchen dabei Energie, die sie für den Zug notwendig brauchen!
Besonders eindrucksvolle Beobachtungen sind abends und morgens zu machen, wenn die Vögel zu ihren Schlafplätzen auf Großer Kirr und Barther Oie südlich von Ostseebad Zingst bzw. im Windwatt, auf Großer Werder, Kleiner Werder und Bock vor der Ostspitze der Halbinsel Zingst oder von diesen Plätzen auf die umliegenden Felder fliegen. Die genannten Schlafplätze stehen allesamt unter strengem Schutz!
Nach einiger Zeit brechen die Vögel dann gemeinsam nach Süden auf, um im folgenden Frühjahr auf ihrem Zug nach Norden wieder eine Zeitlang in Mecklenburg zu rasten. Insgesamt bieten die Kraniche ein grandioses Naturschauspiel, das Jahr für Jahr viele Naturfreunde anzieht, und jeder sollte dafür Verständnis haben, daß dann bestimmte Spielregeln eingehalten werden müssen, um die Vögel möglichst wenig zu stören.

Hiddensee und Rügen

Wie im Gebiet von Fischland, Darß und Zingst zeigt die Küste auch einige Kilometer östlich eine starke Zergliederung in Inseln, Halbinseln, Buchten und Bodden. Insgesamt hat Rügen, die größte deutsche Insel, eine Fläche von 926 km^2 (zum Vergleich: Sylt = rund 100 km^2), aber die Küstenlinie ist 580 km lang! Es empfiehlt sich also durchaus ein Rundflug, um die Gliederung der Landschaft zu verstehen. Am besten startet man vom Flugplatz Güttin auf Rügen, den man von der Straße Samtens – Gingst aus erreicht (Schild an der Straße).
Auf Hiddensee und Rügen ist der Mensch seit langer Zeit gestaltend tätig, dennoch gibt es weite naturnahe Flächen, die es für die Zukunft zu sichern gilt. Während Teile von Hiddensee, der Bug und Teile von Ummanz heute zum 805 km^2 großen Nationalpark Vorpommersche Boddenlandschaft gehören, liegt die berühmte Kreideküste von Rügen im 30 km^2 großen Nationalpark Jasmund, und im Südosten von Rügen wurde das 235 km^2 große Biosphärenreservat Südost-Rügen ausgewiesen.

172 Hiddensee

Als das »söte Länneken« begeistert die Insel Hiddensee vor der Westküste Rügens seit langem Künstler und Naturfreunde. Knapp 17 km ist sie lang und an der schmalsten Stelle ganze 250 m, maximal aber immerhin fast 4 km breit. Man erreicht das »süße Ländchen« per Fähre oder Wassertaxi vom Hafen Schaprode auf Rügen aus (Strecke: Stralsund – Samtens – Gingst – Trent – Schaprode; dort große Parkplätze für Tagesbesucher am Ortseingang, für Dauergäste am Hafen). Es werden aber auch Schiffsfahrten von Ostseebad Zingst und von Stralsund nach Hiddensee angeboten.

Die Insel ist autofrei, man muß also zu Fuß gehen oder – besser – mit dem Rad fahren (mitnehmen oder in den Anlaufhäfen Neuendorf, Vitte und Kloster leihen). Wer nur einen Tagesausflug nach Hiddensee plant, sollte morgens die erste Fähre von Schaprode nach Neuendorf und abends die letzte Fähre zurück zum Festland nehmen. Wer mit dem eigenen Fahrrad kommt, kann abends von Kloster aus zurückfahren und sich so den Rückweg nach Neuendorf sparen. Wer auf der Insel ein Fahrrad leiht, frage nach, ob er das in Neuendorf geliehene Rad gegebenenfalls in Kloster zurückgeben kann. Wie auch immer man plant, in Neuendorf schwingt man sich auf den mitgebrachten oder vor Ort geliehenden Drahtesel und fährt in Richtung Norden. Man kann die Straße nehmen, aber auch verschiedene Wanderwege und die Deiche.

Das erste interessante Gebiet, das man durchquert, ist die 120 ha große **Dünenheide** auf Höhe der Gaststätte »Heiderose«. Ursprünglich bewaldet, hat sich die Vegetation des Gebietes im Lauf der vergangenen Jahrhunderte völlig verändert. Auf Grund von Rodung und Beweidung breitete sich die Gemeine Besenheide immer mehr aus und ist heute die dominierende Art. Daneben kommen in der Dünenheide Pflanzen wie Gemeiner Tüpfelfarn, Heide-Wacholder, Gewöhnlicher Besengister, Kriech-Weide, Glocken-Heide, Schwarze Krähenbeere, Sand-Segge und Geschlängelte Schmiele vor. Das Gebiet weist zudem eine artenreiche Insektenfauna auf, beispielsweise Grabwespen und Wegwespen. Die Amphibien und Reptilien sind in den trockenen Teilen mit Waldeidechse und Kreuzotter vertreten, im südöstlichen Teil, wo die Heide zum Schaproder Bodden hin feuchter wird, mit Teichmolch, Wechselkröte, Grasfrosch und Ringelnatter.

Einen kleinen Abstecher könnte man nun nach Osten zur Küste machen und einen Blick auf die **Fährinsel** werfen. Dort brüten Brandgans, Mittelsäger und verschiedene Möwenarten. Die Insel steht deshalb unter Schutz und darf nicht betreten werden.

Am Nordrand der Dünenheide liegt der Ort Vitte. Dort sollte man sich im Hafen umsehen, denn vielleicht haben gerade Fischer ihren Fang ange-

Besonders farbenprächtig zeigt sich die Dünenheide auf Hiddensee zur Zeit der Heideblüte im August.

landet, und man bekommt einen kleinen Einblick in die Fischfauna der Meeresgebiete um Hiddensee. Am nördlichen Ortsausgang liegt das **Nationalparkhaus Hiddensee**, in dem der Naturfreund alles Wichtige über den Nationalpark Vorpommersche Boddenlandschaft im allgemeinen und Hiddensee im besonderen erfahren kann. Zu sehen sind ein Modell der Insel, Tafeln zu allen wichtigen Themen, aber auch präparierte Vögel, und im Vortragsraum laufen Videos und werden Vorträge gehalten. Im übrigen kann man sich dort über die Arbeit der Vogelwarte Hiddensee in Kloster informieren, ein wissenschaftliches Institut, das der Öffentlichkeit nicht zugänglich ist. Und man kann sich im Haus nach geführten naturkundlich ausgerichteten Wanderungen erkundigen. Das Haus ist im Sommer täglich von 10 bis 17 Uhr geöffnet.

Zwischen Vitte und dem nördlich gelegenen Ort Kloster liegen Wiesen/Weiden mit einigen offenen Wasserflächen, an denen Vögel wie Brandgans und Kiebitz zu sehen sind. In Kloster lohnt dann das **Heimatmuseum der Insel Hiddensee** einen Besuch. Dort kann man sich Pflanzen in natura, eine kleine Vogelsammlung mit den auf der Insel vorkommenden Brut- und Zugvögeln und eine Sammlung mit lokalen Gesteinen und Fossilien ansehen.

Nördlich von Kloster liegt der **Dornbusch**, eine Endmöräne, die vor 12 000 Jahren bis zu einer Höhe von 72 m gestaucht worden ist. Die 4 km lange ▶ Steilküste des Dornbusches kann man im Rahmen einer Strandwanderung von Kloster aus erkunden. Das ▶ bis zu 60 m hohe Kliff, die Findlinge am Fuß der Steilwand und die Möglichkeit, im Spülsaum Bernstein zu finden, sind Anreiz genug. Der Tagesbesucher sollte sich aber eher auf die Landseite konzentrieren und zum weiß-roten, 22 m hohen Leuchtturm hinaufsteigen. Von der Hochfläche aus hat man schöne Blicke über die weite Landschaft. Die Hochfläche des Dornbusches war aber nicht immer so offen, wie sie sich heute darstellt. Ursprünglich war sie mit Eichen-Buchenwald bestanden, und erst durch die Rodung des Baumbestandes kam es zur großräumigen Ausbreitung der ▶ Magerrasen mit Pflanzen wie Knöllchen-Steinbrech, Heide-Nelke, Gemeine Grasnelke, Gemeine Ochsenzunge, Natternkopf, Sand-Strohblume, Gemeine Eberwurz und Stengellose Kratzdistel. Allerdings wurde um die Mitte des vorigen Jahrhunderts damit begonnen, den Dornbusch wieder aufzuforsten, und deshalb findet man heute Flächen mit Wald-Kiefer, Rotbuche, Stiel-Eiche, Gemeiner Hasel, Vogel-Kirsche, Berg-Ahorn, Europäischem Pfaffenhütchen und Roter Heckenkirsche. Auch der Gewöhnliche Besenginster ist auf dem Dornbusch vertreten, und im Mai verleihen die gelb blühenden Sträucher der Landschaft einen besonderen Reiz.

Ein schöner Aussichtspunkt ist der 1888 eingeweihte Leuchtturm auf dem Dornbusch im Norden von Hiddensee.

Nordöstlich von Kloster liegt ein kleines Feuchtgebiet, der ehemalige Karpfenteich des Klosters, heute ein wichtiger Lebensraum für Teichmolch, Europäischen Laubfrosch und Grasfrosch. Über Grieben gelangt man schließlich zum Bessin. Während der weitgehend naturbelassene **Neue Bessin** zur Schutzzone I (Kernzone) des Nationalparks gehört und für Besucher gesperrt ist, kann man den **Alten Bessin** erwandern. Vom Fahrradparkplatz aus führt ein Weg zu einer **Beobachtungsplattform** an der Spitze des Landfingers.

Auf den höher gelegenen trockenen Flächen sind ▶ ausgedehnte Gebüsche des Gemeinen Sanddorns ausgebildet, zum Meer hin wachsen Pflanzen wie Strand-Milchkraut, Gemeiner Queller, Strand-Beifuß und Salz-Binse. Zur Brutzeit sieht und hört man auf dieser Wanderung Graugans, Brandgans, Feldlerche, Sprosser, Teichrohrsänger, Klappergrasmücke, Neuntöter und Grauammer. An der Beobachtungsplattform steht dann zu lesen, warum der Neue Bessin für Besucher tabu ist. Dort brüten beispielsweise (Zahlen von 1997): Höckerschwan (18 Paare), Mittelsäger (6 Paare), Säbelschnäbler (18 Paare), Sandregenpfeifer (38 Paare), Flußseeschwalbe (107 Paare), Zwergseeschwalbe (92 Paare) und Sturmmöwe (12 Paare).
Südlich vom Alten und Neuen Bessin liegt die **Bessinsche Schaar**, ein ▶ Windwatt. All das Material, das dort angelagert wird, stammt vom Dornbuschkliff und wird mit der Strömung herantransportiert. Insgesamt wird das Gebiet im Süden des Bessins von rastenden Vögeln wie Kormoran, Brandgans, Pfeifente, Mittelsäger, Gänsesäger, Kranich, Austernfischer, Kiebitzregenpfeifer, Alpenstrandläufer, Großer Brachvogel und verschiedenen Möwen- und Seeschwalbenarten benutzt. Auf Grund der weiten Entfernungen sollte man als Vogelbeobachter ein Spektiv zur Verfügung haben.
Nicht erwähnt wurde bisher die Südspitze von Hiddensee, der **Gellen** (s. Foto S. 23). Wie der Neue Bessin, hat dieses vom Menschen kaum beeinflußte Gebiet als Brut- und Rastgebiet für verschiedene Vogelarten Bedeutung. Es wurde deshalb in die Schutzzone I (Kernzone) des Nationalparks einbezogen und ist für Besucher gesperrt.

173 Ummanz

Die Insel Ummanz an der Westküste von Rügen erreicht man, indem man in Gingst nach dem Ort Ummanz abbiegt und von dort weiterfährt nach Varbelvitz. Kurz hinter diesem Dorf hat man einen guten Blick auf den **Varbelvitzer Bodden** nördlich der Straße und kann nach Wasservögeln Ausschau halten. Von der Mursewieker Brücke aus sollte man dann die Wasserflächen zwischen Festland und Ummanz mit dem Fernglas absuchen. Dort sind zur Brutzeit Graureiher, Höckerschwan, Brandgans, Stockente, Lachmöwe, Silbermöwe, Sturmmöwe, Bachstelze und Teichrohrsänger zu beobachten.
Auf der Insel macht man als erstes einen Abstecher über Wusse nach Freesenort – der sich aber eher zur Zugzeit lohnt, denn dann können auf den Wiesen ▶ Kraniche und Gänse zu sehen sein. Das Gebiet gehört deshalb auch zur Schutzzone I (Kernzone) des Nationalparks Vorpommersche Boddenlandschaft, und es sind entsprechende Spielregeln zu beachten (s. Infotafel). Zur Schutzzone I gehört im übrigen auch die **Insel Heuwiese** südlich von Freesenort, ein wichtiges Brut- und Rastgebiet für verschiedene Wasser- und Seevögel.
Weiter geht es nach Suhrendorf, um nach Hiddensee hinüberzusehen, genauer: auf den Gellen, die aus Gründen des Naturschutzes für Besucher gesperrte Südspitze der Nachbarinsel (s. o.). Von Suhrendorf fährt man dann über Haide in den Nordosten von Ummanz. Dort stößt man auf eine **Beobachtungsplattform**, von der aus man die **Udarser Wiek** einsehen kann (Spektiv!). Diese Bucht ist vor allem zur Zugzeit interessant: als ▶ Schlafplatz von Kranichen. Darüber hinaus rasten dort Tausende von Gänsen, Enten und

Vom Flugzeug aus überblickt man Hiddensees Norden mit der Steilküste am Dornbusch und weiter hinten Neuem Bessin (links) und Altem Bessin (rechts).

Limikolen. Die Arten, mit denen man rechnen kann, sind u. a. Stockente, Pfeifente, Krickente, Löffelente, Tafelente, Goldregenpfeifer, Kiebitz, Alpenstrandläufer, Großer Brachvogel und Grünschenkel. Wer viel Glück hat, sieht an der Udarser Wiek auch einmal einen ▶ Seeadler. Zurück geht es über Waabe zur Mursewieker Brücke und zum Festland.

174 Nationalpark Jasmund

Die Kreideküste im Nordosten von Rügen ist einer der bekanntesten touristischen Anziehungspunkte Deutschlands überhaupt. Was lag also näher, als dieses Naturphänomen in Form des 30 km² großen Nationalparks Jasmund zu schützen, der die naturnahen Wälder der Stubnitz, die Kreideküste und einen Streifen der Ostsee nördlich von Saßnitz umfaßt?

Die Kreideküste kann man auf 3 Wegen kennenlernen. Zum einen kann man vom Flugplatz Güttin aus (östlich der Straße Samtens – Gingst; ausgeschildert) in die Luft gehen und aus der eindrucksvollen Vogelperspektive hinunterschauen. Zum anderen kann man von Saßnitz aus mit dem Schiff fahren und so die Küste in Augenhöhe aus einer gewissen Entfernung auf sich wirken lassen. Und zum dritten kann man sich die Küste schlicht erwandern. Dazu fährt man bis zum nordöstlichen Ende von Saßnitz, stellt dort auf dem Parkplatz sein Auto ab und entscheidet sich für »unten« oder »oben«.

»Unten« bedeutet, man steigt am Parkplatz zum Strand hinunter und geht am Fuß der Steilküste entlang nach Norden. Dies ist zumindest bei ruhigem Wasser möglich, aber nicht für jeden geeignet, denn man bewegt sich dauernd auf Kies- und Geröllstrand. Der aber enthält jede Menge Feuerstein – und Fossilien wie Donnerkeile und Seeigelsteinkerne. All dies Material wurde von der Brandung aus der anstehenden Kreide herausgewaschen. Der Vogelfreund sollte vor allem auf die ▶ felsbrütenden Mehlschwalben achten; normalerweise brütet diese Art als Kulturfolger außen an Häusern.

»Oben« heißt, man wandert durch den Wald an der Abbruchkante der Kreideküste entlang. Der Wald – rund 2 500 ha groß, noch fast unberührt, die Rotbuche herrscht vor – steht auf Kalkboden, und daher ist eine reiche Bodenflora zu erwarten. Bevor das erste Laub an den Bäumen erscheint, sind ▶ Frühblüher wie Busch-Windröschen, Gelbes Windröschen, Dreilappiges Leberblümchen, Echtes Lungenkraut, Gemeiner Gelbstern und etwas später Bingelkraut und Maiglöckchen zu sehen. An Vögeln ist für den Buchenwald vor allem der Waldlaubsänger typisch. Das gesamte Nationalparkgebiet umfaßt natürlich weitere Lebensräume: Moore, die lichten, küstennahen Wälder, die lockeren, trockenen Kreidehänge und die küstennahen Bereiche der Ostsee. So erklärt sich auch das Vorkommen von beispielsweise insgesamt 20 Orchideenarten, von teilweise seltenen Wirbellosen und von Springfrosch und Glattnatter.

An verschiedenen Stellen der Küste, etwa im Kerbtal des Kieler Baches und am Königsstuhl, bestehen Auf- bzw. Abstiegsmöglichkeiten, so

daß man die Küste auf einer einzigen Wanderung sowohl von unten als auch von oben erleben kann. Wie auch immer man seine Wanderung(en) anlegt, man erreicht so markante Punkte wie **Hengst**, **Wissower Klinken**, **Kieler Ufer** und **Kollicker Ufer** oder **Ernst-Moritz-Arndt-Sicht** und **Viktoria-Sicht.**
Ziel ganzer Karawanen von Touristen ist schließlich die **Stubbenkammer** mit dem 117 m hohen **Königsstuhl.** Man kann dieses Gebiet, wie beschrieben, von Saßnitz aus zu Fuß erreichen. Man kann aber auch von Saßnitz auf der Straße nach Norden weiterfahren bis zum Parkplatz Hagen. Von dort geht es entweder zu Fuß oder per Pendelbus zum Königsstuhl (mit dem **Nationalpark-Haus** als zentraler Anlaufstelle für Besucher). Eine Strecke sollte man auf jeden Fall zu Fuß zurücklegen, denn nur dann kommt man am 11 m tiefen **Herthasee** vorbei. Dies ist kein großes Gewässer, aber bei all dem Rummel um den Königsstuhl kann man dort ein wenig Ruhe finden. Und an Pflanzen sind Sumpf-Dotterblume, Gemeiner Froschlöffel, Sumpf-Schwertlilie und Schilf zu sehen.

175 Saßnitzer Fischerei- und Hafenmuseum

Wer an der Fischerei Interesse hat, dem sei das Saßnitzer Fischerei- und Hafenmuseum empfohlen. Dort geht es aber nicht in erster Linie um die Fischfauna der Ostsee, vielmehr darum, mit welchen Geräten und Fangtechniken die Fischer gearbeitet haben bzw. noch arbeiten. Das Museum liegt »Im Stadthafen«. An der Pier ist der Kutter »Havel« vertäut, und gegenüber findet man das Museum mit seinen vielen interessanten Fotos und Exponaten.

Meistbesuchter Punkt an der weltbekannten Rügener Kreideküste ist der 117 m hohe Königsstuhl.

Die Feuersteinfelder bei Neu Mukran auf Rügen sind nichts anderes als fossile Strandwälle.

176 Feuersteinfelder bei Mukran

Der Strand an der Ostküste von Rügen lag nicht immer dort, wo er heute verläuft. Auf der Schmalen Heide südlich von Neu Mukran (südwestlich von Saßnitz) kann man sich ▶ 4 000 Jahre alte, sozusagen fossile Strandwälle ansehen. Um zum 195 ha großen **Naturschutzgebiet Feuersteinfelder** zu gelangen, stellt man südlich von Neu Mukran auf dem Parkplatz westlich der Straße sein Fahrzeug ab und folgt von dort aus den Wegweisern. Zunächst führt der Weg durch Kiefernwald, der schließlich offener wird, bis man dann auf der zu 90 % aus Feuersteinkies und -geröll gebildeten Fläche steht. Die Feuersteinfelder sind 2 km lang, mehrere hundert Meter breit und 2,50 – 3 m mächtig. Bis vor 150 Jahren waren sie völlig waldfrei, heute besteht die Gefahr, daß sie überwachsen werden. Insgesamt bietet das Schutzgebiet mit seiner ▶ Kiefernheide Pflanzen wie Heide-Wacholder, Blaubeere, Gemeine Besenheide und Europäischer Siebenstern und Tieren wie Zauneidechse, Blindschleiche, Glattnatter, Kreuzotter, Schwarzspecht, Heidelerche und Sperbergrasmücke Lebensraum. Weiter weist das Gebiet eine artenreiche Insektenfauna auf.

Feuerstein

Feuerstein setzt sich im wesentlichen aus Siliciumdioxid zusammen, das ursprünglich in Lebewesen, etwa in die Skelette von Kieselschwämmen, eingebaut war. Durch verschiedene Prozesse entstand ein grauschwarzes oder gelbliches Gestein mit einem matten, wachsartigen Glanz. Feuerstein sieht man auf Rügen als einzelne Knollen oder ganze Bänder von Knollen in das ehemalige Meeressediment der anstehenden Kreide eingebettet. An anderen Steilküsten sind die Steine in das eiszeitliche Moränenmaterial eingelagert. Wenn ein Stück Küste abbricht, werden die weichen Bestandteile von den Wellen weggespült, während die harten Feuersteine am Fuß der Wand liegenbleiben.
Frische Feuersteinsplitter haben scharfe Kanten und wurden deshalb vom Menschen schon früh zu Werkzeugen und Waffen verarbeitet. Ein anderer Name ist Flint bzw. Flintstein; man hat Feuerstein auch dazu benutzt, den Zündfunken in Gewehren zu erzeugen (daher die Bezeichnung »Flinte«). Man sollte vorsichtig sein, wenn man Feuerstein zerschlägt; die scharfkantigen Splitter sollten einem auf keinen Fall in die Augen fliegen!

177 Jagdschloß Granitz

Auf dem Weg von Saßnitz/Mukran in Richtung Binz – Göhren passiert man die Grenze des 235 km² großen Biosphärenreservates Südost-Rügen. Damit erreicht man eine Kulturlandschaft, in der es auch heute noch naturnahe Lebensräume gibt. Zum Jagdschloß Granitz hinaufzuwandern, bedeutet, einen schönen Spaziergang zu machen und sich einen guten Überblick über den südöstlichen Zipfel von Rügen zu verschaffen. Vom Parkplatz bei Lancken-Granitz an der Straße Putbus – Sellin geht man zunächst durch eine ▶ schöne Kastanienallee leicht bergauf. Dann gelangt man in einen Wald, in dem u. a. der Waldlaubsänger vorkommt. Auf der Höhe des 105 m hohen **Tempelberges** angekommen, mag man den Baustil des Schlosses (Grundsteinlegung 1836) bewundern, aber eher sollte man die 154 Stufen der gußeisernen Wendeltreppe des Schloßturmes emporsteigen und seinen Blick über die Landschaft, vor allem über **Granitzwald** und **Mönchgut** schweifen lassen. Das Schloß beherbergt auch eine Sammlung von Jagdwaffen und -trophäen.

Eine imposante Steilküste ist am Reddevitzer Höft im Biosphärenreservat Südost-Rügen ausgebildet.

178 Reddevitzer Höft und Zickersches Höft

Den südöstlichen Teil des Biosphärenreservates Südost-Rügen bildet die **Halbinsel Mönchgut.** Von dieser wiederum ragt in südwestliche Richtung ein schmaler Landfinger in den Bodden, der in einer aktiven, oben teilweise bewaldeten Steilküste endet, dem **Reddevitzer Höft.** Von Alt Reddevitz führt eine Straße hinaus; anzuraten ist eine Radtour. An der »Fingerspitze« führt eine Holztreppe hinunter zum Strand, an dem man in beiden Richtungen entlanggehen kann. Geht man nach Norden, kommt man an die höchsten Stellen der Steilküste. Dort liegen auch Findlinge und Baumleichen am Strand, die die Ostsee ausgewaschen bzw. von der Kliffkante zum Absturz gebracht hat.

Vom Reddevitzer Höft aus sieht man in südöstlicher Richtung das **Zickersche Höft** liegen. Dort ist ebenfalls eine schöne Steilküste ausgebildet, und auf den angrenzenden **Zicker Bergen** haben geringe Niederschläge (weniger als 500 mm; trockenstes Klima an der deutschen Ostseeküste), sandiger, nährstoffarmer Boden und extensive Beweidung zur Entstehung ▶ artenreicher Halbtrockenrasen geführt. Der Pflanzenfreund findet dort Wiesen-Küchenschelle, Blutroten Storchschnabel, Pracht-Nelke, Großen Ehrenpreis, Geflecktes Ferkelkraut und Natternkopfblättriges Habichtskraut. Von Gager oder Groß Zicker aus ist das unter Naturschutz gestellte Gebiet über Wanderwege erschlossen.

179 Schloßpark und Wildgehege Putbus

Schloß Putbus (südöstlich von Bergen) wird sich wohl jeder Rügen-Besucher ansehen; es ist eine Touristenattraktion. Der Naturfreund sollte sein Hauptaugenmerk auf den Schloßpark und den angrenzenden Wildpark richten. Der 75 ha große **Schloßpark** ist als Landschaftspark gestaltet und in erster Linie wegen seiner seltenen Baumarten aus allen möglichen Gebieten der Erde interessant, darunter verschiedenen Arten von Kiefern, Fichten, Tannen, Hemlocktannen und Mammutbäumen. Daneben wachsen im Park aber auch heimische Bäume, Sträucher und Wildblumen.

Das 8 ha große **Wildgehege** liegt direkt an der Straße Putbus – Garz. Dort werden Damwild und Rotwild gehalten. Nun muß man nicht wegen dieser beiden Hirscharten nach Rügen fahren, aber etwa zur Brunftzeit (Rotwild: September, Damwild: Oktober) kann man schöne Beobachtungen machen, und Kinder haben immer Interesse, Tiere aus der Nähe zu sehen.

180 Halbinsel Zudar

Sozusagen im tiefsten Süden Rügens liegt die Halbinsel Zudar. Sie ist umgeben von Puddeminer und Glewitzer Wiek im Westen, dem Strelasund im Süden, dem Greifswalder Bodden im Osten und der Schoritzer Wiek im Norden. Und an der Schoritzer Wiek sollte sich der Naturfreund zuerst umsehen – genauer: Er sollte sich die **Insel Tollow** mit ihrer ▶ großen Kormorankolonie ansehen. Besonders in der Zeit, in der die Kormorane Junge haben, herrscht ein ständiges Kommen und Gehen, und wer von Garz über Zudar nach Maltzien fährt, im Dorf sein Fahrzeug abstellt und ein bißchen herumwandert, der findet sicher einen Punkt, von dem aus er das Treiben in der Kolonie mit dem Fernglas gut beobachten kann. Wie lange die Kolonie allerdings bestehen wird, ist nicht vorauszusehen. Schon 1998 waren die Bäume vom scharfen Kot der Vögel stark geschädigt und die ersten auch schon umgefallen. Eine ▶ weitere große Kormorankolonie liegt übrigens nicht weit entfernt am Festland bei Niederhof nördlich von Brandshagen (s. S. 151).

Wer die Halbinsel Zudar von Maltzien aus noch weiter erkunden will, dem sei die Straße über Poppelvitz und Zicker zum Campingplatz empfohlen. Die Straße führt in einem Abschnitt nah an der **Schoritzer Wiek** vorbei, und man kann die Wasserfläche dort gut nach Vögeln absuchen. Zur Brutzeit kann man Höckerschwan, Brandgans, Kiebitz, Flußseeschwalbe und Bachstelze beobachten. Die Schoritzer Wiek ist aber auch ein bedeutender Rastplatz für Enten aus dem Norden, und so sind Beobachtungen zur Zugzeit ergiebiger.

Am Gelben Ufer auf der Halbinsel Zudar liegen stellenweise große Findlinge am Strand.

Von Zicker aus fährt man zum Abschluß nach Grabow und von dort hinaus zum **Gelben Ufer**; man kann von Grabow aus auch eine Strandwanderung machen und gelangt ebenfalls zu der ▶ eindrucksvollen Steilküste. Entlang der Wasserlinie achte man auf die vorkommenden Muscheln (Miesmuschel, Eßbare Herzmuschel und Sandklaffmuschel), aber auch auf angeschwemmtes Gemeines Seegras, auf die Feuersteine und die teilweise großen Findlinge – und auf die ▶ Uferschwalben, die in der Steilwand brüten.

181 Alleen auf Rügen

Alleen sind typische Landschaftselemente Rügens, und mittlerweile ist es ins Bewußtsein gedrungen, daß sie auf Besucher der Insel positiv wirken und allein schon deshalb erhaltenswert sind. Schöne Alleen (aus Stiel-Eiche, Berg-Ahorn, Roßkastanien, Linden) liegen beispielsweise zwischen Garz und Putbus, zwischen Karow und Kiekut, zwischen Kiekut und Zirkow und zwischen Zudar und der Glewitzer Fähre. Der Besucher wird aber sicher weitere entdecken, und weil auf Rügen so viele Alleen erhalten sind, liegt dort auch der Ausgangspunkt der Deutschen Alleenstraße (über deren weiteren Verlauf s. S. 151).

Zwischen Stralsund und Wolgast

Eher wenig bekannt ist die Ostseeküste zwischen Stralsund und Wolgast, sieht man einmal von den beiden großen Hansestädten Stralsund und Greifswald ab. Aber diese beiden Städte haben dem Naturfreund immerhin ein einzigartiges Meeresmuseum und einen überregional bekannten Botanischen Garten zu bieten. Zwischen beiden liegt an der Küste eine der größten Kormorankolonien Deutschlands, und nur wenig weiter östlich gibt es bedeutende Rastplätze für Wasservögel und Limikolen.

182 Deutsches Museum für Meereskunde und Fischerei Stralsund

Dieses Museum ist zu Recht weit über die Landesgrenzen hinaus bekannt. Es liegt in der Innenstadt (Adresse: Katharinenberg 14/20) und ist an der Durchgangsstraße Rostock – Greifswald (B 105) gut ausgeschildert. Verwundert wird sich der Besucher die Augen reiben, wenn er vor dem ehemaligen Katharinenkloster steht: »Ein Museum in einer frühgotischen Klosterkirche?« Ja!
In der großen Eingangshalle empfängt ihn ein ▶ 15 m langes Finnwalskelett. Es schließen sich auf 3 Ebenen gut gemachte Austellungen zu allen möglichen Aspekten des großen Themas Meer an. Meereskunde, Meeresbiologie, Seefischerei, Mensch und Meer, Lebensraum Ostsee – so die Abteilungen; die Ostsee wird also besonders berücksichtigt.
Im Untergeschoß ist ein ▶ wirklich sehenswertes Aquarium eingerichtet. In 35 Becken von 100 bis 50 000 l Fassungsvermögen kann man eine Vielfalt von Meeresbewohnern live erleben. Und wieder besteht die Möglichkeit, besonders die Unterwasserwelt der Ostsee kennenzulernen, die dem Naturfreund sonst weitgehend verschlossen ist. Daneben sind natürlich auch Lebewesen der Nordsee und anderer Meeresgebiete zu sehen. Als Abrundung veranstaltet das Museum Führungen, Vorträge, Familiensonntage und spezielle Ferienprogramme. Es unterhält auch das Natureum am Darßer Ort (s. S. 138) – und betreibt wissenschaftliche Forschung. Das Haus ist täglich geöffnet; von November bis April ist montags geschlossen. Schaufütterungen in den Aquarien finden samstags und sonntags vormittags statt.

Je kleiner der Besucher, desto größer wird das Staunen über das 15 m lange Walskelett in der Eingangshalle des Deutschen Museums für Meereskunde und Fischerei in Stralsund sein.

183 Tierpark Stralsund

Wer ein weiteres Ziel für einen Besuch von Stralsund sucht oder Kinder hat, der sei auf den 16 ha großen Tierpark an der Barther Straße (= Ausfallstraße in Richtung Altenpeen) hingewiesen. Der Tierpark wurde 1960 auf dem Gelände des Stadtwaldes errichtet und wird derzeit im Rahmen der Möglichkeiten modernisiert. Neben ausländischen Tierarten sind auch heimische Arten, darunter verschiedene Wasservögel, Greifvögel und Eulen, und – als Schwerpunkt – Haustiere zu sehen. Der Tierpark ist das ganze Jahr über täglich geöffnet.

184 Deutsche Alleenstraße

Alleen sind im Osten Deutschlands viel länger erhalten geblieben als im Westen. Der Verkehr war dort längst nicht so dicht, und vor allem konnte man nicht so schnell fahren. Es gab also kaum Gründe, die Straßenbäume zugunsten des Verkehrs abzuholzen, wie es in Westdeutschland geschehen ist. Da Alleen für manche Landschaften charakteristisch, ökologisch wichtig und somit erhaltenswerte Natur sind, wurde die Deutsche Alleenstraße ins Leben gerufen und deren erstes Teilstück 1993 eingeweiht. Die Route hat ihren Ausgangspunkt in Ostseebad Sellin auf der Insel Rügen (s. S. 149). Von dort aus verläuft sie in südwestlicher Richtung über Putbus und Garz nach Stralsund. Von Stralsund aus schlägt das – mit Unterbrechungen – von Stiel-Eiche, Berg-Ahorn, Roßkastanien und Linden gesäumte Band eine südliche Richtung ein. Die nächsten größeren Orte sind: Steinhagen, Grimmen, Loitz, Demmin, Kummerow, Malchin, Malchow, Röbel und Rheinsberg. In Rheinsberg ist brandenburgisches Gebiet erreicht, und wer die Route von dort westlich an Berlin vorbei und weiter nach Süden verfolgen möchte, sei an die Automobilclubs und Fremdenverkehrsämter verwiesen.

185 Kormorankolonie Niederhof

Der Kormoran ist ein Koloniebrüter, und große Vogelkolonien machen auf jeden Naturfreund einen starken Eindruck. Neben der

Alleen – hier eine Eichenallee – könnten den Autofahrer mahnen, bei einem Besuch Mecklenburg-Vorpommerns das Tempo zu drosseln.

schon erwähnten Kolonie auf der Halbinsel Zudar auf Rügen (s. S. 151) hat die Ostseeküste bei Stralsund noch eine zweite zu bieten. Man erreicht sie, indem man bei Brandshagen von der B 96 (Stralsund – Greifswald) nach Norden abbiegt, bis Niederhof fährt und dort sein Auto abstellt. Vom südöstlichen Rügen aus erreicht man Brandshagen/Niederhof über die Fähre Glewitz – Stahlbrode und Reinberg.

Der Weg von Niederhof hinaus zur Kolonie (nicht eindeutig ausgeschildert; gegebenenfalls frage man nach) führt zunächst am Wald entlang oder durch den Wald, in dem bereits die ersten Kormorane (und einige Graureiher) brüten; man braucht sich nur am Lärm der Vögel zu orientieren. Dann führt der Weg durch offenes Gelände an der Küste entlang, bis man zum Hauptteil der Kolonie gelangt. Man sollte aus sicherer Distanz beobachten und in keinem Fall so nah an die Nistbäume herangehen, daß die Vögel abfliegen!

Daß am Strelasund gleich 2 große Kormorankolonien liegen, hat übrigens den Grund, daß der **Greifswalder Bodden** sehr fischreich ist. Unter anderen leben dort Hering, Hecht, Europäischer Aal, Hornhecht, Kabeljau, Barsch, Zander und Flunder.

186 Gristower Wiek und Kooser See

Einen kleinen Abstecher von der Straße Stralsund – Greifswald (B 96) sollte sich der Naturfreund gönnen und hinter Kirchdorf dem Wegweiser zur **Insel Riems** folgen. Vor Riemserort in der Gristower Wiek liegt in Sichtweite der **Große Werder**, eine kleine Insel, auf der Wasservögel und Möwen (darunter selten auch die ▶ Schwarzkopfmöwe; Spektiv!) brüten. Auf dem Rückweg kann man sich beim »Fischer un sin Fru« in Gristow wieder einmal über die Fischfauna der Ostsee informieren, und zwar sowohl in biologischer als auch in kulinarischer Hinsicht (Schild an der Durchgangsstraße).

Zurück auf der B 96, fährt man 2,5 km weiter in Richtung Greifswald, um dort in Richtung Westen nach Groß Karrendorf abzubiegen. Von dort führt eine Straße zur **Insel Koos**, die aber für Nichtanlieger gesperrt ist. Man fährt also nur bis zu dem Parkplatz (mit Infotafel) am Verbotsschild

Ein eindrucksvolles Erlebnis ist der Besuch der Kormorankolonie Niederhof. Aus sicherer Entfernung kann man die schwarzen Vögel in Ruhe beobachten.

und macht von dort aus zu Fuß oder mit dem Fahrrad seine Exkursion hinaus zur Insel. Man kann die Straße benutzen, aber auch zunächst über den Deich an einem **Beobachtungsturm** vorbei gehen. Von dort aus hat man den besten Blick über das gesamte Gebiet: im Westen den **Kooser See** (trotz seines Namens eine Ausbuchtung des Greifswalder Boddens) und nach Norden hin das periodisch überflutete Grünland, das renaturiert wird und sich zu einem ▶ Salzgrasland weiterentwickeln soll. Zur Brutzeit kann man Graureiher, Höckerschwan, Graugans, Brandgans, Stockente, Löffelente, Kiebitz, Rotschenkel, Sturmmöwe, Feldlerche und Wiesenpieper beobachten. Zu dieser Zeit sind auch viele Kormorane in der Luft, die von den Brutkolonien auf der Insel Tollow und bei Niederhof (s. S. 149 und 151) stammen. Das Gebiet vor der Insel Koos bildet zusammen mit dem ausgedehnten Salzgrasland im Süden des Kooser Sees und den Flachwasserbereichen der Bucht ein bedeutendes Rastgebiet für Wasservögel (vor allem Gänse) und Limikolen. 1990 wurden deshalb 1 560 ha als **Naturschutzgebiet Insel Koos, Kooser See und Wampener Riff** ausgewiesen.

Salzgrasland prägt die flache Landschaft am Kooser See.

187 Botanischer Garten der Universität Greifswald

Wen besonders die Pflanzenwelt interessiert, der sollte sich im Botanischen Garten der Ernst-Moritz-Arndt-Universität umsehen. Zwar spielt dort die einheimische Pflanzenwelt zwangsläufig nicht die Hauptrolle, aber man kann sich beispielsweise verschiedene Sumpf-, Moor- und Wasserpflanzen näher ansehen, denen man in der Umgebung von Greifswald auch in freier Natur begegnet. Daneben gibt es u. a. ein Alpinum, eine Abteilung für Heil- und Gewürzpflanzen und natürlich eine systematische Abteilung. In einer Ecke des Gartens liegen die Gewächshäuser (1 800 m²) für wärmeliebende Pflanzen, in der Teichanlage laichen Wasserfrösche, und die vielen alten Bäume locken Vögel wie Ringeltaube, ▶ Sprosser, Zilpzalp und Fitis in die Anlage. Der Botanische Garten liegt im Westen der Stadt, und wer von Stralsund über die B 96 nach Greifs-

Malerisch präsentiert sich der Fischereihafen von Freest am Peenestrom.

wald hineinkommt, biegt in Richtung Grimmen bzw. Loitz/Demmin ab. Der Garten liegt gleich hinter dem Bahnübergang auf der linken Seite (Adresse: Münterstr. 2). Er ist ganzjährig täglich geöffnet, an Wochenenden und Feiertagen allerdings nur nachmittags.

188 Tierpark Greifswald

Vom Botanischen Garten (s. o.) ist es nur ein kurzer Spaziergang hinüber zum Tierpark an den Credner Anlagen, einem Park mit schönem, altem Baumbestand (Adresse: Anlagen 3). Im Zentrum des 3 ha großen Tierparks liegt der 1 ha große Schwanenteich mit verschiedenen Wasservögeln. Darum herum gruppieren sich die kleinen Gehege mit überwiegend heimischen Tierarten. Zu sehen sind u.a. Kormoran, Graugans, Brandgans, Reiherente, Turmfalke, Waldkauz, Steinmarder und Wildkatze. Auch ein Paar freifliegender Weißstörche brütet. Der Park wird derzeit modernisiert und ist täglich geöffnet.

189 Arboretum der Universität Greifswald

Das rund 7 ha große Arboretum der Ernst-Moritz-Arndt-Universität bildet fachlich, aber nicht räumlich eine Einheit mit dem Botanischen Garten. Es liegt 3 km vom Botanischen Garten entfernt an der Ausfallstraße in Richtung Wolgast (= B 96). 2 Straßen bevor die Wolgaster Straße (= B 96) nach Süden in Richtung Jarmen/Neubrandenburg rechtwinklig abknickt, biegt man rechts ab in die Billrothstraße und kommt so zur Friedrich-Ludwig-Jahn-Straße und damit zum Eingang des Arboretums. Die Anlage ist nach pflanzengeografischen Gesichtspunkten angelegt, d. h. es gibt beispielsweise Quartiere für südeuropäische, nord- und südamerikanische oder ostasiatische Gehölze. Die mitteleuropäische Flora findet sich in den Quartieren Bruchwald, Birkenwald, Fichtenwald, Kiefernwald, Buchenwald, Laubmischwald, Eichenwald und Mitteleuropa. Das Arboretum ist eine Fundgrube für jeden Pflanzenfreund; es ist täglich geöffnet.

190 Lanken

Um das 57 ha große **Naturschutzgebiet Lanken** im Nordosten der Dänischen Wiek zu erreichen, fährt man von Greifswald aus in Richtung Lubmin. Von dieser Straße biegt man nach Ludwigsburg ab und fährt von dort weiter bis zum Parkplatz am südlichen Rand des Gebietes. Es wird touristisch stark genutzt, aber man kann sich dort einen recht schönen Dünenkiefernwald (Wald-Kiefer) mit ▶ Windflüchtern zur Wiek hin ansehen, der auf ehemaligen Strandwällen stockt. Geht man am Strand entlang nach Norden, findet man Miesmuschel, Eßbare Herzmuschel und Sandklaffmuschel angeschwemmt; die Steine sind teilweise mit Darmtang bewachsen. Nur noch an wenigen Stellen findet man typische Strandpflanzen wie Strand-Salzmiere und Gemeiner Strandhafer, aber es ist interessant zu sehen, daß gleich nebenan Stiel-Eichen und Weißdornbüsche nur wenige Meter vom Spülsaum entfernt gut überleben können. So weit östlich hat der Salzgehalt der Ostsee also schon beträchtlich abgenommen.
Auf dem Rückweg durch den Wald sieht man neben der dominierenden Wald-Kiefer auch Gehölze wie Fichte, Rotbuche, Schwarz-Erle, Gemeine Hasel, Eberesche und Faulbaum. Die krautigen Pflanzen sind beispielsweise mit Großem Schöllkraut, Gemeinem Hopfen, Großer Sternmiere und Gundermann vertreten. Und an

Vögeln kann man zur Brutzeit Rotkehlchen, Singdrossel, Gelbspötter, Waldlaubsänger, Zilpzalp, Zaunkönig, Girlitz und Buchfink beobachten.

191 Tierpark Wolgast-Tannenkamp

Auf 10 ha Fläche sind im Tierpark Tannenkamp im Norden von Wolgast rund 400 Tiere in 52 Arten zu sehen. Der Schwerpunkt liegt auf heimischen Vögeln und Säugetieren; vertreten sind u. a. Wolf, Schwarzwild, Mufflon, Rotwild, Rehwild, verschiedene Wasservögel und einige Greifvögel. Der Tierpark wurde in einem naturnahen Waldstück angelegt, so daß es nahe lag, einen **Lehrpfad** anzufügen. Tannenkamp ist an der Ausfallstraße nach Norden ausgeschildert. Der Tierpark ist das ganze Jahr über täglich geöffnet.

192 An der Peenemündung

Wer von Wolgast nach Norden fährt, kommt erst in Kröslin wieder nahe an den Peenestrom heran. Vor dem Ort im Strom liegt die 82 ha große **Insel Großer Wotig.** Die Vegetation besteht aus Röhricht und Salzgrasland, und Vögel wie Haubentaucher, Graugans, Stockente, Schnatterente, Kiebitz, Alpenstrandläufer, Rotschenkel, Feldlerche, Wiesenpieper, Schafstelze, Teichrohrsänger und Rohrammer finden dort geeignete Brutplätze. Insgesamt wurden rund 170 Vogelarten im Gebiet nachgewiesen. Die Insel steht deshalb unter Naturschutz (Größe des Gebietes insgesamt: 190 ha) und darf nicht betreten werden; man muß sich mit einem Blick durchs Fernglas von Kröslin aus begnügen.

Wer darüber enttäuscht ist, sollte einfach 1,5 km weiter nach Norden fahren und sich im Fischereihafen von Freest umsehen. Der Hafen ist modernisiert worden, und wenn alle Boote im Hafen sind, bietet sich ein ganz malerisches Bild. Interessanter ist es natürlich, wenn die Fischer ihre Fänge anlanden und man etwas über die Fischfauna der Ostsee erfahren kann.

Noch weiter außen im Mündungsbereich der Peene liegt das **Naturschutzgebiet Peenemünder Haken, Struck und Ruden.** Es umfaßt eine Fläche von 1 870 ha mit Flachwassergebieten, Sandinseln (Windwatt), Salzgrasland und Röhrichten und ist ein wichtiges Brut- und Rastgebiet für Vögel, vor allem für Wasservögel und Limikolen. Das Gebiet ist für Besucher weitgehend gesperrt. Es gibt aber geführte Touren zur Nordspitze von Usedom (Gebiet nördlich von Peenemünde), und man kann von Karlshagen auf Usedom mit dem Schiff zur 26 ha großen **Insel Ruden** hinausfahren und sich dort umsehen.

Vom Hafen Karlshagen kann man außerdem per Schiff zur **Insel Greifswalder Oie** gelangen, die noch einige Kilometer weiter nordöstlich der Insel Ruden liegt. Die landschaftlich reizvolle Oie ist 52 ha groß und wird wegen ihrer exponierten Lage auch als »Helgoland der Ostsee« bezeichnet. Und genau wie auf Helgoland (s. S. 62 ff.) wird auch auf der Greifswalder Oie Vogelzugforschung betrieben. Auf der Insel brüten aber auch diverse Vogelarten, darunter (Zahlen von 1997): Silbermöwe (13 Paare), Uferschwalbe (100 Paare), Mehlschwalbe (161 Paare), Zaunkönig (15 Paare), Sumpfrohrsänger (17 Paare) und Dorngrasmücke (20 Paare) – um nur einige Arten zu nennen. Die Insel ist seit 1990 als Naturschutzgebiet ausgewiesen (Fläche des Gebietes insgesamt: 200 ha) und wird heute vom Verein Jordsand betreut.

Nach all diesem frage man im **Naturschutzzentrum Karlshagen** (am Strand) bzw. im Karlshagener Hafen. Bei der Gelegenheit sollte man sich auch gleich die Ausstellung im Naturschutzzentrum ansehen.

Usedom und Stettiner Haff

Usedom – mit 445 km^2 Fläche die zweitgrößte Insel Deutschlands – ist für viele gleichbedeutend mit Badetourismus (»Badewanne der Berliner«). Sie denken an die bekannten Seebäder Bansin, Heringsdorf und Ahlbeck an der Grenze zu Polen und vergessen dabei das Hinterland. Und in diesem Hinterland um Peenestrom, Achterwasser und Stettiner Haff sollte sich der Naturfreund in erster Linie umsehen. Da die Geografie aber mehr als verwirrend ist, lohnt sich auch auf diesen Teil der Ostseeküste ein orientierender Blick aus der Vogelperspektive. Man kann von mehreren Flugplätzen aus starten: Peenemünde, Mellenthin, Garz/Zirchow und Anklam. Nach der Landung geht es dann mit dem Auto weiter oder mit dem Fahrrad; Usedom bemüht sich sehr, Radrouten auf der Insel auszuschildern. Insgesamt ist die Insel zu einem Viertel bewaldet und verfügt über 13 Naturschutzgebiete, denen weitere folgen sollen. Über das alles kann man sich bei den einzelnen Kurverwaltungen informieren, aber auch im **Naturschutzzentrum Karlshagen** im Norden der Insel.

193 Lindenallee bei Krummin

Wer die Route von Wolgast über Zinnowitz auf die Insel Usedom nimmt, der sollte kurz vor Bannemin beim Wegweiser »Krummin« nach Süden abbiegen. Nach kurzer Strecke hat man einen Wald durchquert, und dann geht es durch eine der schönsten ▶ (Linden-)Alleen Mecklenburg-Vorpommerns zum Dorf Krummin. Das einzige, was den imponierenden Blick durch den Baumtunnel trübt, sind die Betonplatten, mit denen die Straße belegt ist; die üblichen Begrenzungspfähle an den Rändern fehlen aber immerhin (noch).

Auf Höhe des Streckelsberges bei Koserow ist Usedom nur 1,5 km breit. Im Hintergrund blickt man über das Achterwasser.

194 Streckelsberg

Den 56 m hohen Streckelsberg gleich östlich von Koserow, einen der höchsten Punkte auf Usedom, sollte man vor allem wegen seines weiten Ausblicks über die Ostsee besteigen. Die bis ins 19. Jahrhundert weitgehend waldfreie Stauchmoräne, die den Streckelsberg bildet, ist heute mit Buchenwald bestockt. Neben der dominierenden Rotbuche kommen Wald-Kiefer, Gemeiner Sanddorn, Schwarzer Holunder und Rote Heckenkirsche als Gehölze vor. Im März blühen am Waldboden Busch-Windröschen und Dreilappiges Leberblümchen. Die Steilküste am Streckelsberg, an der man am Strand entlangwandern kann, ist bei Herbst- und Winterstürmen starker Abtragung durch die Ostsee ausgesetzt. Das abgetragene Material wird nach Westen verfrachtet und am Peenemünder Haken wieder abgelagert. Seeseitige Schutzbauten sollen die Abtragung eindämmen.

195 Mümmelkensee

»Klein, aber fein!« – so könnte man dieses Naturschutzgebiet charakterisieren. Es hat nur eine Fläche von 6 ha, aber man kann sich dort ein ▶ geradezu klassisches und für Usedom einzigartiges Hochmoor ansehen. Vor etwa 10 000 Jahren hat das Gletschereis die trogartige Senke ausgeschürft. Das Becken ist durch eine Lehmsohle abgeschlossen, und das Torflager ist heute 15 m mächtig. Am Ufer des Restsees sind ▶ Schwingrasen ausgebildet; die Wasserfläche macht nur mehr 0,25 ha aus, die Wassertiefe beträgt 2,50 m. Das Moor ist von Wald-Kiefer, Rotbuche und Moor-Birke umstanden. Die typischen Bodenpflanzen sind Torfmoose, Gelbe Teichrose (mit anderem Namen Mummel, von dem sich der Name Mümmelkensee herleitet), Sonnentau, Blutauge, Sumpf-Porst, Gewöhnliche Moosbeere, Schwarze Krähenbeere, Scheiden-Wollgras, Pfeifengras und Drachenwurz. Das Gebiet beherbergt eine vielfältige Insektenfauna (u. a. Blauflügel-Prachtlibelle, Großer Fuchs und Admiral). Die wechselwarmen Wirbeltiere sind mit Teichmolch, Moorfrosch und Ringelnatter vertreten, die Vögel u. a. mit Schwarzspecht und Buchfink. Man erreicht den Mümmelkensee von der Straße Koserow/Zinnowitz – Seebad Bansin aus. Etwa 1,5 km vor dem Ortseingang von Seebad Bansin geht eine Straße rechts ab zu einem Strandparkplatz, und etwa auf halber Strecke führt ein Waldweg wiederum rechts ab zum See. Von einer Beobachtungsplattform hat man einen guten Blick auf das kleine Gebiet; auf einem Wanderweg kann man das Hochmoor umrunden.

Am Ufer des Mümmelkensees wächst – neben anderen typischen Moorpflanzen – der Sumpf-Porst.

196 Gothensee

Leider muß sich der Naturfreund hier etwas einschränken; ihm sind lediglich Blicke auf das 800 ha große Naturschutzgebiet um den Gothensee möglich, die aber einige Eindrücke vermitteln. Zunächst einmal sollte er die Straße von Seebad Bansin nach Neppermin nehmen und dort auf der Höhe (Parkplatz gegenüber Hotel-Restaurant »Bergmühle«) anhalten. Von dort übersieht man gut die weite Senke, in der der 1,50 – 2 m tiefe Gothensee liegt. Ein Schilfgürtel umgibt die Wasserfläche, davor stellenweise Bestände der Weißen Seerose; im südlichen Teil grenzen moorige Flächen an den See.

Die Sockel-Eiche bei Suckow im Lieper Winkel ist als Naturdenkmal geschützt. Der Stamm hat einen Umfang von 5,50 m.

Einen näheren Blick auf den See hat man in Gothen am Ostufer, von wo aus man den See auch mehr oder weniger weiträumig umwandern könnte. Leider ist das Ufer in Gothen so verbaut, daß man nicht direkt ans Wasser gelangt. Dennoch kann man die Vogelfauna des Sees ein wenig näher kennenlernen: Haubentaucher, Graureiher, Rohrweihe, Bläßhuhn, Lachmöwe und Teichrohrsänger – um einige Arten zu nennen. Daneben brüten noch verschiedene andere Wasservögel am Gothensee, und der ▶ Seeadler erscheint dort zur Nahrungssuche. An Fischen leben im See Hecht, Plötze, Brachsen, Karpfen, Europäischer Aal, Barsch und Zander.

197 Inseln Böhmke und Werder sowie Halbinsel Cosim

Im Balmer See, der südöstlichen Ausbuchtung des Achterwassers, liegt ein 118 ha großes Naturschutzgebiet, das 2 kleine Vogelinseln umfaßt: **Böhmke** (250 m lang und maximal 150 m breit) und **Werder** (500 m lang und 50 – 200 m breit). Auf den flachen Inseln brüten ▶ etwa 10 000 Paare Lachmöwen. Damit aber nicht genug: Brutvögel sind dort auch Flußseeschwalben und verschiedene Entenarten, darunter Stockente, Schnatterente, Reiherente und Tafelente. Die Inseln sind für Besucher tabu; man kann sie aber vom Dachsberg bei Neppermin und von Balm aus gut einsehen.
Nördlich der beiden kleinen Vogelinseln bildet die **Halbinsel Cosim** die Abgrenzung des Balmer Sees vom Achterwasser. Dort wurden 90 ha unter Naturschutz gestellt, um die naturnahen Uferwiesen, Röhrichte und Waldgesellschaften zu erhalten. Kiebitz, Bekassine und Rotschenkel brüten auf der Halbinsel, die mit ihren angrenzenden Wasserflächen auch ein wichtiges Rastgebiet für Wasservögel darstellt. Von Balm aus führt ein Weg am Gebiet entlang, von dem aus man gut beobachten kann.

198 Lieper Winkel

Wer auf der B 110 von Mellenthin nach Usedom fährt, sollte auf etwa halber Strecke einen Abstecher nach Norden in den sogenannten Lieper Winkel machen. Zunächst führt die Straße durch ein Waldgebiet, aber bald wird die Landschaft offener. Am nördlichen Ortsende von Suckow steht links der Straße einer der bekanntesten und eindrucksvollsten Bäume der Insel, die als Naturdenkmal geschützte **Sockel-Eiche.** Über Rankwitz und Liepe fährt man dann gemütlich weiter bis zur Nordspitze der Halbinsel. In Warthe sollte man sein Auto abstellen, um eine Wanderung durch die Wiesen oder auf dem Deich entlang des Achterwassers zu machen. Zur Zugzeit und im Winter sind dort zahlreiche Wasservögel und Limikolen zu beobachten.
Der Lieper Winkel ist insgesamt keine spektakuläre Landschaft, aber man kann die freistehenden großen Bäume (Stiel-Eiche, Gewöhnliche Roßkastanie, Korb-Weide) bewundern oder Wiesen- und Wasservögel beobachten. Das Gebiet bietet sich für Fahrradexkursionen geradezu an – und man kann dort einmal zur Ruhe kommen.

199 Peeneniederung

Der Blick auf eine Karte der Peeneniederung zeigt zwischen Anklam und Demmin einen gewundenen Flußlauf, einige Seitenarme und viele Wasserflächen, die eine gewisse Geometrie aufweisen. Schraffuren zeigen außerdem sumpfige bzw. moorige Flächen und Schutzgebiete entlang des Flusses an. Allerdings ist die Peeneniederung nicht ganz einfach zu erkunden. Am besten fährt man zunächst einmal in Gützkow am Nordufer der Peene etwa auf halber Strecke zwischen Anklam und Demmin zum Fluß hinunter. Man stößt dort auf das **Peenetalmoor,** ein abwechslungsreiches Gebiet aus Feuchtwiesen (mit Europäischer Trollblume, Mehl-Schlüsselblume und verschiedenen Orchideenarten), Röhrichten, aufgelassenen Torfstichen, Gebüschen und naturnahen Bruchwäldern. Teile der Peeneniederung stehen deshalb unter Naturschutz.

Entlang der Peene sind Feuchtwiesen, Bruchwälder, Röhrichte und aufgelassene Torfstiche zu finden.

Zur Brutzeit kann man an der genannten Stelle Kuckuck, Sprosser, Rohrschwirl, Teichrohrsäger, Zilpzalp, Fitis, Zaunkönig und Pirol beobachten. Schutzwürdig sind aber vor allem die Vorkommen von Großer Rohrdommel, Kranich, Blaukehlchen und Karmingimpel. Diese Arten sind allerdings nicht leicht zu beobachten, ebensowenig der 1975/76 wieder angesiedelte Europäische Biber und der Fischotter.

Eine zweite Stichstraße führt von Quilow auf halber Strecke zwischen Gützkow und Anklam bis direkt an die Peene; früher war dort die Fähre nach Stolpe hinüber in Betrieb.

Fährt man weiter nach Anklam, so überquert die Straße vor der Stadt die Eisenbahn, und von der Höhe der Überführung aus bekommt man einen gewissen Überblick über die Moorlandschaft.

Von Anklam aus kann man schließlich einen kleinen Abstecher nach Neuhof am Südufer machen (von der Straße Anklam – Jarmen aus zu erreichen). Von der Höhe des Dorfes aus übersieht man einen Teil der oben erwähnten »geometrischen« Wasserflächen. Es handelt sich dabei, wie überall entlang der Peene, um ehemalige Torf-

stiche, die heute aufgelassen sind und wertvolle Lebensräume für Pflanzen und Tiere darstellen. An selteneren Pflanzen sind etwa Europäische Trollblume und Krebsschere zu sehen, an Vögeln Graureiher, Höckerschwan, Stockente, Schnatterente, Sprosser, Feldschwirl und Fitis.
Natürlich kann man nun weiter am Südufer der Peene entlang ins Inland fahren und sich auch dort am Fluß umsehen. Es wird aber wohl noch einige Zeit dauern, bis die Landschaft für den Interessierten besser erschlossen ist; Pläne für Wanderwege bestehen. Wer im übrigen den Fluß über eine längere Strecke hin kennenlernen will, sei auf eine Bootsfahrt verwiesen; man erkundige sich bei der Touristeninformation in Anklam.

200 Anklamer Stadtbruch

Wer von Anklam aus nicht gleich nach Usedom weitereilt, sollte weiter in Richtung Ueckermünde fahren und in Neu Kosenow einen Abstecher nach Nordosten machen. Fährt man über Rosenhagen in Richtung Kamp, gelangt man zum 1 200 ha großen **Naturschutzgebiet Anklamer Stadtbruch.** Allerdings muß/sollte man das Auto am Ortsausgang von Rosenhagen stehen lassen und zu Fuß oder mit dem Fahrrad weiter vordringen. Zunächst durchquert die mit Betonplatten belegte Straße eine weite offene Sumpffläche. Dann gelangt man in einen mehr oder weniger feuchten Bruchwald. Und am Ausgang dieses Waldes gelangt man in Richtung Kamp wieder zu einer offenen, sumpfigen Fläche (Entfernung Rosenhagen – Kamp: 4,5 km).
Insgesamt ist das Anklamer Stadtbruch ein abgetorftes und heute überwiegend bewaldetes Hochmoorgebiet. Durch einen hohen Wasserstand soll es renaturiert werden. Unter Schutz gestellt wurde es wegen der Vorkommen von Pflanzen wie Königs-Rispenfarn, Heide-Gagelstrauch, Sonnentau, Rauschbeere, Glocken-Heide, Lungen-Enzian, Breitblättriges Knabenkraut und Wollgras. Weiter weist das Gebiet eine vielfältige Insektenfauna auf. Die wechselwarmen Wirbeltiere sind mit Europäischem Laubfrosch und Kreuzotter vertreten und die Vögel mit verschiedenen Greifvogelarten (darunter Schwarzmilan, Rotmilan, Wespenbussard und Baumfalke), Wendehals, Sprosser und Karmingimpel.

201 Tierpark Ueckermünde

Ueckermünde ist die nordöstlichste Hafenstadt Deutschlands und von Anklam aus über die B 109 gut zu erreichen. »Der Zoo am Stettiner Haff« liegt im Westen der Stadt, und am besten nimmt man die Einfallstraße, die von Ferdinandshof nach Ueckermünde führt (Park dann ausgeschildert, Adresse: Chausseestr. 76). Auf dem 18 ha großen Gelände werden neben heimischen Tierarten auch Arten aus Afrika, Südamerika und Australien gehalten. Es gibt ein großes, begehbares Gehege mit Berberaffen – und eine ▶ mehrere hundert Paare starke Brutkolonie freifliegender Graureiher (1997: 394 Paare). Der Tierpark ist täglich geöffnet.
Wer mag, kann sich anschließend an den Zoobesuch noch im **Haffmuseum** im Schloß Ueckermünde umsehen. Es ist zwar kein Haus mit naturkundlichem Schwerpunkt, aber man kann dort seine Kenntnisse über Landschaft und Leben am Stettiner Haff erweitern.

202 Ahlbecker Seegrund

Um zum fast 1 200 ha großen **Naturschutzgebiet Ahlbecker Seegrund** zu gelangen, fährt man von Ueckermünde aus in südöstliche Richtung über Eggesin nach Ahlbeck (= ca. 15 km). Auf der Straße Ahlbeck – Hintersee – Gegensee – Ahlbeck kann man das Seebecken umrunden, und zwar ungefähr entlang der ehemaligen Uferlinie. Die Trockenlegung des etwa 6,5 x 2,5 km messenden Sees begann bereits im 18. Jahrhundert. Heute ist das Gebiet mit ausgedehnten Schilfröhrichten, Gebüschen und Waldinseln (Birken, Schwarz-Erle, Weiden) bestanden. In dieser »Wildnis« brüten u. a. Große Rohrdommel, Rohrweihe, Wiesenweihe, Kranich, Beutelmeise und Karmingimpel. Einen guten Überblick über das Gebiet bekommt man vom **Beobachtungsturm** bei Gegensee aus.

203 Galenbecker See und Friedländer Große Wiese

Galenbeck liegt südwestlich von Ueckermünde, auf etwa halber Strecke zwischen Torgelow/Pasewalk im Osten und Friedland im Westen.
Der nach dem Ort benannte See steht wegen seiner einzigartigen Flora und Fauna seit 1939 un-

ter Schutz; das heutige, erweiterte Naturschutzgebiet umfaßt 1 885 ha. Aber damit nicht genug: Der nährstoffreiche Flachsee ist ein ▶ Feuchtgebiet von internationaler Bedeutung im Rahmen der Ramsar-Konvention. Grund dafür sind die reichhaltige Strukturierung der Vegetation mit Röhrichten, Flachmooren und Bruchwäldern sowie das Vorkommen verschiedener gefährdeter Pflanzen- und Tierarten. Bisher wurden rund 300 verschiedene Arten von Blütenpflanzen erfaßt, darunter seltene Arten wie Mehl-Schlüsselblume, Pracht-Nelke, Fleischfarbenes Knabenkraut, Breitblättriges Knabenkraut, Sumpf-Knabenkraut und Glanzkraut. Für das Gebiet wurden bisher rund 100 Brutvögel verzeichnet, darunter Haubentaucher, Große Rohrdommel, Höckerschwan, Graugans, Stockente, Reiherente, Tafelente, Rohrweihe, Wasserralle, Bläßhuhn, Kranich, Blaukehlchen, verschiedene Rohrsänger, Bartmeise und Beutelmeise. Darüber hinaus spielen der Galenbecker See und seine Umgebung als Rastgebiet für Wasservögel eine wichtige Rolle, vor allem für Graugans, Saatgans, Bläßgans, Stockente, Schnatterente, Bläßhuhn und Lachmöwe, aber auch viele andere, teilweise seltene Arten.

Der See ist nur recht weiträumig zu umfahren. Der Naturfreund fährt am besten direkt nach Galenbeck und geht von der Kirche aus zum See hinunter. Der Weg ist als **Lehrpfad** angelegt und endet bei einem **Beobachtungsstand**, von dem aus man den See gut übersehen kann.
Nördlich an den See schließt sich ein rund 12 000 ha großes, heute weitgehend entwässertes und landwirtschaftlich genutztes Flachmoorgebiet an, die **Friedländer Große Wiese.** Von Heinrichswalde im Südosten oder Fleethof im Westen läßt sich das Gebiet gut erkunden, am besten per Fahrrad über die Wirtschaftswege. Wenn im Frühsommer das Gras gemäht wird, kann man Weißstörche und verschiedene Greifvögel beobachten, zur Zugzeit dann größere Scharen von Saat- und Bläßgänsen.

Zwischen Anklam und Ueckermünde liegt das Anklamer Stadtbruch, ein interessantes Feuchtgebiet.

Auf Exkursion an der Nord- und Ostsee

Unterwegs an der Küste

Wer die Pflanzen- und Tierwelt an der Nord- und Ostsee kennenlernen will, wird sich zunächst die Frage nach dem Wohin stellen. Die Küstenlandschaft hat ja einen ganz unterschiedlichen Charakter, je nachdem, ob man sich an der Nordseeküste, auf einer der Nordseeinseln, in der Holsteinischen Schweiz, an der Ostseeküste, auf Hiddensee, Rügen oder Usedom aufhält. Das Spektrum der Lebensräume reicht vom Wattenmeer über Strände und Dünen bis hin zu Wäldern, Seen und Mooren. Wer seine Interessen kennt, kann die Frage nach dem Wohin anhand dieses Naturführers wohl rasch beantworten, ebenso die Frage nach dem Wann (s. Beobachtungskalender S. 170/171).
Anhand einer Generalkarte im Maßstab 1:200 000 kann man sich großräumig gut orientieren. Dieser Führer gibt zudem ausführliche Informationen darüber, wie und wo man sich am besten in einem Gebiet bewegt, so daß man gut planen kann. Eine vorgeschlagene Wanderung mit dem Fahrrad oder zu Fuß läßt sich anhand einer Karte im Maßstab 1:50 000 nachvollziehen. Wanderkarten bekommt man vor Ort; wer sie mitbringt, ist auf der sicheren Seite.
Bei seinen Erkundungen vor Ort ist man aber nicht auf sich allein gestellt. Das Informationsmaterial, das man bei den Kurverwaltungen, vor allem aber in den vielen Naturschutz- und Nationalparkzentren bekommt, macht es leicht, sich zurechtzufinden und weiter zu planen. Vor Ort werden auch Diavorträge und Filmabende veranstaltet, die die eigenen Exkursionen bereichern können. In vielen Orten und Schutzgebieten werden zudem geführte Fuß- oder Radwanderungen angeboten, auf denen man unter sachkundiger Leitung ein Gebiet schnell kennenlernen kann. Mit ziemlicher Sicherheit wird man auf einer geführten Wanderung auch mehr sehen, als wenn man alleine loszieht. Einige Schutzgebiete können sogar nur im Rahmen von Führungen besucht werden. An der Nordsee werden weiter Fahrten zu den Robbenbänken angeboten, die stets großes Interesse finden. Die Boddengewässer von Zingst kann man ebenfalls per Boot oder Schiff erkunden und sie so anders kennenlernen, als es nur von der Landseite her möglich wäre. Man sollte sich also vielleicht zunächst ortskundigen Führern anvertrauen, um anschließend auf sich gestellt seine Beobachtungen zu vertiefen.

Erlebnis Wattwanderung

In Zeitungsmeldungen, die 1950 kurz nach Pfingsten im norddeutschen Raum erschienen, hieß es, daß Jens Wand am 26. Mai zwischen Hallig Hooge und Norderoog tödlich verunglückt wäre. Auf dem Friedhof von Hooge fand Wand seine letzte Ruhestätte. Jens Sörensen Wand war nun nicht etwa ein unerfahrener Tourist, er war vielmehr der selbsternannte, ungekrönte »Vogelkönig« von Norderoog. Von 1909 an, dem Jahr des Kaufes der Hallig durch den Verein Jordsand, hatte er die Vögel dort betreut. Er kannte das Watt wie kaum ein anderer und ist doch darin umgekommen. Dies mag eine Warnung sein, den »blanken Hans« nicht zu unterschätzen. Man sollte sich wirklich auskennen, bevor man sich in Gebiete des Wattenmeeres weit vor der Küste wagt. Dazu gehört auch, daß man einige Begriffe kennt und weiß, was sie bedeuten: Hochwasser, Niedrigwasser, Tidenhub, Springtide, Nipptide, Priel, Pricke – und was dergleichen Begriffe mehr sind (s. Stichwort-Zusammenstellung S. 224/225).
Dennoch gehören Wattwanderungen dazu, will man die Landschaft an der Nordseeküste richtig kennenlernen. Ist man unsicher, kann man sich ja zunächst einer Wanderung unter sachkundiger Führung anschließen. Man sieht dann auch mehr Tiere (und Pflanzen), als wenn man allein loszieht. Zum Wattwandern gehört die richtige Ausrüstung, sprich: alte Turnschuhe oder Gummistiefel und Sonnenschutz bzw. wind- und regendichte Klei-

Hinweise für Wattwanderer

- Die Einheimischen fragen, wie man sich im Wattenmeer zu verhalten hat, und deren Warnungen ernst nehmen.
- Strecken und Wanderzeiten gut planen; dabei vor allem die Lage der Priele berücksichtigen. Priele können je nach Wasserstand ein unüberwindliches Hindernis sein. Durchquert man einen Priel bei ablaufendem Wasser und verliert den Halt, kann man in die See hinausgerissen werden. Bei auflaufendem Wasser kann einem ein Priel den Rückweg abschneiden.
- Tidenkalender besorgen und nachsehen, wann an dem für die Wanderung geplanten Tag Hoch- bzw. Niedrigwasser eintreten werden. Sich unbedingt den Zeitpunkt des Niedrigwassers merken.
- Bei jemandem ab- und wieder zurückmelden. Nicht alleine ins Watt gehen.
- Niemals bei auflaufendem Wasser zu einer Wattwanderung starten. Günstigster Beginn: ca. 2 h vor Niedrigwasser.
- Auf das Wetter achten. Nur bei gutem Wetter und guten Sichtverhältnissen aufbrechen und nie in der Abenddämmerung oder gar nachts. Gefährlich kann es werden, wenn im Watt plötzlich Nebel oder ein Gewitter aufkommen.
- Sich immer wieder orientieren, wo man ist. Für den Fall, daß plötzlich unerwartet Nebel aufkommt, wissen, welche Richtung man einzuschlagen hat und einen Kompaß bereit haben.
- Bei auflaufendem Wasser sollte man bereits wieder sicheren Boden unter den Füßen haben.

dung. An vielen Stellen ist es auch angenehm, barfuß zu gehen; andererseits kann man sich die Fußsohlen an scharfkantigen Muschelschalen im Sand oder Schlick aufritzen. Eine Öljacke ist ein guter Wind- und Regenschutz, man kommt darin aber auch leicht ins Schwitzen.
Passend ausgerüstet, kann man nun seine Entdeckungen im Watt machen. Vieles erschließt sich erst bei genauem Hinsehen, aber vor allem Kindern kann es viel Spaß machen, auf die Suche zu gehen und die Wattbewohner und deren Spuren zu finden.
Ein Loch, mit einem kleinen Spaten gegraben, würde zunächst einmal deutlich machen, daß der Wattboden in sich geschichtet ist. Oben liegt eine hellere Schicht, in der genügend Sauerstoff vorhanden ist; wenn man diese Schicht sorgfältig untersucht, stößt man von oben nach unten auf eine bräunliche Schicht aus Kieselalgen, eine grünliche Schicht aus Cyanobakterien oder Blaualgen und eine rötliche Schicht aus Schwefelpurpurbakterien. Darunter liegt der schwarze Unterboden, der weitgehend sauerstofffrei ist.
Der feuchte Boden ist ein idealer Untergrund, um nach Spuren von Tieren zu suchen. Bei sehr kleinen Rinnen, die stellenweise auch ein unregelmäßiges Netz bilden, entdeckt man oft an einem Ende eine Wattschnecke, die langsam über den Boden kriecht und dabei den Algenbelag abweidet. Sieht man die Wattschnecke bei Niedrig-

wasser noch eine Zeitlang überall, so muß man sie später mit dem Spaten an die Oberfläche befördern. Im Boden leben auch verschiedene Arten von Muscheln, etwa die Eßbare Herzmuschel und die Sandklaffmuschel. Diese Muscheln kommen ebenfalls erst zum Vorschein, wenn man nach ihnen gräbt.
Stößt man während seiner Wanderung auf eine Miesmuschelbank, so sollte man sich (vom Rand her!) einmal genau ansehen, wie die Muscheln mit ihren sogenannten Byssusfäden am Untergrund anheftet sind. Kommt in der Miesmuschelbank der Blasentang vor, so kann man sehen, wie der Tang mit seinem sogenannten Rhizoid auf den Muschelschalen angeheftet ist.
Auf jeder Wattwanderung fallen die Häufchen aus »Sandspaghettis« auf. Hier ist die Diagnose eindeutig; Urheber ist der Köderwurm, Pierwurm, Sandpier oder Wattwurm. Die Kothäufchen und nicht weit davon entfernt je ein kleiner Trichter mit einem Loch in der Mitte sind unterirdisch durch eine u-förmige Röhre verbunden, in der der Wurm lebt. Wer sich also einen Köderwurm ansehen will, muß nach ihm graben.
Da das Watt von einer Vielzahl von Vögeln zur Nahrungssuche genutzt wird, findet man häufig deren Fußspuren. Aber welcher Vogel hat sie hinterlassen? Sind zwischen den Zehen Schwimmhäute zu sehen, dann kommen Gänse, Enten, Möwen und Seeschwalben in Frage. Sind keine Schwimmhäute zu sehen, sind in erster Linie die vielen Limikolen die Urheber. Weiter eingrenzen kann man den »Täterkreis« über die Größe des Abdrucks.
Auf Schlickflächen sieht man immer wieder einmal runde Vertiefungen von etwa 30 cm Durchmesser, zusammen mit Kreisbögen, die von Querrinnen durchsetzt sind (wie eine enge Zickzacklinie). Dort haben Brandgänse mit ihrem

Auf einer geführten Wattwanderung lernt man den Lebensraum und seine Bewohner am besten kennen.

Lahnungspfähle im Watt sollte man sich aus der Nähe ansehen. An ihnen haften zum Beispiel Seepocken und Strandschnecken.

Seihschnabel nach Nahrung gesucht – das erklärt die Kreisbögen –, und sie haben dabei von einem Bein auf das andere getreten, um Beute vom Boden loszulösen – so sind die Trichter entstanden. Bei der Nahrungssuche hinterlassen auch viele Limikolen Spuren im Wattboden. Nur haben sie Stocherschnäbel, folglich hinterlassen sie auch nur kleine Löcher, die aber zu ganzen Linien aneinandergereiht sein können. Die Frage, wer dort gestochert hat, ist allerdings nur selten eindeutig zu beantworten.

Federn von Vögeln wird man auch hin und wieder finden. Die Frage ist dann natürlich, welcher Vogel sie verloren hat. Um sie zu beanworten, spielen weniger die Form eine Rolle, als vielmehr die Größe und die Farbe.

Eine genaue Untersuchung sind Lahnungen, Wellenbrecher, Kaimauern, Molen, Pfähle etc. wert. Auf solchen Hartböden leben vor allem sessile Pflanzen und Tiere. Ein erstes Beispiel sind die Meeresalgen (Darmtang, Meersalat, Blasentang), die mit ihren wurzelähnlichen Rhizoiden am Untergrund haften. Mollusken wie die Gemeine Strandschnecke und die Miesmuschel wird man ebenfalls regelmäßig auf Hartböden angeheftet finden. Weitere Hartbodenbewohner sind die Seepocken, hochspezialisierte Krebstiere. Die Pfähle von Lahnungen oder Buhnen sind oft dicht mit den kleinen Kegeln aus Kalkplatten bewachsen.

Wanderungen am Strand

Ein Aufenthalt an der Nord- oder Ostsee wird immer Wanderungen am Strand entlang beinhalten. Man kann sich vom Wind ordentlich durchpusten lassen, die Wellen spülen unterschiedliche Tiere und Pflanzen an, und immer wieder läßt sich Neues entdecken, sowohl räumlich als auch zeitlich gesehen. Kinder können hier ihrer Entdeckerfreude freien Lauf lassen.

Eine Suche nach Spülsaumfunden ist an der zum Atlantik hin offenen Nordsee insgesamt ergiebiger als an der Ostsee, die zudem wesentlich geringere Tidenhübe als die Nordsee aufweist. An der Nordseeküste wiederum sind Wanderungen entlang der Strände an der Seeseite der Inseln, die der Küste am weitesten vorgelagert sind, ergiebiger als Wanderungen entlang der wattseitigen Strände.

Von den Jahreszeiten sind Frühjahr und Herbst besonders zu empfehlen; dies sind die Zeiten mit den stärksten Winden. Günstig sind die Bedingungen, wenn kräftige auflandige Winde und hohe Wasserstände herrschen. Besonders reichhaltiges Anschauungsmaterial wird bei Springflut und/oder schweren Stürmen angeschwemmt.

Aber Vorsicht an Steilküsten! Bei starken auflandigen Winden können die Wellen – je nach Situation – bis an den Fuß des Kliffs heranreichen, und dann hat man oft kaum Chancen, zu entkommen. Wer also eine Strandwanderung entlang einer Steilküste plant, sollte sorgfältig auf Wetter und Wasserstand achten!

Am Strand lassen sich unterschiedliche Funde machen, die einen gewissen Einblick in die Tier- und Pflanzenwelt unter Wasser geben, die man sonst nur in Meeresaquarien oder gar nicht zu Gesicht bekommt. Und wie während einer Wattwanderung, können vor allem Kinder am Strand »entdeckend lernen«.

Schwämme beispielsweise wird man kaum einmal am Strand finden. Was man jedoch immer wieder finden kann, sind Schneckengehäuse und Muschelschalen (beispielsweise Schalen der

Verhaltensregeln für Naturfreunde

Wer der Naturbeobachtung nachgeht, sollte einige allgemeine Verhaltensregeln beachten, die in Naturschutzgebieten und Nationalparks (mit den verschiedenen Zonen, z. B. Ruhezone, Zwischenzone, Erholungszone) auch schlicht Gebote bzw. Verbote sein können. Da die Natur im dicht besiedelten Mitteleuropa ohnehin einen schweren Stand hat, sollte jeder Naturfreund folgende Punkte bedenken/ beachten:

• Umweltfreundlich verhalten: öfter mal das Auto stehenlassen und die Gegend mit öffentlichen Verkehrsmitteln, mit dem Fahrrad oder zu Fuß erkunden.

• Draußen nicht ziellos umherstreifen, sondern sich an die Wege halten. Manche Gebiete dürfen ohnehin nur auf gekennzeichneten Wegen betreten werden. Nicht jeder Wanderweg darf auch mit dem Fahrrad befahren werden.

• Hinweisschilder und Infotafeln haben Ihren Sinn und Zweck. Oft ist kaum schneller an Informationen zu kommen, als wenn man sich das dort Geschriebene durchliest.

• In Schutzgebieten gilt: Keine Pflanzen pflücken! Aber auch in anderen Gebieten sollte man Pflanzen eher zeichnen, malen, fotografieren oder filmen, als sie abzureißen und in die Vase zu stellen.

• Immer wieder vor sich auf den Boden schauen. Die Vegetation entlang der Küsten ist empfindlich. Die meisten Seevögel, Wasservögel und Wiesenvögel sind Bodenbrüter, und allzu leicht kann ein Gelege zertreten werden.

• Auf seine Umgebung achten! Wenn man von Möwen oder Seeschwalben »angegriffen« wird, so bedeutet das, daß die Vögel in der Nähe ihr Nest oder ihre Jungen haben. In einer solchen Situation sollte man sich zügig zurückziehen (dabei aber vor sich auf den Boden und nicht nach oben schauen, um gegebenenfalls das Nest oder die Jungen rechtzeitig zu sehen).

• Wer mit dem Boot auf der Nordsee unterwegs ist, sollte mindestens 500 m Abstand von Seehundsbänken halten. In den Nationalparks gelten zudem besondere Befahrensregelungen. Regelungen bestehen auch für Boddengewässer und Seen. Verantwortungsvolle Bootfahrer achten dort auf den Schutz der Ufervegetation und stören die Wasservögel nicht.

• Frei herumlaufende Hunde können Vogelnester und Jungvögel gefährden. In manchen Gebieten ist das Mitführen von Hunden grundsätzlich verboten.

• Drachensteigen macht Kindern Spaß, aber Vögel empfinden Drachen als Räuber und damit als Störung. Von sensiblen Bereichen genügend Abstand halten.

• Campen sollte man nur auf den dafür vorgesehenen Plätzen.

• Man geht nicht in die Natur, um Radio zu hören, sondern um den Wellen, dem Rauschen der Blätter an den Bäumen und den Vogelstimmen zu lauschen.

• Nur Eindrücke oder Bilder mitnehmen und nichts als Fußspuren hinterlassen.

Europäischen Auster) mit millimetergroßen, runden Löchern darin. Dies sind Spuren, die Bohrschwämme hinterlassen haben.
Die gallertigen Quallen enthalten von allen Tieren am meisten Wasser, nämlich 98 Prozent, und viele lähmen ihre Beutetiere mit Nesselgift in den Fangarmen. Dieses Gift kann auch für den Menschen sehr schmerzhaft oder gar gefährlich sein. Von angeschwemmten Quallen sollte man also die Finger lassen; frisch angeschwemmte Tiere können noch nesseln (aber durchaus nicht alle Arten). Am Strand kann man das ganze Jahr über auch gallertige Kugeln oder »Eier« von einigen Zentimetern Durchmesser angeschwemmt finden: die Kugelrippenqualle oder Seestachelbeere. Rippenquallen verfügen nicht über Nesselzellen und sind mit den Quallen auch nur weitläufig verwandt.
Überwiegend Meeresbewohner sind die koloniebildenden Moostiere. Die Kolonien des Blätter-Moostierchens und der Zottigen Meerrinde findet man bisweilen angeschwemmt. Die Kolonien der Flachen Seerinde findet man als weißlich-graue Überzüge auf großen Braunalgen, aber auch auf Schnecken- und Muschelschalen.

Die Schalen von Schnecken und Muscheln interessieren Strandwanderer besonders, vor allem wenn sie eine schöne Form und Färbung haben. Schneckengehäuse und Muschelschalen eignen sich auch gut, das Bestimmen zu üben. Man kann sie mitnehmen und in aller Ruhe mit Abbildungen in Bestimmungsbüchern vergleichen.
Auf das Vorkommen einiger Muschelarten wird man erst durch die von ihnen hinterlassenen Spuren aufmerksam. Gelegentlich findet man Steine am Strand, die große, runde Löcher aufweisen; hier war eine bohrende Muschelart am Werk. Findet man Holzstücke mit dicht an dicht liegenden langen Gängen, sind die Urheber der Pfahlwurm oder der Schiffsbohrwurm – beides ebenfalls Muscheln, auch wenn es die Namen nicht vermuten lassen.
Tintenfische sind mit den Schnecken und Muscheln verwandt. Man findet die Tiere selbst selten angeschwemmt, wohl aber deren im Inneren des Körpers liegende Kalkschalen (Schulpe). An

Auf Strandwanderungen lassen sich immer wieder neue Funde am Spülsaum machen.

die Strände der Nordsee spült es manchmal auch die schwarzen Laich»beeren«, die Eier, die in schwarzen Kapseln an Pflanzen abgelegt werden. Ringelwürmer findet man nicht allzu oft am Strand angeschwemmt. Hin und wieder entdeckt man aber Steine, die sehr kleine, längliche Löcher aufweisen. Diese Löcher stammen vom Gewöhnlichen Polydora-Wurm. Ansonsten findet man bisweilen große Braunalgen mit den Röhren des Posthörnchenwurmes darauf oder Schnecken- und Muschelschalen mit den angebackenen Röhren des Dreikantwurmes.

Krebse sind am Strand ebenfalls zu finden, wenn auch meist nur die Arten, die einen kräftigen Panzer haben. Wer genau hinsieht, wird neben vollständigen Stücken auch Teile finden, etwa die Scheren von größeren Arten. Vorsicht ist geboten, wenn man einen lebenden Taschenkrebs am Strand findet. Seine Scheren sind so kräftig, daß er ohne Schwierigkeiten einen Finger durchknipsen kann.

Tiere, die man kaum als Krebstiere erkennt, sind die Seepocken. Die Tiere sitzen in kleinen Kratern aus Kalkplatten. Die Krater wiederum sitzen nur auf hartem Untergrund, und am Strand findet man immer wieder einmal Muschelschalen mit so einem Krater darauf. Ähnlich skurrile Krebstiere sind die Entenmuscheln, die sich ebenfalls auf hartem Untergrund festsetzen und bisweilen zusammen mit ihrer Unterlage – Treibgut wie Holz oder Flaschen – angeschwemmt werden.

Am Strand der Nord- und Ostsee lassen sich auch Pflanzenfunde machen. Im wesentlichen wird man große Algen angeschwemmt finden. Weiter findet man Seegras oft in Bündeln und über längere Strecken hin angeschwemmt. Wo immer Pflanzenmaterial in größeren Mengen angeschwemmt ist, sollte man es einmal umdrehen. Darunter halten sich oft Sandhüpfer und Strandfloh verborgen, kleine Flohkrebse.

Seesterne findet man nur selten im Spülsaum, eher dagegen die Schalen von Seeigeln und Herzigeln. Auf ihrer Unterseite haben Seeigel einen Kauapparat mit 5 harten Zähnen, und diese »Laterne des Aristoteles« findet man bisweilen einzeln im Spülsaum.

Auch Fische werden eher selten an den Strand geworfen. Im Angespül vertreten sind die Fische aber etwa in Form der Eikapseln des Kleingefleckten Katzenhaies und des Nagelrochens. Das sind einige Zentimeter lange, braune bis schwarze Kissen mit mehr oder weniger langen Fortsätzen an den 4 Ecken.

Wie viele und welche Arten von Schnecken und Muscheln sind hier angeschwemmt?

Schließlich findet man auf Strandwanderungen mit etwas Glück auch Fossilien, Reste oder Spuren von Lebewesen, die im Gestein erhalten geblieben sind. Fossilien, die man an den deutschen Küsten relativ häufig finden kann, sind die Donnerkeile, die aussehen wie längliche, runde, vorne zugespitzte »Steine«. Dabei handelt es sich um die Fortsätze der Schulpe heute ausgestorbener Tintenfische (Belemniten). Weitere Gruppen von Tieren mit harten Skeletten oder Schalen sind Korallen, Schnecken, Muscheln und Seeigel, und folglich findet man auch Fossilien dieser Tiere am Strand.

In diesem Zusammenhang ist der Bernstein zu nennen, fossiles Harz von Bäumen. Man findet ihn vor allem im Bereich der Ostseeküste (daher »Gold der Ostsee«), weniger der Nordseeküste. Besonders nach starken Stürmen lohnt es sich, am Strand nach Bernstein Ausschau zu halten. Die Stücke sind unterschiedlich groß – oder besser: klein – und zwischen den »richtigen« Steinen oft nur schwer zu entdecken.

Beobachtungskalender

In der Natur kann man das ganze Jahr über interessante Beobachtungen machen. Der Vorfrühling mit seinen Frühblühern und den ersten Vogelstimmen hat seinen Reiz, aber auch die Brutzeit der Vögel mit den vielfältigen Fortpflanzungsaktivitäten. Im Frühsommer ist die Pflanzenwelt üppig entfaltet. Zur Zugzeit (Herbst und Frühling) und im Winter lassen sich Vögel beobachten, die in Mitteleuropa nicht brüten, und vor allem treten manche Arten dann oft in eindrucksvollen Zahlen auf.

Januar / Februar

* Die überwinternden Vögel und die Gäste aus dem Norden bestimmen das Bild.
* Auf Wasservögel wie Sterntaucher und Prachttaucher, Trauerente, Samtente, Schellente und Eisente achten.
* Limikolen wie Sanderling, Meerstrandläufer, Pfuhlschnepfe und Steinwälzer sind jetzt gut zu beobachten.
* Nach nordischen Kleinvögeln wie Ohrenlerche, Berghänfling und Schneeammer Ausschau halten.
* Balz und Paarung bei den Enten. Es sind interessante Verhaltensbeobachtungen zu machen.
* Im späten Februar beginnen bereits Kiebitz und Sandregenpfeifer zu balzen.
* Die Gemeine Hasel und der Gemeine Seidelbast fangen oft schon in der zweiten Februarhälfte an zu blühen.

März / April

* Blütezeit von typischen Frühblühern wie

Sumpf-Dotterblume,	Gelbes Windröschen,
Busch-Windröschen,	Dreilappiges Leberblümchen,
Scharbockskraut,	
Hohler Lerchensporn,	Huflattich,
Gemeine Pestwurz,	Gemeiner Gelbstern.

* Erste Sträucher und Bäume stehen in Blüte:

Hänge-Birke,	Schwarz-Erle,
Schlehdorn,	Silber-Pappel.

* Fortpflanzungszeit verschiedener einheimischer Lurche (Amphibien): Bergmolch, Erdkröte, Grasfrosch und Moorfrosch. An den Laichgewässern können interessante Beobachtungen gemacht werden.
* Rückkehr der Vogelarten, die im südlichen Europa und in Afrika überwintert haben.
* Kraniche rasten auf ihrem Zug nach Norden für einige Zeit an der mecklenburgischen Küste.
* Ab April (bis in den Mai hinein) starker Durchzug von Limikolen (z. B. Goldregenpfeifer, Knutt, Alpenstrandläufer) an der Küste.
* Auf die Vogelstimmen, vor allem der Singvögel achten (kennenlernen, Tonaufnahmen machen).
* Beginn der Brutzeit vieler einheimischer Vogelarten, im April auch schon erste Jungvögel (Graureiher).

Mai / Juni

* Sehr zu empfehlende Reisezeit.
* Die Rapsfelder stehen in voller Blüte; die norddeutsche Landschaft bekommt durch die großen gelben Flächen einen besonderen Reiz (deshalb auch geeignete Zeit für Rundflüge).
* An den Straßen- und Wegrändern blüht rot der Klatsch-Mohn.
* Am Strand, in den Dünen und in den Salzwiesen blühen Pflanzen wie

Scharfer Mauerpfeffer,	Dünen-Rose,
Kartoffel-Rose,	Strand-Platterbse,
Stranddistel,	Löffelkraut,
Weißer Meerkohl,	Kriech-Weide,
Strand-Milchkraut,	Strand-Salzmiere,
Gemeine Grasnelke,	Salz-Aster,
Strand-Dreizack,	Roter Schwingel,
Strandroggen,	Gemeiner Strandhafer.

* In Sumpf- und Moorgebieten blühen

Europäische Trollblume,	Heide-Gagelstrauch,
Blut-Weiderich,	Sumpf-Porst,
Rosmarinheide,	Blaubeere,
Rauschbeere,	Fieberklee,
Gewöhnliche Moosbeere,	Drachenwurz.

* An Binnengewässern blühen

Weiße Seerose,	Gelbe Teichrose,
Sumpf-Wasserfeder,	Gemeiner Froschlöffel,

Echtes Pfeilkraut, Sumpf-Schwertlilie, Igelkolben, Schwanenblume, Rohrkolben, Krebsschere.

* Es blühen jetzt Gehölze wie Wald-Kiefer, Rotbuche, Stiel-Eiche, Roßkastanie, Weißdorn, Moor-Birke, Gewöhnlicher Besenginster, Gewöhnliche Stechpalme.

* In den Wäldern blühen Europäischer Siebenstern, Schattenblume, Frauenschuh, Große Sternmiere, Waldmeister, Maiglöckchen, Gefleckter Aronstab.

* Fortpflanzungszeit von Lurchen (Amphibien) wie Rotbauchunke, Laubfrosch und Wasserfrosch.

* Ankunft der letzten einheimischen Sommervögel aus den südlicher gelegenen Winterquartieren.

* Beste Zeit, die Stimmen der Vögel kennenzulernen; gegen Ende Juni nimmt die Gesangsaktivität deutlich ab.

* Brutzeit bei den einheimischen Vogelarten; Jungvögel.

* Wurfzeit der Seehunde. Gute Zeit für Fahrten zu den Seehundsbänken.

Juli / August

* Am Strand, in den Dünen und in den Salzwiesen blühen jetzt Pflanzen wie Europäischer Meersenf, Strand-Melde, Widerstoß (Strandflieder), Strand-Wegerich, Strand-Kamille, Portulak-Salzmelde, Kali-Salzkraut, Strand-Tausendgüldenkraut, Strand-Beifuß, Hohes Schlickgras.

* Im August Höhepunkt der Heideblüte – die beste Zeit für Exkursionen in Heidegebieten.

* Im Moor blühen Sonnentau, Glockenheide und Lungen-Enzian.

* Die Brutzeit der Vögel geht zu Ende. Gesänge sind kaum noch zu hören.

* Einsetzende Mauser bei verschiedenen Vogelarten.

* Im Juli bereits Einsetzen des Durchzuges von Limikolen aus den Brutgebieten im Norden.

* Im August einsetzender Kleinvogelzug.

September / Oktober

* Blütezeit der Herbst-Zeitlose.

* Viele Bäume und Sträucher tragen jetzt reife Früchte, die oft kräftig gefärbt sind. Aus Bucheckern, Eicheln und Kastanien (und Streichhölzern) kann man mit Kindern alles Mögliche basteln (z. B. Ketten, Tiere).

* Einsetzen der herbstlichen Laubfärbung; später lassen die Laubbäume ihre Blätter fallen. Anlegen eines bunten Blätterherbars.

* Bei stürmischem Wetter sind jetzt besonders viele Strandfunde zu machen; gute Zeit für ertragreiche Strandwanderungen.

* Eintreffen der Wildgänse aus den Brutgebieten im Norden.

* Im Oktober beste Zeit für Kranichbeobachtungen an der mecklenburgischen Küste.

* Höhepunkt des Durchzuges von Limikolen aus dem Norden, im Oktober ausklingend.

* Letzte einheimische Sommervögel ziehen ab.

* In der zweiten Septemberhälfte setzt die Brunft des Rotwildes ein, in der zweiten Oktoberhälfte die des Damwildes. Die richtige Zeit für den Besuch eines Wildparks.

November / Dezember

* Die Sträucher und Bäume sind ohne Laub; ihre Form ist jetzt gut zu erkennen. Auch Vogelnester sind jetzt leicht zu entdecken.

* Kleinvogel- und Limikolenzug sind abgeklungen; die überwinternden Vögel und die Wintergäste beherrschen das Bild.

* Wanderbewegungen der Vögel entsprechend den Lebensbedingungen, z. B. Ausweichen, wenn Meeresgebiete oder Gewässer zufrieren (oft Massierungen von Wasservögeln an noch eisfreien Stellen).

* Bei Schnee auf die Fußspuren von Vögeln und Säugetieren achten. Auch nach Fraßspuren Ausschau halten.

Naturbeobachtung

Die Beschäftigung mit der Natur ist für viele Menschen ein mit Liebe und Engagement gepflegtes Hobby. Sie haben Freude daran, hier eine Pflanze näher zu untersuchen oder dort einen Vogel mit dem Fernglas zu beobachten. Neben der Liebe zur Natur sollte ein Naturbeobachter ein gewisses Maß an Zurückhaltung und Geduld und nicht zuletzt ein wenig »Geländegängigkeit« mitbringen.
Wenn man in der Natur unterwegs ist, sollte man sich in angemessener Weise verhalten und entsprechend ausgerüstet sein. Dazu gehört etwa, daß man nicht unbedingt mit einer knallroten Regenjacke durch ein Vogelschutzgebiet spaziert; gedeckte Kleidung ist da schon eher angebracht.
Wer hauptsächlich Vögel und Säugetiere beobachten möchte, braucht ein Fernglas, am besten eines mit 8- oder 10facher Vergrößerung. Sind allerdings große Entfernungen zu überbrücken, kommt man kaum um ein Fernrohr oder Spektiv herum. Ohne ein Fernrohr sind im Wattenmeer, an den holsteinischen Seen oder an den mecklenburgischen Boddengewässern kaum genügend Einzelheiten zu erkennen, um Vögel sicher bestimmen zu können. Ein etwa 40fach vergrößerndes Rohr oder eines mit variabler Vergrößerung (etwa 30 – 60fach) ist eine gute Lösung; eine Zieleinrichtung in Form von Kimme und Korn o. ä. ist sehr hilfreich. Damit aber der Wind einem die Tiere nicht vor den Augen tanzen läßt, muß das Fernrohr auf einem entsprechend fest stehenden Stativ montiert sein.
Zum Betrachten kleiner Details wiederum ist eine Lupe vonnöten, am besten eine kleine Einschlaglupe von etwa 10facher Vergrößerung; es gibt auch Modelle, die 2 verschiedene Vergrößerungen bieten. Diese optischen Hilfsmittel sind so klein, daß man sie bequem in die Tasche stecken kann. Trägt man die Lupe an einem Band um den Hals, hat man seinen »Durchblick« immer griffbereit. Wer sich noch intensiver den kleinen Dingen in der Natur widmen will, zieht eine Stereolupe heran. Diese Geräte haben etwa 20 – 50fache Vergrößerung. Um die kleinen Objekte zu betrachten, ist allerdings eine Lichtquelle nötig; bei komfortablen Stereolupen ist eine Lampe in das Stativ eingebaut. Diese Geräte sind also etwas für den »Hausgebrauch«. Draußen in der freien Natur wird man sie nur ausnahmsweise einsetzen. Das gilt auch für das Lichtmikroskop, das noch höhere Vergrößerungen als die Stereolupe ermöglicht. Mit ihm kann man etwa in die Wunderwelt des Planktons eindringen.
Insgesamt sollte man bei der Anschaffung optischer Geräte Qualität, Gewicht und Preis im Zusammenhang betrachten, dann findet man sicher das einem zusagende Modell. Je besser die optische Qualität ist, desto angenehmer für die Augen ist das Beobachten, desto höher ist allerdings auch in den meisten Fällen der Preis.
In die Tasche gehört ein Bestimmungsbuch (s. Literatur S. 231). Grundsätzlich haben Bestimmungsbücher mit Fotos den Vorteil, daß sie die Pflanze oder das Tier so zeigen, wie sie sich im

An der Küste braucht der ernsthafte Naturbeobachter nicht nur ein Fernglas, sondern oft auch ein Spektiv.

Ausrüstung für Naturbeobachter

- Fernglas (8 – 10fache Vergrößerung)
- Fernrohr (30 – 60fache Vergrößerung) mit Regenhülle und Stativ
- Lupe (5 – 10fache Vergrößerung)
- Bestimmungsbuch
- Notizbuch mit Bleistift/Kugelschreiber und/oder Diktiergerät (ggf. mit Ersatzkassetten)
- je nach Gebiet: Wanderkarte und Kompaß
- Dosen/Schachteln für Funde (z. B. Schneckengehäuse, Muschelschalen, Federn)
- Beutel für Pflanzen, die man mitnehmen möchte (am besten Plastikbeutel, damit die Feuchtigkeit erhalten bleibt und die Pflanzen nicht vorzeitig welken)
- Lineal zum Ausmessen (z. B. der Länge und Breite von Blättern, Schneckenhäusern oder Muschelschalen), in manchen Bestimmungsbüchern abgedruckt
- Pinzette
- Hut/Mütze, Sonnenbrille (vor allem bei Watt- und Strandwanderungen)
- ggf. Gummistiefel (im Wattenmeer, in Sumpf- und Moorgebieten)
- Mückenschutzmittel

Moment der Aufnahme darstellten. Für Bücher mit farbigen Zeichnungen spricht, daß dort das Typische oder Beachtenswerte besonders herausgestellt werden kann. Wenn ähnliche Tiere oder Pflanzen in gleicher Weise gezeichnet sind, ist es auch leicht möglich, die einzelnen Arten zu unterscheiden.

Hilfreich ist immer, ein Notizbuch mit Bleistift oder Kugelschreiber dabeizuhaben. Man kann sich rasch ein paar Besonderheiten notieren, vielleicht auch eine kleine Zeichnung von beobachteten Details des Gefieders eines Vogels oder einer Pflanze machen, festhalten, wie der Vogel singt oder wie eine Tierspur im feuchten Boden aussieht. Wer Technik mag, kann ein Diktiergerät benutzen. Diese kleinen Geräte sind sehr hilfreich; das Übertragen des Gesprochenen auf Papier kann aber bisweilen mühsam sein.

Fotografieren und Filmen

Bevor man mit der Kamera loszieht, um im Wattenmeer oder am Strand Aufnahmen zu machen, sollte man sich überlegen, daß Sand und Salzwasser Gift für jede Kamera und jedes Zubehör sind. Es ist also nicht unbedingt ratsam, seine Tasche im Schlick oder Sand abzustellen, um die Kamera oder ein Zubehörteil zu entnehmen. Grundsätzlich ist sinnvoll, seine Ausrüstung in eine Umhängetasche zu verpacken, so daß man an alles herankommt, ohne die Tasche abstellen zu müssen. Wichtig ist, bei jedem Film- oder Kassettenwechsel nachzusehen, ob das Kamerainnere sauber ist. Ein einziges Sandkorn in der Kamera kann dazu führen, daß sich »Leitungsdrähte« durch die Aufnahmen ziehen. Mit Salzwasser sollten weder die Mechanik noch die Optik und schon gar nicht die Elektronik einer Kamera in Kontakt kommen. Fällt einem ein Gerät im Watt oder am Strand ins Wasser, so bedeutet das meist Totalverlust. Da nahe der Brandung, vor allem bei Wind, immer Feuchtigkeit in der Luft ist, sollte man seine Geräte in einer Kameratasche oder wenigstens in einem Beutel schützen und nur zu den Aufnahmen herausnehmen. Spray schlägt sich auch auf den Frontlinsen der Objektive nieder, und durch einen Sprayfilm hindurch lassen sich nur schlecht Aufnahmen machen.

Wer gute Bilder mitbringen will, arbeitet so oft wie möglich vom Stativ aus, denn dann kann man beim Fotografieren genügend weit abblenden, um eine große Schärfentiefe zu erzielen, und beim Filmen steht das Bild ohne Verwacklungen auf Bildschirm oder Leinwand. Wer aber ein Stativ benutzt, sollte daran denken, daß sich Schlick, Sand und Salzwasser in die Kupplungen zwischen den einzelnen Beinabschnitten setzen können. Am besten zieht man zuerst die unteren Abschnitte der Stativbeine aus. Das geht zwar ein wenig auf Kosten der Stabilität, aber wenn sich die Kupplungen erst festgefressen haben, kann man das Stativ kaum mehr nutzen, zumindest nicht in der passenden Höhe.

▲ **Zwerg-Seegras**
Zur Unterwasserflora der Nord- und Ostsee zählen das Gemeine, das Schmalblättrige und das Zwerg-Seegras. Man findet die Pflanzen auch an den Stränden angeschwemmt. Die 3 Arten unterscheiden sich vor allem in der Breite der Blätter (beim Zwerg-Seegras 1 mm breit und bis 60 cm lang). Seegras ist eine wichtige Nahrungsquelle für Wildgänse.

▲ **Gemeiner Queller**
Der 10 – 40 cm hohe Queller übersteht Überflutung und dringt von allen Landpflanzen am weitesten ins Watt vor. Im Schlickwatt bildet er oft dichte Bestände, die im Herbst eine rötliche Färbung annehmen. Auffällig sind die fleischigen Stengel und das fast völlige Fehlen von Blättern. Die Blüten sind unscheinbar; die Blütezeit liegt zwischen August und Oktober.

◄ **Hohes Schlickgras**
Ähnlich weit wie der Queller dringt das Hohe Schlickgras ins Watt vor. Die 30 – 80 cm hohe, quadratmetergroße Horste bildende Pflanze stammt aus Nordamerika und wurde zur Unterstützung bei der Landgewinnung über England auch an die deutsche Küste gebracht. Blütezeit: Juli – Oktober.

◂ Salz-Aster
Die Salz-Aster, auch Strand-Aster oder Meer-Aster genannt, wird 20 – 60 cm hoch. Zur Blütezeit (Juni – Oktober) fällt die Pflanze mit ihren zu Trugdolden vereinigten Blütenköpfchen sofort auf, zumal sie häufig Horste bildet. Die Zungenblüten sind hellblau oder lila gefärbt, die Röhrenblüten gelb.

▸ Andel
Der Überflutung ertragende Andel oder Strand-Salzschwaden ist ein typisches Süßgras der Salzwiesen. Die Pflanze wird – je nach Standort – bis 50 cm hoch und blüht von Juni bis Oktober. Sie stellt eine wichtige Nahrungsquelle für die an der Nordseeküste rastenden oder überwinternden Wildgänse dar.

◂ Salz-Binse
Diese 30 – 50 cm hohe Binse mit den fast runden, starr aufrechten, beblätterten Stengeln liebt feuchte, salzhaltige Wiesen. Der Blütenstand ist locker verzweigt. Die Pflanze blüht im Juni/Juli.

▲ **Strand-Wegerich**
Dieser 8 – 30 cm hohe Wegerich wächst auf unterschiedlichen, salzhaltigen Standorten. Über bodenständige Rosetten aus mehr als 10 länglichen Blättern erheben sich die Schäfte mit den walzenförmigen Blütenständen. Auffällig sind die goldgelben Staubblätter. Die Art blüht von Juli bis Oktober.

▲ **Strand-Dreizack**
Der Strand-Dreizack sieht auf den ersten Blick dem Strand-Wegerich ähnlich. Er wird 10 – 60 cm hoch, hat bis 30 cm lange, schmallinealische Blätter und einen langgestielten Blütenstand. Die Blüten stehen in einer dichten Traube zusammengefaßt. Der Dreizack blüht von Mai bis August.

◄ **Widerstoß**
Der Widerstoß – auch Strand- oder Halligflieder, in Nordfriesland Bondestave genannt – wird 20 – 50 cm hoch. Er bildet auf feuchtem, salzhaltigem Boden oft herdenartige Bestände und fällt deshalb zur Blütezeit (Juli – September) sofort auf.

▶ **Gemeine Grasnelke**
Die Gemeine oder Strand-Grasnelke wird bis 15 cm hoch und trägt am Ende der blattlosen Schäfte kugelige rosa Blütenköpfe. Die Pflanze steht von Mai bis Oktober in Blüte. Man trifft sie in Salzwiesen an, aber auch auf sandigen Böden.

▲ **Strand-Melde**
Diese Watt und Sandstrände besiedelnde Melde wird 30 – 80 cm hoch. Die Blätter sind lineal-lanzettlich, die kleinen Blüten stehen in knäueligen Blütenständen zusammengefaßt. Die Art blüht von Juli bis September; sie ist einjährig.

▲ **Strand-Beifuß**
Den 30 – 60 cm hohen, halbstrauchartig wachsenden Strand-Beifuß erkennt man leicht an der graugrünen Färbung. Die 2 – 3fach gefiederten Blätter sind dicht mit feinen weißen bis grauen Haaren besetzt. Blütezeit: Juli – Oktober.

◂ Europäischer Meersenf
Der 15 – 30 cm hohe, zur Familie der Kreuzblütler gehörende Meersenf ist eine typische Pflanze des oberen Spülsaumes. Er ist eine stickstoffliebende und salzverträgliche Art. Blütezeit: Juli – Oktober.

▸ Strand-Kamille
Große Blütenköpfe mit gelben Röhrenblüten und einem Kranz weißer Zungenblüten sind das auffälligste Merkmal der 10 – 60 cm hohen Strand-Kamille. Die Blätter sind fein zerteilt. Die Art wächst auf Strandwiesen und in Dünengebieten und blüht von Juli bis Oktober.

◂ Strand-Salzmiere
In Mulden hinter dem Spülsaum im Bereich der ersten Dünenbildungen ist die 10 – 30 cm hohe Strand-Salzmiere anzutreffen. Die Pflanze ist an salzhaltige Standorte gebunden, d. h. sie ist ein sogenannter Halophyt. Blütezeit: Juni/Juli.

▲ Weißer Meerkohl
Der Meerkohl ist eine typische Pflanze der Strandwälle, vor allem an der Ostseeküste. Mit 30 – 75 cm Höhe, den gelappten Blättern und den großen Blütenständen ist die stattliche Pflanze kaum zu übersehen. Blütezeit: Mai – Juli.

▲ Scharfer Mauerpfeffer
Zwar wird der Mauerpfeffer nur wenige Zentimeter hoch, aber wenn er von Juni bis August sattgelb blüht, fällt er sofort auf. Man findet ihn auf den Strandwällen an der Ostseeküste, aber auch auf den Graudünen an beiden Küsten.

◂ Sand-Segge
Diese Segge ist spezialisiert auf Standorte, wie sie entlang der Küsten auftreten: auf Sandflächen. Die Art wird nur 15 – 30 cm hoch und blüht im Mai/Juni. Insgesamt unscheinbar, übersieht man die Segge recht leicht.

◂ Gemeiner Strandhafer
Der 0,60 – 1 m hohe Strandhafer ist ein für die Dünen typisches Süßgras. Er bildet ausgedehnte Wurzelsysteme und Ausläufer und verträgt nur wenig Salz, hält aber Übersandung gut aus. Wie der ähnliche Strandroggen, wird auch der Gemeine Strandhafer zum Befestigen der Dünen gezielt angepflanzt. Blütezeit: Juni/Juli.

▸ Strand-Tausendgüldenkraut
Diese recht unscheinbare Pflanze hat eine grundständige Blattrosette und einen ästigen, bis 20 cm hohen Stengel, an dem die rötlichen Blüten sitzen. Die Blüten öffnen sich nur bei voller Sonne. Blütezeit: Juli – September.

◂ Sand-Stiefmütterchen
Das Sand-Stiefmütterchen ist eine Form des Gewöhnlichen Stiefmütterchens, die vor allem in Dünengebieten anzutreffen ist. Die Pflanze wird 10 – 20 cm hoch und blüht von Mai bis Oktober.

▲ **Stranddistel**

Die 20 – 60 cm hohe Stranddistel mit ihren ledrigen Blättern hat ein für ein Doldengewächs ungewöhnliches Aussehen (Name!). Man findet die Art in den Weißen Dünen, oft auf der dem Meer zugewandten Seite. Sie ist mit einer tiefreichenden Wurzel gut im losen Untergrund verankert und verträgt auch Verwehung. Blütezeit: Juni – Oktober.

▲ **Strand-Platterbse**

Die ausdauernde Strand-Platterbse wird 15 – 30 cm hoch, hat gefiederte Blätter und einen langgestielten, traubigen Blütenstand aus 4 – 7 Einzelblüten. Die bis 18 mm langen Blüten sind anfangs rötlich, später bläulich gefärbt (Blütezeit: Juni – Juli). Man findet die Pflanze vor allem an sandigen Stränden und in den Dünen.

◄ **Dünen-Rose**

Die Dünen-Rose wird 10 – 40 cm, maximal 1 m hoch. Sie wächst im Dünensand, aber nur, wo dieser durch zerriebene Muschelschalen einen gewissen Kalkgehalt erreicht hat. Meist findet man die Rose an den Hängen der Dünentäler zwischen Weißen und Grauen Dünen. Die Art blüht im Mai/Juni.

◄ Schwarze Krähenbeere
Dieser 30 – 50 cm hohe Zwergstrauch hat dicht beblätterte Zweige. Die immergrünen, glänzenden Blätter werden nur 5 mm lang und 1 mm breit. Die Pflanze blüht im Mai/Juni; die Blüten sind aber unscheinbar. Auffälliger sind die kugeligen, schwarzen Früchte. Die Pflanze wächst in Kiefernmooren, Zwischenmooren und Zwergstrauchheiden.

▲ Gemeine Besenheide
Der Lebensraum der Besenheide sind Heidegebiete, Magerweiden, lichte Kiefern- und Eichenwälder, aber auch Moore. Der Zwergstrauch wird 60 cm hoch. Die Zweige sind dicht mit linealisch-lanzettlichen Blättchen besetzt, die dachziegelartig in 4 Zeilen angeordnet sind. Im Juli/August blüht die Pflanze, und dann sind oft große Flächen rosa überhaucht.

▲ Sumpf-Porst
Der Sumpf-Porst wird bis 1,50 m hoch und wächst auf Hochmoorflächen und in moorigen Wäldern (Kiefernmooren). Die lanzettlich-linealischen Blättern sind am Rand zur Unterseite hin eingerollt. Die weißen Blüten stehen in reichblütigen Dolden zusammengefaßt. Der Sumpfporst blüht von Mai bis Juli. Die Pflanze verströmt einen starken Duft.

▲ Fieberklee
Den 30 cm hohen Fieber- oder Bitterklee findet man in Flach- und Quellmooren, in der Verlandungszone von Weihern und Seen und in Hochmoorschlenken. Er wächst oft in herdenartigen Beständen. Die dreizähligen Blätter sind wechselständig angeordnet. Die rötlich-weißen Blüten sind in einer aufrechten Traube zusammengefaßt (Blütezeit: Mai/Juni).

▲ Drachenwurz
Die Drachenwurz – auch Schlangenkraut genannt – wächst in dichten Beständen an den Ufern von Weihern, in Waldsümpfen, Erlenbrüchen und Hochmooren. Typisch sind die rundlichen oder herzförmigen Blätter und der etwa 2 cm lange Blütenkolben, der von einer weißlichen Scheide umstanden ist. Die Pflanze blüht von Mai bis Juli.

◄ Gewöhnliche Moosbeere
Die nur Zentimeter hohe Moosbeere wächst auf den Torfmoospolstern der Bülten. Die länglich-eiförmigen Blättchen werden 8 mm lang und sind auf der Oberseite dunkelgrün gefärbt, auf der Unterseite weißlich. Aus den rötlichen Blüten (Blütezeit: Mai – Juli) entwickeln sich im Herbst rote Beeren mit einem Durchmesser von 5 – 15 mm.

▶ Blut-Weiderich
Dieser Pflanze begegnet man in Feuchtwiesen, an Grabenrändern und in der Verlandungszone von Gewässern. Der untere Teil des bis 1,20 m hohen Stengels ist von gegenständigen oder dreiquirligen, ungestielten, lanzettlichen Blättern besetzt. Der obere Teil wird von der roten Blütenähre eingenommen. Blütezeit: Juni – September.

▲ Ästiger Igelkolben
Der Ästige oder Aufrechte Igelkolben bildet an einer kriechenden Grundachse bis 80 cm lange Stengel aus. Die unteren Köpfchen der Blütenstände tragen die weiblichen, die oberen die männlichen Blüten. Der Igelkolben blüht von Juni bis August. Die Pflanze kommt an schlammigen Ufern stehender und langsam fließender Gewässer vor.

▲ Sumpf-Schwertlilie
Diese Schwertlilie ist in Wald- und Wiesensümpfen, an Gräben und Flußufern und in der Verlandungszone von Weihern und Seen anzutreffen. Ihren Namen verdankt die Schwertlilie den linealischen, säbelförmigen Blättern, die 1 – 3 cm breit und 0,50 – 1 m lang werden können. Die sattgelben Blüten mit der feinen braunen Linienzeichnung stehen in einer kleinen Traube, die in einer Gipfelblüte endet. Die Art blüht im Mai/Juni.

▲ Weiße Seerose

Die Weiße Seerose ist eine typische Schwimmblattpflanze. An dem bis 1 m langen Wurzelstock treiben salatartige Unterwasserblätter und langgestielte Schwimmblätter aus. Die großen Blüten mit den 4 grünen Kelchblättern, den vielen weißen Kronblättern und den gelben Staubblättern sind unverkennbar. Von Juni bis September trifft man die Pflanze blühend an.

▲ Gelbe Teichrose

Die Pflanze ist in stehenden oder sehr langsam fließenden Gewässern mit Schlammgrund, vor allem aber in der Verlandungszone von Weihern und Seen häufig anzutreffen. An der Spitze des Wurzelstocks entwickeln sich erst einige »Salatblätter«, dann die langgestielten Schwimmblätter. Die Teichrose blüht zwischen Mai und September.

◄ Sumpf-Wasserfeder

Die Sumpf-Wasserfeder kommt zerstreut in den seichten Uferzonen stehender Gewässer und in träge fließenden Gräben vor. Der Stengel trägt spiralig gestellt oder quirlig gehäuft kammförmig zerteilte Blätter. Die Blütenstände mit den weißen oder hellrosa Blüten erheben sich deutlich über die Wasseroberfläche. Blütezeit: Mai – Juli.

◀ **Gewöhnlicher Besenginster**
Der Gewöhnliche Besenginster wird 0,50 – 2 m hoch. Die Stengel sind grün und tragen nur relativ wenige Blätter. Die großen Blüten sind lebhaft gelb gefärbt (Blütezeit: Mai/Juni). Man findet den Besenginster vor allem auf Sandboden: in Heidegebieten und in lichten Kiefernwäldern, aber auch auf Ödland und an anderen Stellen.

▶ **Kartoffel-Rose**
Dieser auch als Runzel-Rose bezeichnete bis 2 m hohe Strauch war ursprünglich in Ostasien beheimatet, ist aber heute an den deutschen Küsten überall zu sehen. Die rötlichen Blüten erreichen 8 cm Durchmesser und sind von Mai bis Juli geöffnet.

◀ **Gemeiner Sanddorn**
Bis 4 m hoch kann dieser dornenreiche, zweihäusige Strauch werden. Die schmal-linealischen Blätter sind oberseits graugrün gefärbt, die Blüten (Blütezeit: April) unscheinbar, die Früchte aber orangerot und sehr auffällig.

▸ Gewöhnliche Stechpalme

Die Stechpalme oder Stechhülse sieht man in der Küstenregion oft mehrere Meter hoch wachsen. Sie braucht ein ausgeglichenes Klima. Die Pflanze ist zweihäusig, d. h. männliche und weibliche Blüten stehen auf verschiedenen Exemplaren. Die Art blüht im Mai/Juni.

▾ Dreilappiges Leberblümchen

Das Leberblümchen ist – wie das nah verwandte, bekanntere Busch-Windröschen – ein Frühblüher. Schon im Februar/März öffnen sich in Laubwäldern die blauen Blüten und nutzen das Licht, bevor sich die Blätter der Bäume entfalten. Die typischen, dreilappigen Blätter bleiben meist den Winter über erhalten.

▾ Frauenschuh

Der Frauenschuh ist eine der schönsten europäischen Orchideen. Er wächst auf kalkhaltigen Böden im Halbschatten lichter Laub- und Nadelwälder und wird bis 60 cm hoch. Die großen Blüten mit den gelben pantoffelförmigen Blütenblättern sind unverkennbar. Blütezeit: Mai – Juli.

◂ **Darmtang**

Der sattgrüne, 10 – 30 cm lange Darmtang haftet mit einer Scheibe (Rhizoid) an festem Untergrund, etwa an Steinen oder Buhnen. Es gibt an den deutschen Küsten mehrere Darmtang-Arten, die nicht leicht zu unterscheiden sind.

▸ **Meersalat**

Die »Blätter« dieser Grünalge werden 10 – 80 cm lang. Normalerweise haften sie mit einer Scheibe an festem Untergrund. Der Meersalat treibt aber auch im Wasser umher und wird oft in Mengen an die Strände geschwemmt.

◂ **Blasentang**

Der 20 – 70 cm lange Blasentang ist eine Braunalge, die sich auf harten Böden festsetzt (Fels, Steine, Buhnen, aber auch Miesmuschelbänke; Nord- und Ostsee). Auffällig sind die gasgefüllten Schwimmblasen (Name!).

▲ **Sägetang**

Der bis 1 m lange Sägetang sieht dem Blasentang ähnlich. Er gehört ebenfalls zu den Braunalgen, hat aber – wie der Name sagt – »Blätter« mit gesägtem Rand, und ihm fehlen die typischen Schwimmblasen. Vorkommen: Nordsee und westliche Ostsee.

▲ **Knotentang**

Diese Braunalge wächst zwar nur bei Helgoland, wird aber überall an der Nordseeküste angeschwemmt. Auffällig sind die 10 – 15 mm breiten »Blätter«, an denen in Abständen von 5 – 10 cm gasgefüllte Schwimmblasen sitzen.

◄ **Blutroter Seeampfer**

Diese Rotalge ist an ihren 10 – 25 cm langen und 3 – 10 cm breiten, gestielten, rötlichen »Blättern« eindeutig zu bestimmen. Sie wächst vor allem bei Helgoland, wird aber nach Stürmen auch andernorts angeschwemmt (Nordsee, westliche Ostsee).

◂ Brotkrumenschwamm
Schwämme bekommt man an der Küste kaum einmal zu Gesicht. In der Gezeitenzone wächst der Brotkrumenschwamm in Form flacher Krusten, in größeren Tiefen wird er höher. Die Art kommt in der Nordsee und in der westlichen Ostsee vor.

▸ Seedahlie
Die Seedahlie oder Dickhörnige Seerose gehört zu den Nesseltieren, fängt also mit Hilfe von Nesselkapseln in den Tentakeln ihre Beute (Würmer, Garnelen, kleine Fische) ein. Das Tier wird bis 15 cm hoch und kommt in der Nordsee und in der westlichen Ostsee vor.

◂ Kugelrippenqualle
An den Stränden der Nordsee und der westlichen Ostsee kann man das ganze Jahr über gallertige Kugeln von wenigen Zentimetern Durchmesser angeschwemmt finden: die Kugelrippenqualle oder Seestachelbeere. Rippenquallen verfügen nicht über Nesselzellen und sind mit den Quallen auch nur weitläufig verwandt.

◀ **Ohrenqualle**
Eine harmlose Fahnenqualle ist die Ohrenqualle (Schirmdurchmesser: bis 40 cm). Sie kommt sowohl in der Nordsee als auch in der Ostsee vor. Man erkennt sie leicht an den kreisförmigen, weißlichen bis rotvioletten Geschlechtsorganen, die in dem durchsichtigen Schirm liegen.

▶ **Kompaßqualle**
Der tellerförmige Schirm der Kompaßqualle erreicht einen Durchmesser von 25 – 35 cm. Sein typisches Merkmal ist der Kranz aus braunen bis rötlichen v-förmigen Strahlen. Die längsten Tentakel werden etwa 50 cm lang. Die Art wird regelmäßig bis in die Nordsee verfrachtet und dort im Spätsommer/Frühherbst an die Strände geschwemmt.

◀ **Nesselquallen**
Gefährlich ist die Gelbe Nessel- oder Haarqualle (Schirmdurchmesser: bis 1 m, Fangarme bis 5 m lang). Die Art kommt in der Nordsee vor, gelangt aber auch in die Ostsee. Nah verwandt ist die ebenfalls brennende Schmerzen verursachende Blaue Nesselqualle (Schirmdurchmesser: bis 20 cm). Diese Art kommt in der Nordsee im Sommer regelmäßig vor und wird auch häufig an den Strand geschwemmt.

▲ Blätter-Moostierchen
Überwiegend Meeresbewohner sind die koloniebildenden Moostiere. Die Einzeltiere sind winzig klein und haben vorne eine Tentakelkrone, mit deren Hilfe sie dem Wasser feine Nahrungspartikel entnehmen. Die Kolonien haben beim Blätter-Moostierchen eine lappige Form (bis 20 cm hoch). Die Art kann man im Spülsaum der Nordsee finden.

▲ Köderwurm
Vom Köderwurm, Pierwurm, Sandpier oder Wattwurm sind meist nur die Kothäufchen und nicht weit davon je ein kleiner Trichter mit einem Loch in der Mitte zu sehen. Haufen und Trichter sind unterirdisch durch eine u-förmige Röhre verbunden, in der der bis 30 cm lange Wurm lebt. Die Art ist über die Nordsee und die westliche Ostsee verbreitet.

◄ Grüner Seeringelwurm
Ringelwürmer findet man nicht allzu oft am Strand der Nordsee und der westlichen Ostsee angeschwemmt. Eine Ausnahme macht der bis 90 cm lange Grüne Seeringelwurm – und auch nur in der ersten Maihälfte, wenn die männlichen Tiere ihre Wohnröhren im Meeresboden verlassen, um die Spermien auszustoßen.

◀ **Bäumchen-Röhrenwurm**
Der Bäumchen-Röhrenwurm lebt in einer wenige Zentimeter langen Wohnröhre, die er aus Sandkörnern, Steinchen und Stückchen von Schnecken- und Muschelschalen selbst baut. Aus dieser Röhre ragt die »Krone« des »Bäumchens« heraus. Die Würmer leben meist in kleinen Kolonien. Nach Stürmen werden die Röhren oft freigespült.

▶ **Dreitkantwurm**
Am Strand findet man bisweilen Schnecken- oder Muschelschalen mit den 5 – 12 cm langen Wohnröhren des Dreikantwurmes darauf. Die Art kommt in der Nordsee und in der westlichen Ostsee vor.

◀ **Posthörnchenwurm**
Bisweilen findet man am Strand große Braunalgen mit den Wohnröhren des Posthörnchenwurmes darauf. Die Röhren erreichen 3,5 mm Durchmesser. Die Art kommt in der Nordsee und in der westlichen Ostsee vor.

◀ **Aschfarbene Kreiselschnecke**
Das kegelförmige Gehäuse dieser Meeresschnecke wird etwa 1,5 cm hoch und hat bis 6 Umgänge. Die Art lebt auf Hartböden in der Nordsee, wird aber häufig angespült. Ein anderer Name für die Kreiselschnecke ist Friesenknopf.

▶ **Gemeine Strandschnecke**
Die Strandschnecke ist mehr ein Bewohner von Hartböden, kommt aber auch im Sandwatt stellenweise in ansehnlichen Zahlen vor. Dort weidet sie die Algenüberzüge auf dem Wattboden ab. Das Trockenfallen bei Ebbe übersteht sie, indem sie sich in ihr bis 4 cm hohes Gehäuse zurückzieht und die Mündung mit dem Deckel dicht verschließt.

◀ **Pelikansfuß**
An der strahlig ausgezogenen Mündung ihres Gehäuses ist diese Schnecke leicht zu erkennen. Das Gehäuse kann 5 cm hoch werden. Die Art lebt in der Nordsee.

◄ Gewöhnliche Turmschnecke
Das rötliche bis bräunliche Gehäuse dieser Art wird bis 5 cm lang und hat die Form eines schlanken, spitzen Kegels (mit bis 19 Umgängen). Die Schnecke lebt eingegraben in Schlamm- und Sandböden und ist über die Nordsee, die europäischen Küsten des Atlantiks und das Mittelmeer verbreitet.

► Gemeine Wellhornschnecke
Mit einer Gehäusehöhe bis 12 cm ist die Wellhornschnecke die größte Schnecke, die man an den deutschen Küsten (Nordsee und westliche Ostsee) findet. Die Gehäuse werden von Einsiedlerkrebsen bezogen (s. S. 199); die Eiballen findet man häufig angeschwemmt (s. S. 222).

◄ Gemeine Wattschnecke
Die häufigste, im Watt vertretene Schnecke ist die Wattschnecke (Gehäuse bis 6 mm hoch). Bei Niedrigwasser sieht man die Tiere überall auf dem Boden herumkriechen und den Algenbelag abweiden. Nach einiger Zeit allerdings graben sie sich in den Boden ein, um dort im feuchten Milieu bis zur nächsten Überflutung zu überdauern.

▲ **Miesmuschel**

Die blauschwarze Miesmuschel (Schale bis 10 cm lang) ist eine häufige Art der Nordsee und der Ostsee. Sie bildet sogenannte Byssusfäden aus, mit denen sie sich am Untergrund anheftet. So kann es zur Ausbildung ganzer Miesmuschelbänke kommen. Das Trockenfallen überstehen die Muscheln mit fest geschlossenen Schalen.

▲ **Europäische Auster**

Bis 15 cm lang kann die Schale der Auster werden. Allerdings sind die beiden Schalenklappen ungleich geformt. Die Art kommt nur in der Nordsee vor und wird vor Sylt auch gezüchtet.

◀ **Amerikanische Schwertmuschel**

An ihren schmalen, langgestreckten Schalen sind die in mehreren Arten bei uns vorkommenden Schwertmuscheln leicht zu erkennen. Bei der Amerikanischen Schwertmuschel, die 1978 bei uns eingeschleppt wurde, kann die Schale 16 cm lang werden. Die Art lebt auf Sandböden der Nordsee.

◄ Eßbare Herzmuschel
Die außen schmutzig-weiße bis bräunlich-gelbe Schale dieser Art erreicht einen Durchmesser von 5 cm. Vom Wirbel gehen 22 – 28 Rippen aus. Innen ist die Schale glatt und weiß gefärbt. Die Art besiedelt Sand- und Schlammböden in der Gezeitenzone und kommt in der Nordsee und der Ostsee vor.

► Baltische Plattmuschel
Diese Muschel – auch Rote Bohne oder Tellmuschel genannt – hat eine kräftige, bis 3 cm lange, dreieckige Schale. Sie lebt im Schlickboden der Nordsee und der Ostsee.

◄ Sandklaffmuschel
Bis 30 cm tief gräbt sich die Sandklaffmuschel (Schale bis 15 cm lang) in den Sand ein. Die Muscheln können sich allerdings nur als Jungtiere aktiv in den Boden eingraben. Sie schieben sogenannte Siphone an die Bodenoberfläche. Durch diese derben »Röhren« strudeln sie Wasser und damit Nahrungspartikel und Sauerstoff heran.

▲ Gemeine Seepocke
Seepocken sind hochspezialisierte Krebstiere. Felsen, Steine oder die Pfähle von Buhnen sind oft dicht mit den kleinen Kegeln aus Kalkplatten bewachsen (Durchmesser: 5 – 15 mm), in denen die Tiere sitzen. An den Küsten der Nordsee findet man mehrere Arten, die sich in Größe und Form des Kegels unterscheiden.

▲ Schlickkrebs
Eine sehr häufige Art des Wattenmeeres ist der zu den Flohkrebsen gehörende 8 mm lange Schlickkrebs. Die Maximalzahlen liegen bei 40 000 auf 1 m². Die Tiere leben in u-förmigen Gängen im Wattboden. Nur die Männchen verlassen ihre Röhre, wenn sie auf der Suche nach einem Weibchen sind.

◄ Nordseegarnele
Die bis 7 cm lange Nordsee- oder Sandgarnele wird man bei Niedrigwasser im Watt kaum einmal zu sehen bekommen. Sie überdauert diese Zeit in den Prielen und Gatts. Die Garnelen werden in großen Mengen gefangen, und die größeren Exemplare werden unter der Bezeichnung »Krabben« oder »Granat« auf den Markt gebracht.

◀ **Gemeine Strandkrabbe**
Die Strandkrabbe (ihr Panzer wird 5 – 8 cm breit) ist der bekannteste Krebs der deutschen Küsten. Sie kann Trockenheit überstehen, aber zieht es bei Niedrigwasser meist vor, sich in den Wattboden einzugraben. Wenn eine Strandkrabbe flüchtet, läuft sie nicht vorwärts, sondern seitwärts; daher der plattdeutsche Name Dwarslöper (= »Querläufer«).

▶ **Taschenkrebs**
Das ovale, kaum gewölbte Kopfbruststück des gelblichbraun bis rotbraun gefärbten Taschenkrebses kann 20 cm lang und 30 cm breit werden. Der Krebs hat 1 Paar kräftige, schwarze Scheren und 4 Paare Laufbeine. Er frißt Muscheln, andere Krebse und Stachelhäuter und lebt auf sandigem und felsigem Grund im Flachwasserbereich der Nordsee.

◀ **Gemeiner Einsiedlerkrebs**
Bei diesem Krebs ist der Hinterleib weichhäutig, und deshalb sucht er sich ein Schneckenhaus als Schutz – das er ständig mit sich herumträgt. Wenn ein heranwachsender Krebs für sein Schneckenhaus zu groß wird, muß er »umziehen«. Ausgewachsene Tiere stecken oft in Gehäusen der Wellhornschnecke.

▲ **Gemeiner Seestern**
Dieser Seestern hat meist 5 ziemlich dicke Arme und erreicht eine Spannweite von 12 – 40 cm. Die Stacheln sind kurz. Die Färbung kann von gelblich-braun bis leicht violett variieren. Der Stachelhäuter frißt Muscheln und Schnecken, Seeigel und Krebse. Die Art ist über die Nordsee und die westliche Ostsee verbreitet.

▲ **Strand-Seeigel**
Der leicht abgeflachte, grünliche Strand-Seeigel oder Strandigel erreicht einen Durchmesser von 4,5 cm. Die kräftigen, dicht stehenden Stacheln werden 1 cm lang. Die Art besiedelt Flachwassergebiete bis in etwa 30 m Tiefe, hält sich zwischen Algen und Steinen auf und ist über die Nordsee und die westliche Ostsee verbreitet.

◀ **Kleiner Herzigel**
Der Kleine Herzigel wird 6 cm lang und lebt in Sand- und Schlickböden bis in etwa 200 m Wassertiefe. Die Art kommt in der Nordsee bis ins Kattegat vor. Die Schalen sind nicht selten am Strand zu finden (im Bild rechts ein Gehäuse ohne Weichteile und Stacheln).

◄ Kleingefleckter Katzenhai

Haie gehören zu den Knorpelfischen. Diese Fische haben ein knorpeliges Skelett, das allerdings durch die Einlagerung von Kalk sehr fest werden kann, und harte Zahnschuppen in der Haut. In der Nord- und Ostsee kommen nur wenige Knorpelfischarten vor: Dornhai, Kleingefleckter Katzenhai (40 – 75 cm lang) und Nagelrochen.

► Hering

Der Hering wird 40 cm lang. Er lebt im freien Wasser bis in rund 250 m Tiefe und unternimmt ausgedehnte Wanderungen zwischen Nahrungsgebieten und Laichplätzen. Er lebt als Schwarmfisch und ernährt sich als Planktonfresser. Heringsschwärme können riesige Ausmaße annehmen und viele tausend Tonnen Fisch umfassen.

◄ Dorsch/Kabeljau

Der Dorsch hat eine dreigeteilte Rückenflosse und eine zweigeteilten Afterflosse und kann 1,10 m lang und 15 kg schwer werden. Die Art trägt 2 Namen: Noch nicht geschlechtsreife Fische werden Dorsche genannt; bei geschlechtsreifen Fischen benutzt man den Namen Kabeljau. Die Art kommt in der Nordsee und in der westlichen Ostsee vor.

◀ **Petermännchen**
Dieser bis 40 cm lange Meeresfisch liegt tagsüber eingegraben in die oberste Sandschicht am Meeresboden und lauert auf Beute (Garnelen, kleine Fische). Nachts schwimmt er herum, auch in kleinen Schwärmen. Die Art kommt in der Nordsee und in der westlichen Ostsee vor.

▶ **Roter Knurrhahn**
Der Knurrhahn kann 70 cm lang werden, erreicht in Küstennähe aber meist nur 20 – 30 cm Länge. Mit den Brustflossen stakst der Fisch über den Grund. Er kommt in der Nordsee und – vereinzelt – in der westlichen Ostsee vor.

◀ **Flunder**
Die Flunder, auch Grau- oder Rauhbutt genannt, ist ein typischer Bodenfisch. Die Larven sind wie »normale« Fische gebaut und schwimmen aufrecht im freien Wasser. Erst später wandern die Augen auf die Seite; die Tiere schwimmen dann auch auf der Seite und gehen schließlich zum Leben am Meeresboden über. Flundern können 50 cm lang werden.

◀ Europäischer Aal
Der Europäische Aal oder Flußaal hat einen langgestreckten, vorne runden, hinten seitlich zusammengedrückten Körper und wird 1,50 m lang und 6 kg schwer. Die Brustflossen sind klein, Bauchflossen fehlen, die übrigen Flossen bilden einen Saum. Aale leben in ruhigen Flußabschnitten und stehenden Gewässern mit schlammigem Boden. Zum Laichen wandern sie in die Sargassosee (Westatlantik).

▶ Dreistacheliger Stichling
Dieser bis 10 cm lange Fisch kann 3 einzeln stehende Stacheln auf seinem Rücken aufrichten, um sich vor Räubern zu schützen. Man unterscheidet eine marine Wanderfom, die im Frühjahr von den Meeresküsten ins Süßwasser zieht, um dort zu laichen, und eine stationäre Süßwasserform, die das ganze Leben im Süßwasser verbringt.

◀ Barsch
Der Barsch – auch Flußbarsch genannt – bevorzugt als Standfisch klare Gewässer ohne starke Strömung mit einem harten Boden. Er lebt im Süß- und Brackwasser. An der strahligen ersten Rückenflosse, den auffälligen Querbinden auf den Körperseiten und den rötlichen Bauch- und Afterflossen ist der Fisch leicht zu erkennen (Länge: bis 45 cm).

◂ Europäischer Laubfrosch
Der 5 cm lange Laubfrosch ist oberseits einheitlich grasgrün gefärbt, unterseits weiß. Ober- und Unterseite sind durch eine dunkle Linie scharf gegeneinander abgesetzt. Mit Haftballen an den Zehen kann der Frosch gut klettern. Seine Paarungszeit liegt im April/Mai. Dann ist das sehr laute, schnelle »gäck gäck gäck« zu hören.

▸ Kreuzkröte
Die 8 cm lange Kreuzkröte erkennt man an dem weißlich-gelblichen Längsstreifen auf der warzigen Haut des grünlich-bräunlichen Rückens. Ihr Lebensraum sind die Niederungen, wo sie auf sandigem Boden anzutreffen ist. Die Laichzeit liegt zwischen April und Juni; die einreihigen Laichschnüre werden zwischen Wasserpflanzen gehängt.

◂ Rotbauchunke
Die 5 cm lange Rotbauchunke ist auf der Oberseite unscheinbar graubraun gefärbt, auf dem Bauch dagegen gelblich bis rötlich gefleckt (Warnfärbung).
Sie ist eine Art, die die Ebenen besiedelt und nie in Höhenlagen über 250 m beobachtet wurde. Darauf bezieht sich der zweite Name Tieflandunke.

◂ **Waldeidechse**
Der Lebensraum der 16 – 18 cm langen Wald-, Berg- oder Mooreidechse sind ziemlich feuchte Gebiete in Wäldern, sumpfige Wiesen und Moore. Der Rücken kann grau, rötlich oder dunkelbraun gefärbt sein. Meist verlaufen ein dunkler Längsstreifen und/oder eine gelbe und schwarze Punktierung auf der Mitte des Rückens. Das Weibchen bringt lebende Junge zur Welt.

▸ **Glattnatter**
Die Glatt- oder Schlingnatter wird 60 – 80 cm lang. Sie ist tagaktiv, lebt aber recht versteckt und bewohnt trockene, sonnige Lebensräume, wie Hecken, mit Büschen bestandene Hänge, Waldränder und lichte Wälder. Die Beute der Schlange besteht hauptsächlich aus Eidechsen.

◂ **Kreuzotter**
Die 70 – 80 cm lange Kreuzotter bewohnt Dünen, Heiden und Moore. Die Giftschlange erkennt man an dem dunkelbraunen oder schwarzen Zickzackband auf dem Rücken, dem dreieckigen Kopf und den Augen mit den senkrecht stehenden Pupillen. Im Spätsommer bringen die Weibchen aus den im Mutterleib erbrüteten Eiern 5 – 18 lebende Junge zur Welt.

◀ **Rothalstaucher**
Dieser 40 – 50 cm lange Lappentaucher (Schwimmlappen an den Zehen) ist zur Brutzeit gut an dem rostbraunen Hals (Name!) und den hellgrauen Wangen zu erkennen. Er kann an Weihern und Seen Norddeutschlands beobachtet werden.

▶ **Pfeifente**
Die rund 50 cm lange Pfeifente brütet zwar auch entlang der Küsten, in großen Mengen ist sie dort aber außerhalb der Brutzeit zu beobachten, wenn Vögel aus dem Norden an den Küsten rasten. Den Erpel erkennt man an der weinroten Brust, dem kastanienbraunen Kopf und der gelben Stirn.

◀ **Tafelente**
Rund 45 cm lang wird diese häufige Tauchente. Der Erpel ist an dem grauen Rücken, der schwarzen Brust, dem rotbraunen Kopf und dem grauen Schnabel mit der schwarzen Spitze gut zu erkennen.

◀ **Reiherente**
In Deutschland trifft man die 45 cm lange Reiherente (Erpel auffällig schwarz-weiß gefärbt) als Brutvogel vor allem auf den Seen der Norddeutschen Tiefebene an. Gelege findet man von Mitte Mai bis in den Juli hinein. Zur Zugzeit und im Winter kann man diese Tauchenten auf fast allen mitteleuropäischen Seen in großen Mengen beobachten.

▶ **Eiderente**
Diese Meeresente wird 58 cm lang. Die Erpel sind unten schwarz, oben weiß gefärbt, mit rotem Anflug auf der Brust, schwarzer Kopfplatte und grünlichem Hinterkopf. Die Weibchen haben ein braunes, schwarz gebändertes Gefieder. Außerhalb der Brutzeit sind Eiderenten variabel gescheckt. Die Art brütet rund um Nord- und Ostsee.

◀ **Mittelsäger**
Säger unterscheiden sich von den Enten durch den schlanken Schnabel. Der Mittelsäger wird 55 cm lang und brütet entlang der Nord- und Ostseeküste. Im Winter begegnet man an den Küsten auch dem größeren Gänsesäger und dem kleineren Zwergsäger.

◂ Singschwan
Neben dem bekannten Höckerschwan ist an den Küsten im Winter auch der rund 1,50 m lange Singschwan (Spannweite: 2,10 – 2,40 m) zu beobachten, ein Brutvogel des Nordens. Auffällig ist das gelbe Dreieck an der Schnabelwurzel.

▸ Graugans
Der 0,75 – 0,90 m lange Vogel ist die einzige in Deutschland brütende Wildgans (und Stammform der Hausgans). Typisch sind die blaßgrauen Vorderflügel (Spannweite: 1,50 – 1,80 m), der orangefarbenen Schnabel, die fleischfarbenen Beine und die »gagagagag«-Rufe. Volle Gelege findet man schon Ende März/Anfang April.

◂ Bläßgans
Diese rund 70 cm lange (Spannweite: 1,30 – 1,65 m), graubraune Gans erkennt man an dem weißen Fleck am Schnabelgrund, der schwarzen Fleckung am Bauch und den gelben Beinen. Vögel der eurasischen Rasse haben einen rötlichem, Vögel aus Grönland und Nordamerika einen gelben Schnabel. Bei uns sieht man die Bläßgans im Winter auf Wiesen und Weiden, aber auch auf Äckern.

◂ Ringelgans
Mit 56 – 61 cm Länge (Spannweite: 1,10 – 1,20 m) ist die Ringelgans die kleinste in Europa vorkommende Gans. Brust, Hals und Kopf sind schwarz mit einem weißen Halbmondfleck an den Halsseiten, Schnabel und Füße schwärzlich. Seine Stimme – ein gutturales »rott-rott-rott« – hat dem Vogel den Zweitnamen Rottgans eingetragen.

▸ Nonnengans
Die Nonnen- oder Weißwangengans wird 58 – 69 cm lang; die Flügelspannweite beträgt 1,30 – 1,45 m. Charakteristisch ist die schwarz-weiße Kopf- und Halszeichnung. Die Gans brütet in Ost-Grönland, Spitzbergen und Nowaja Semlja. Bei uns ist sie im Winter auf Salzwiesen, Weiden und Äckern zu beobachten.

◂ Brandgans
Die rund 60 cm lange (Spannweite: 1,10 – 1,30 m) Brandgans oder Brandente ist so kontrastreich gefärbt, daß kaum Verwechslungen möglich sind (Geschlechter sehr ähnlich, Männchen mit Höcker an der Schnabelwurzel). Die Art brütet in Höhlen; erste Gelege findet man schon Ende März (1 Brut im Jahr).

▲ Austernfischer
An seinem schwarzweißen Gefieder, dem langen, roten Schnabel und den roten Beinen ist der Austernfische leicht zu erkennen (43 cm lang, Spannweite: 80 – 85 cm). Die lauten Rufe klingen wie »kliep, kliep«, daneben auch kurz »pik, pik« oder trillernd »kewick, kewick, kwick, kwick, kerirr« (auffällige Balz mit Trillern, auch Gruppenbalz; reagiert sehr lautstark auf Störungen am Nest).

▲ Säbelschnäbler
43 cm lang, Spannweite 75 – 80 cm, schwarzweiß gefärbt, aufgeworfener Schnabel, blaugraue Beine, klangvolle »pluit«- oder »küt«-Rufe – der Säbelschnäbler ist immer eindeutig zu bestimmen. Der Vogel bewohnt Flachwassergebiete an den Küsten und im Binnenland und brütet oft in Kolonien. Das Gelege besteht meist aus 4 Eiern (Legebeginn Ende April, 1 Brut im Jahr).

◄ Sandregenpfeifer
Der Sandregenpfeifer wird 19 cm lang, hat einen braunen Rücken, eine weiße Unterseite und ein schwarzes Brustband. Die Beine sind gelb oder orange, der gelbe Schnabel hat eine dunkle Spitze. Der Vogel bewohnt Sand- und Kiesstrände, Dünen und kurzrasige Flächen. Erste Gelege schon ab Mitte März; bei Störungen am Nest »Verleiten« (geducktes Laufen, Flügellahmstellen).

◀ Temminckstrandläufer
Dieser Strandläufer brütet im Norden und zieht an den deutschen Küsten nur durch. Er fällt vor allem durch seine geringe Größe auf (Länge: 13 – 15 cm).

▶ Alpenstrandläufer
Der 18 cm lange Strandläufer ist im Brutkleid auf dem Rücken rostbraun und trägt einen schwarzen Bauchfleck; im Ruhekleid ist er insgesamt grau gefärbt. Der Vogel brütet in Mooren, Sümpfen und Marschen. Außerhalb der Brutzeit sieht man ihn vor allem an den Küsten (Wattenmeer), stets gesellig, oft in riesigen Schwärmen.

◀ Kiebitz
Der 30 cm lange Kiebitz brütet auf Wiesen und Feldern. Man erkennt ihn an der Schwarzweiß-Zeichnung des Gefieders und der Federhaube am Kopf, die beim Weibchen kürzer ist als beim Männchen. Seine lauten »kieh-witt«-Rufe haben dem Vogel den Namen eingetragen. Erste Gelege (4 Eier) findet man schon Ende März.

◀ **Kampfläufer**
Beim Kampfläufer werden die Männchen 30 cm lang, die Weibchen sind mit 23 cm Länge deutlich kleiner. Zur Brutzeit tragen die Männchen einen Kopfputz und eine Halskrause aus weißen, schwarzblauen oder rostroten Federn. Kampfläufer brüten auf sumpfigen Moorwiesen. Volle Gelege findet man im Mai/Juni.

▶ **Uferschnepfe**
Der 40 cm lange, hochbeinige Vogel mit dem typischen Stocherschnabel lebt auf Feuchtwiesen. Seine Kennzeichen sind das rostbraune Gefieder, die weiße Flügelbinde und der an der Wurzel weiße, sonst schwarze Schwanz. Zur Zugzeit ist an den Küsten auch die Pfuhlschnepfe zu sehen (einheitlich gefärbte Flügel, schwarz-weiß gebänderter Schwanz).

◀ **Großer Brachvogel**
Den Große Brachvogel erkennt man an seiner Größe (Länge: rund 55 cm Länge, Spannweite: 0,80 – 1,10 m), dem hellbraunen, dunkel gefleckten Gefieder, den langen Stelzbeinen und vor allem an dem langen, leicht abwärts gebogenen Schnabel. Auch die flötenden »tla-üh«-Rufe sind einprägsam. Dem Vogel begegnet man in Mooren und auf Sumpfwiesen.

◂ Rotschenkel
Auffälligste Kennzeichen des 28 cm langen Rotschenkels sind die roten Beine (Name!) und der rote Schnabel mit der schwarzen Spitze. Im Flug sind zudem der weiße Bürzel und Rücken und der weiße Hinterrand der Flügel gut zu sehen. Schließlich sind die flötenden »djüü«- oder »djü-dü-dü«-Rufe eindeutige Merkmale. Der Vogel bewohnt Wattwiesen, Sümpfe und Moore.

▸ Grünschenkel
Dieser rund 30 cm lange Wasserläufer ist an den deutschen Küsten nur als Durchzügler zu beobachten; er brütet im Norden. Typisch sind der aufgeworfene (nach oben gebogene) Schnabel, die grünlichen Beine (Name!) und die flötenden Rufe.

◂ Steinwälzer
Der 23 cm lange Vogel hat im Sommerkleid einen rostbraunen Rücken und eine auffällige schwarz-weiße Gesichtszeichnung. Im Winterkleid (Foto) sind Kopf, Brust und Rücken düster braun. In beiden Kleidern hat der Vogel orangegelbe Beine. Er ernährt sich von Kleintieren. Bei der Nahrungssuche dreht er Steine, Muscheln und Pflanzen um (Name!).

◂ Lachmöwe
Die 38 cm lange, oberseits hellgrau, sonst weiß gefärbte Möwe trägt im Brutkleid einen schokoladenbraunen Kopf. Im Winterkleid bleiben davon nur graue Flecken an den Kopfseiten. Beine und Schnabel sind rot gefärbt. Die Art brütet in Kolonien; Legebeginn meist zweite Aprilhälfte, 1 Brut im Jahr.

▸ Silbermöwe
Bei der 56 cm langen Silbermöwe sind Kopf, Brust und Bauch weiß, Rücken und Flügel grau gefärbt, die Flügelspitzen schwarz-weiß. Der kräftige, gelbe Schnabel zeigt einen roten Fleck vor der Spitze des Unterschnabels. Die Beine sind fleischfarben. Die Art besiedelt Meeresküsten und küstennahe Gewässer. Brutzeit: Mitte April – Mitte Juli.

◂ Sturmmöwe
Mit 40 cm Länge ist die Sturmmöwe kleiner als die Silbermöwe. Beine und Schnabel sind bei dieser Art grünlichgelb gefärbt. Sie besiedelt die Meeresküsten, aber auch Feuchtgebiete im Binnenland. Die Sturmmöwe brütet in Kolonien, aber auch einzeln. Legebeginn: Ende Mai; 1 Brut im Jahr.

◂ Heringsmöwe

Mit 53 cm Länge ist die Heringsmöwe etwa so groß wie die Silbermöwe. Rücken und Flügeloberseite sind aber grauschwarz, die Beine gelb gefärbt, so daß beide Arten gut zu unterscheiden sind. Die Heringsmöwe brütet am Boden, überwiegend in Kolonien, und erste Gelege sind ab Mitte April zu finden; 1 Brut im Jahr. Die Art dehnt ihr Verbreitungsgebiet derzeit nach Süden aus und gründet auch mehr und mehr an der deutschen Nordseeküste Brutkolonien.

▸ Mantelmöwe

Die Mantelmöwe wird mit rund 70 cm Länge und einer Spannweite von 1,70 m deutlich größer als die Heringsmöwe, der sie im Aussehen sonst ähnelt. Weitere Unterscheidungsmerkmale sind die fleischfarbenen Beine und die tiefe, rauhe Stimme. Die Art ist an den deutschen Küsten das ganze Jahr über zu beobachten, brütet aber erst weiter im Norden.

◀ **Küstenseeschwalbe**
Länge 38 cm, Rücken und Flügeloberseite hellgrau, sonst weiß, schwarze Kopfplatte, rote Beine, karminroter Schnabel – das sind die Merkmale dieser Seeschwalbe (ähnlich: Flußseeschwalbe, aber zinnoberroter Schnabel mit schwarzer Spitze). Bei Störungen am Nest ist die Küstenseeschwalbe sehr aggressiv. Eiablage: Mai; 1 Brut im Jahr.

▶ **Zwergseeschwalbe**
Diese mit 23 cm Länge kleinste europäische Seeschwalbe erkennt man an der schwarzen Kopfplatte mit der weißen Stirn und dem gelben Schnabel mit der schwarzen Spitze. Da sie meist auf den flachen Sänden brütet, werden ihre Gelege oft überflutet oder die Jungen kommen dabei um.

◀ **Brandseeschwalbe**
Diese Art (40 cm lang) ist an dem schwarzen Schnabel mit der gelben Spitze, den schwarzen Beinen und den harten »kirreck«-Rufen gut zu erkennen. Ihre Brutplätze liegen in den Dünen, auf Sand- und Kiesbänken; die Nahrungssuche erfolgt in Flachwassergebieten. Erste Gelege ab Anfang Mai; 1 Brut im Jahr.

▲ **Weißstorch**

»Adebar« wird 1,00 – 1,15 m lang und erreicht eine Spannweite von 1,60 m. Er ist bei uns ein Charaktervogel feuchter Wiesenlandschaften, aber leider im Bestand stark zurückgegangen. Einigermaßen gute Weißstorchbestände gibt es noch im nördlichen Schleswig-Holstein und vor allem in Mecklenburg-Vorpommern.

◀ **Kranich**

Der Kranich wird 1,15 cm lang, die Flügelspannweite beträgt 2,20 – 2,45 m. Sein Gefieder ist schiefergrau, Gesicht und Kehle sind schwarz, Kopfseiten und Hals weiß, der Scheitel rot gefärbt. Der Vogel brütet in Mooren und Bruchwäldern. Das Weibchen legt in der ersten Aprilhälfte 2 – 3 Eier. Die Jungen schlüpfen nach rund 4 Wochen; sie sind Nestflüchter und werden lange von den Altvögeln geführt. Kraniche treffen bei uns im März ein und ziehen im Oktober wieder nach Südeuropa oder Afrika ab. Während eines Jahreszyklus kommen an traditionellen Sammelplätzen (Mecklenburg) immer wieder Massen von Kranichen zusammen.

◀ **Schafstelze**
Die 17 cm lange, auf der Unterseite leuchtend gelbe Schafstelze ist ein typischer Wiesenvogel. Oft sieht man den Vogel in der Nähe von weidendem Vieh nach Nahrung suchen. Sein Nest steht in dichter Vegetation am Boden. Volle Gelege bestehen aus 5 – 6 Eiern; man findet sie ab Mitte Mai.

▶ **Uferschwalbe**
Die 12 cm lange, insgesamt bräunlich gefärbte Uferschwalbe hat ein braunes Brustband und einen eingekerbten Schwanz. Sie brütet kolonieweise in bis 1 m tiefen Röhren, die sie in die Wände von Sand- und Kiesgruben sowie Steilküsten gräbt. Die Art hält sich von März/April bis August/September in Mitteleuropa auf und überwintert in Afrika.

◀ **Feldlerche**
Die Feldlerche (Länge: 18 cm) ist unscheinbar bräunlich gefärbt, aber ihr trillernder Gesang ist sehr auffällig. Man sieht den Vogel auf Ackerland; ihm sagt aber auch Wiesengelände und Brachland zu. Die Lerchen kehren Ende Februar/Anfang März aus ihren Winterquartieren zurück. Erste volle Gelege findet man Mitte April.

◀ Steinschmätzer

Den Steinschmätzer (Länge: 15 cm) erkennt man an dem weißen Bürzel und der schwarzen Endbinde am Schwanz. Der Vogel brütet in Steinhaufen und in Löchern von Bodenanrissen. Das Nest wird reichlich mit Federn und Haaren ausgepolstert. Die Vögel legen meist 6 Eier und ziehen 1 Brut im Jahr auf.

▶ Teichrohrsäuger

Der 12 cm lange Teichrohrsänger kommt an allen kleineren und größeren Weihern und Seen vor. Geschickt klettert der Vogel an Schilfhalmen auf und ab, und von der hohen Warte eines Halmes läßt er auch seinen Gesang hören. Das Nest wird zwischen mehrere Halme aufgehängt. Die Art kommt Anfang Mai aus dem Winterquartier zurück.

◀ Grauammer

Mit 18 cm Länge ist die Grauammer die größte an den Küsten zu beobachtende Ammer. Sie bewohnt offenes Ackerland mit Hecken und Feldgehölzen, trockene Wiesen und Ödland. Auffällig ist der Gesang, ein zunächst tickendes, dann klirrendes Schwirren.

◂ Fischadler

Der Fischadler (Länge: 0,55 m, Spannweite: 1,45 – 1,70 m) ist fast über die ganze Erde verbreitet. Bei uns ist die Art an manchen Stellen in Norddeutschland zu beobachten. Dort errichtet er auf hohen Bäumen seinen großen Horst, der oft Jahre hintereinander benutzt wird.

▸ Seeadler

Ausgewachsene Seeadler werden fast 1 m lang, erreichen eine Spannweite von 2,00 – 2,40 m und haben einen hellbraunen Kopf und einen weißen, keilförmigen Schwanz. Der Greifvogel frißt Fische, Säugetiere und Wasservögel, aber auch Aas. Der umfangreiche Horst steht auf hohen Bäumen. Beginn der Eiablage (2 Eier): Mitte Februar – Mitte März.

◂ Sumpfohreule

Die tagaktive Sumpfohreule (bis 40 cm lang, Spannweite: 1 m) hat ein gelblichbraunes Gefieder und gelbe Augen. Der Vogel brütet in Mooren und Heiden, in sumpfigen Wiesen und in Dünengebieten. Er baut sein Nest aus trockenem Pflanzenmaterial am Boden. Gelege findet man manchmal schon Mitte April.

▲ Seehund

Männliche Seehunde werden 1,30 – 1,95 m lang und bis 100 kg schwer; die Weibchen bleiben mit 1,20 – 1,70 m Länge und 45 – 80 kg Gewicht kleiner. Bestimmungsmerkmale sind der langgestreckte Körper, der kurze, runde Kopf mit den v-förmig angeordneten Nasenöffnungen und das graue bis graubraune, schwarz gefleckte Fell. Die Art lebt in der Nordsee in Rudeln auf den Sandbänken im Wattenmeer. Bevorzugt jagt der Seehund in Flachwassergebieten; er kann bis 90 m tief tauchen. Erwachsene Tiere benötigen etwa 5 kg Nahrung am Tag. Sie besteht aus Fischen, Tintenfischen und Krebsen. Auf den Sandbänken werden nach einer Tragzeit von 10 – 11 Monaten die bei der Geburt etwa 10 kg schweren Jungen geboren, die sofort schwimmen können. Im Nordsee-Wattenmeer liegen auch die besten Beobachtungsplätze. Ansonsten ist der Seehund über weite Gebiete der Nordhalbkugel verbreitet.

▶ Kegelrobbe

Die Kegelrobbe wird mit einer Länge von 1,85 – 2,50 m und einem Gewicht von bis zu 250 kg deutlich größer als der Seehund. Ihr wichtigstes Kennzeichen ist der längliche, kegelförmige Kopf (Name!). Das Fell ist zudem graubraun mit unregelmäßigen Flecken.

◀ Eikapseln des Katzenhaies

Bisweilen findet man im Spülsaum die Eikapseln vom Kleingefleckten Katzenhai (Nordsee) und vom Nagelrochen (Nordsee und westliche Ostsee). Es sind einige Zentimeter lange, braune bis schwarze Kissen mit Fortsätzen an den 4 Ecken. Diese Fortsätze sind beim Katzenhai lang und spiralig (s. Foto), beim Nagelrochen kurz und leicht gebogen.

▶ Löcher des Bohrschwammes

Immer wieder findet man auf Strandwanderungen Schneckengehäuse und Muschelschalen (beispielsweise Austernschalen) mit millimetergroßen, runden Löchern darin. Dies sind Spuren von Bohrschwämmen. Die Schwämme haben im Inneren der Schalen gesessen und Öffnungen nach außen gebohrt.

◀ Gehäuse und Eiballen der Gemeinen Wellhornschnecke

Die mit 12 cm Gehäusehöhe größte Schnecke der deutschen Küsten (s. S. 195) legt ihre Eier in Form von Eiballen ab, deren einzelne Kapseln je 1 000 Eier enthalten können. Davon sind allerdings nur etwa 10 befruchtet, die anderen dienen den jungen Schnecken als Nahrung. Die leeren Eiballen findet man häufig angeschwemmt.

◀ **Schulpe des Gemeinen Tintenfisches**
Tintenfische sind mit den Schnecken und Muscheln verwandt und haben eine Kalkschale im Inneren des Körpers. Die bis 20 cm langen Schulpe des Gemeinen Tintenfisches, der einzigen in der Nordsee vertretenen Art, findet man hin und wieder am Strand angeschwemmt, manchmal auch die schwarzen Laich»beeren«, vollständige Tiere dagegen kaum.

▶ **»Donnerkeile«**
An den deutschen Küsten findet man relativ häufig die einige Zentimeter langen sogenannten Donnerkeile, die aussehen wie längliche, runde, vorne zugespitzte »Steine«. Es handelt sich um die Fortsätze der Schulpe heute ausgestorbener Tintenfische (Belemniten).

◀ **Versteinerte Seeigel**
Gut fossilisierbar sind harte Teile von Lebewesen, beispielsweise Schneckengehäuse und Muschelschalen. Eine weitere Gruppe von Tieren mit harten Skeletten oder Schalen sind die Korallen und die Seeigel, und folglich findet man auch fossile Korallen und Seeigel an den Stränden der deutschen Küsten.

Nord- und Ostsee in Stichwörtern

Ästuar trichterförmige Flußmündung an Küsten mit kräftigen Gezeiten (Beispiel: Elbe-Ästuar)

Art Zu einer Tier- oder Pflanzenart gehören alle Lebewesen, die miteinander fruchtbare Nachkommen erzeugen können.

Außensände große Sandbänke westlich der Halligen (Japsand, Norderoogsand, Süderoogsand) und in anderen Gebieten der Nordsee (Großer Knechtsand)

Benthos Gesamtheit der am Meeresboden lebenden Pflanzen und Tiere

Bodden flache Meeresbucht mit einem unregelmäßigen Grundriß an der mecklenburgischen Ostseeküste

Brandung entsteht dadurch, daß die auf den Strand zulaufenden Wassermassen am Meeresboden stärker abgebremst werden als an der Wasseroberfläche.

Buhne senkrecht zum Strand ins Meer hineingebautes Küstenschutzwerk aus Holz-, Beton- oder Eisenpfählen, aus Felsbrocken oder Tetrapoden

Deiche schützen die Inseln und Küstenlandschaften vor Überflutung. Sommerdeiche dienen dem Schutz der Flächen im Vorland der Hauptdeiche gegen Sommerhochwässer, die niedriger sind als die Winterhochwässer. Hauptdeiche = Winterdeiche = Schaudeiche = Seedeiche sichern die durch Sturmfluten im Winter bedrohten Küstengebiete; sie müssen also höher (bis 9 m über NN) sein als das maximale Hochwasser, das bei Springflut und auflandigem Orkan eintreten kann.

Donnerkeile versteinerte Fortsätze der Schulpe ausgestorbener Tintenfische (Belemniten); früher als Spitzen vom germanischen Gott Donar (Name!) geschleuderter Pfeile gedeutet

Ebbe Sinken des Wasserstandes, also Zeitraum zwischen Hochwasser und Niedrigwasser, Dauer: rund 6 h

Eiszeit (= Diluvium = Pleistozän) geologischer Zeitabschnitt von etwa 1 000 000 – 10 000 v. Chr.

eutroph nährstoffreich

Fething Süßwasserspeicher auf Warften, Auffangbecken für Regenwasser; das Wasser ist für das Vieh (und als Löschwasser) gedacht, nicht als Trinkwasser für den Menschen

Flut Steigen des Wasserstandes, also Zeitraum zwischen Niedrigwasser und Hochwasser, Dauer: rund 6 h

Förde längliche Meeresbucht, die durch Überflutung einer eiszeitlichen Schmelzwasserrinne entstanden ist (Beispiele: Flensburger Förde, Kieler Förde)

Fossilien Versteinerungen

Gat(t) bis 10 m tiefer Sammelpriel; aber auch schmale Verbindung zwischen 2 Meeren (Beispiel: Kattegat)

Geest eiszeitlich geprägte, leicht wellige Landschaft in Norddeutschland; schließt sich mit einem deutlichen Höhenanstieg landseitig an die Marschen an; stellenweise auch direkt an der Küste

Gezeiten (= Tiden) rhythmische Schwankungen des Meeresspiegels, die durch Anziehungskräfte zwischen Erde, Mond und Sonne und durch Fliehkräfte hervorgerufen werden

glazial durch Gletscher entstanden

Groden Land zwischen Deich und Meer

Haff seichte Meeresbucht, die durch eine Nehrung fast ganz vom offenen Meer abgeschnürt ist

Hallig Rest von der Nordsee aufgeworfenen Landes, nur etwa 1 m über dem normalen Hochwasser; Gebäude auf Warften

halophil salzliebend

Halophyten Pflanzen, die auf salzhaltigen Böden leben können

Heide durch niedrige Zwergsträucher charakterisierte Pflanzenformation; an der Küste natürliche Heiden (z. B. Braderuper Heide auf Sylt); die Dünenheide auf Hiddensee oder auch die Lüneburger Heide sind dagegen vom Menschen geschaffene Landschaften

Heller (= Außengroden = Deichvorland) Landflächen zwischen Meer und Sommerdeich bzw. Hauptdeich

Hochwasser höchster tidenabhängiger Wasserstand

Kliff Steilküste, an der das Meer die entsprechend hoch anstehende Küste angreift (z. B. Sylt: Morsum-Kliff, Rotes Kliff)

Koog eingedeichtes Marschland, das dem Meer abgerungen wurde; in Holland spricht man vom Polder

Lahnung Reihe aus Pfählen und Buschwerk, ins Wattenmeer hinausgebaut, um Bereiche ruhigen Wassers zu schaffen, wo sich der Schlick absetzen kann

Limikolen (= Watvögel) Zu dieser Vogelgruppe zählen u. a. Austernfischer, Säbelschnäbler, Regenpfeifer, Kiebitz, Strandläufer, Schnepfen, Brachvögel und Wasserläufer.

Litoral Uferzone von Gewässern

marin zum Meer gehörend, vom Meer gebildet

Marsch aus Schlick und Sand bestehende Anschwemmungen an flachen Küsten; eingedeichte Marsch = Koog oder Polder

Mittelwasser Mittelwert zwischen Hoch- und Niedrigwasser

Mole in das Meer hineinragendes Küstenbauwerk zum Schutz gegen Wellen und/oder Versandung

Mollusken (= Weichtiere) hauptsächlich Schnecken und Muscheln

Moräne Sand, Kies und Geröll, die ein Gletscher an seiner Unterseite (Grundmoräne), an den Seiten (Seitenmoränen) und an seiner Stirn (Endmörane) transportiert. Nach dem Abschmelzen des Gletschers bleibt dieses Material an Ort und Stelle liegen und wird nur mehr durch Wasser und Wind verfrachtet, je nach Korngröße in unterschiedlichem Ausmaß.
Nehrung (= Sandhaken) langgestreckte, schmale Landzunge, die eine Meeresbucht vom offenen Meer abtrennt; aus Sand bestehend, der von Meeresströmungen parallel zur Küste verfrachtet worden und hinter einem Küstenvorsprung zur Ruhe gekommen ist
Nekton Oberbegriff für alle Lebewesen, die im freien Wasser des Meeres (oder eines Binnengewässers) leben und sich – im Gegensatz zum Plankton – aktiv bewegen können (Beispiele: Fische, Pinguine, Robben, Wale)
Niedrigwasser niedrigster tidenabhängiger Wasserstand
Nipptiden besonders schwach ausgeprägte Tiden oder Gezeiten
NN (= Normalnull) Bezugspunkt für Höhenangaben, ungefähr der Mittelwert zwischen mittlerem Hoch- und Niedrigwasser
oligotroph nährstoffarm
pelagisch im freien Wasser lebend
Plankton ist der Oberbegriff für alle Lebewesen, die im freien Wasser des Meeres (oder eines stehenden Binnengewässers) schweben, sich also nicht aktiv gegen Strömungen behaupten können. Man unterscheidet Phytoplankton = pflanzliches Plankton und Zooplankton = tierisches Plankton.
Plate Sand- oder Schlickbank zwischen tiefen Prielen
Pleistozän Eiszeit
Polder dem Meer abgerungenes, eingedeichtes Marschland
Pricke Seezeichen, das in flachen Küstengewässern, insbesondere im Wattenmeer, eine Fahrrinne oder einen Wattenweg markiert; meist ein in den Boden gesteckter kahler, junger Baum mit Ästen
Priel bachartige Rinne im Wattboden, in der das Wasser bei Ebbe abläuft. Bei Flut (auflaufendem Wasser) füllen sich zunächst die Priele, die dann sozusagen über die Ufer treten, bis schließlich die Wattflächen vom Meer bedeckt sind.
Rippelmarken wellenförmige Erhebungen des Bodens im Sandwatt, durch die mit den Gezeiten verbundenen Strömungen hervorgerufen; auch Rippeln genannt
Sand Anhäufung loser Mineralkörnchen von 0,02 – 2 mm Durchmesser
Schill Stückchen von der Brandung zerkleinerter Schnecken- und Muschelschalen; sind große Mengen zusammengeschwemmt, spricht man von Schillbänken
Schlick feinkörnige Ablagerungen (Meer, Flüsse); gut in fruchtbaren Ackerboden umzuwandeln.
Schöpfwerk Pumpwerk im Deich zur künstlichen Entwässerung des Binnenlandes
Sediment Ablagerung
Sessil festsitzend
Siel Schleuse im Deich für die natürliche Entwässerung des Binnenlandes
Springtiden besonders stark ausgeprägte Tiden oder Gezeiten (bei Vollmond und Neumond)
Spülsaum (= Flutsaum) Streifen mit angeschwemmtem Treibgut entlang der Küsten, markiert den Stand des entsprechenden Hochwassers
Strandsee ehemalige Meeresbucht, die durch Land völlig vom Meer abgeschlossen ist
Strandwall an einer Flachküste von den Wellen aufgeschütteter Sand- und/oder Kieswall, zum Land hin durch eine flache Rinne begrenzt
Sturmflut entsteht ab Windstärke 8 bis 9
Tiden s. Gezeiten
Tidenhub der Unterschied zwischen Hoch- und Niedrigwasserstand einer Tide
Tidenkalender Aufstellung der täglichen Hoch- und Niedrigwasserstände des ganzen Jahres, auf einen Ort bezogen
Vogelkoje Einrichtung zum Fang durchziehender Enten; von einem zentralen Süßwasserteich zweigen 4 – 6 sogenannte Pfeifen mit Reusen am Ende ab, in die die Enten hineingelockt und -getrieben werden; heute meist stillgelegt, aber teilweise noch erhalten und zu besichtigen (z. B. auf Föhr, Amrum und Sylt)
Vorland das Land, das vor den Deichen liegt
Wanderdüne Düne, die sich unter dem Einfluß des Windes verlagert (Beispiel: Lister Wanderdünen im Norden von Sylt)
Warft (= Wurt) bis zu 6 m hoher Erdhügel, auf dem die Gebäude auf den Halligen stehen; »Warft« ist der in Nordfriesland, »Wurt« der in Ostfriesland gebräuchliche Begriff
Wasserstand z. B. THW = Tidenhochwasser, TNW = Tidenniedrigwasser, MTHW = mittleres Tidenhochwasser, MTNW = mittleres Tidenniedrigwasser
Watt zeitweilig trockenfallendes Gebiet aus Sedimenten aufgebauten Meeresbodens
Windflüchter Baum, dessen Stamm bzw. Krone unter dem Einfluß des Windes in eine bestimmte Richtung geneigt bzw. verformt ist
Windschur Wirkung des Windes auf die Vegetation
Windstärke Stärke des Windes; wird ausgedrückt in km/h oder Knoten (kn); nach der Beaufort-Skala bedeuten: Windstärke 0 = Windstille, 2 = leichte Brise, 5 = frische Brise, 6 = starker Wind, 9 = Sturm, 12 – 17 = Orkan.
Wurt s. Warft

Namen der im Buch erwähnten Pflanzen und Tiere

In der folgenden Liste sind interessante und für die Küsten typische Arten aufgeführt, die dem Naturfreund aus dem Binnenland eher wenig geläufig sind. Die eindeutige Benennung von Lebewesen erfolgt so, daß man dem Namen in der eigenen Sprache den wissenschaftlichen Namen in Klammern nachstellt.

Pflanzen (Algen, Pilze, Flechten, Moose, Farnpflanzen, Blütenpflanzen)

Ästiger Igelkolben = Aufrechter Igelkolben *(Sparganium erectum)*
Andel = Strand-Salzschwaden *(Puccinellia maritima)*
Arnika *(Arnica montana)*

Behaarter Ginster *(Genista pilosa)*
Beinbrech *(Narthecium ossifragum)*
Berg-Sandglöckchen *(Jasione montana)*
Binsen-Quecke *(Agropyron junceum)*
Blasentang *(Fucus vesiculosus)*
Blumenbinse *(Scheuchzeria palustris)*
Blutauge = Sumpf-Fingerkraut *(Potentilla palustris)*
Blutroter Seeampfer *(Delesseria sanguinea)*
Blutroter Storchschnabel *(Geranium sanguineum)*
Blut-Weiderich *(Lythrum salicaria)*
Breitblättriger Rohrkolben *(Typha latifolia)*
Breitblättriges Knabenkraut *(Dactylorhiza majalis)*

Darmtang *(Enteromorpha spec.)*
Dolden-Habichtskraut *(Hieracium umbellatum)*
Dornige Hauhechel *(Ononis spinosa)*
Drachenwurz = Schlangenkraut *(Calla palustris)*
Dreikantige Simse *(Scirpus triqueter)*
Dünen-Rose *(Rosa pimpinellifolia)*

Echte Sumpfwurz *(Epipactis palustris)*
Echter Sellerie *(Apium graveolens)*
Echtes Mädesüß *(Filipendula ulmaria)*
Echtes Pfeilkraut *(Sagittaria sagittifolia)*
Englischer Ginster *(Genista anglica)*
Europäische Trollblume *(Trollius europaeus)*
Europäischer Meersenf *(Cakile maritima)*
Europäischer Siebenstern *(Trientalis europaea)*
Europäisches Pfaffenhütchen *(Euonymus europaeus)*

Faden-Segge *(Carex lasiocarpa)*
Faulbaum *(Frangula alnus)*
Fieberklee = Bitterklee *(Menyanthes trifoliata)*
Fingertang *(Laminaria digitata)*
Flatter-Binse *(Juncus effusus)*
Flecht-Simse = Sumpf-Binse *(Scirpus lacustris)*
Fleischfarbenes Knabenkraut *(Dactylorhiza incarnata)*
Flutender Sellerie *(Apium inundatum)*

Geflecktes Ferkelkraut *(Hypochoeris maculata)*
Gelbe Teichrose *(Nuphar lutea)*
Gelbes Windröschen *(Anemone ranunculoides)*
Gelbflechte *(Xanthoria parietina)*
Gemeine Besenheide *(Calluna vulgaris)*
Gemeine Eberwurz *(Carlina vulgaris)*
Gemeine Grasnelke = Strand-Grasnelke *(Armeria maritima ssp. maritima)*
Gemeine Natternzunge *(Ophioglossum vulgatum)*
Gemeine Ochsenzunge *(Anchusa officinalis)*
Gemeiner Froschlöffel *(Alisma plantago-aquatica)*
Gemeiner Gelbstern *(Gagea lutea)*
Gemeiner Hopfen *(Humulus lupulus)*
Gemeiner Queller *(Salicornia europaea)*
Gemeiner Sanddorn *(Hippophaë rhamnoides)*
Gemeiner Strandhafer *(Ammophila arenaria)*
Gemeiner Tüpfelfarn = Engelsüß *(Polypodium vulgare)*
Gemeiner Wasserschlauch *(Utricularia vulgaris)*
Gemeines Seegras *(Zostera marina)*
Geschlängelte Schmiele *(Deschampsia flexuosa)*
Geschnäbelte Salde *(Ruppia maritima)*
Gewöhnliche Moosbeere *(Vaccinium oxycoccus)*
Gewöhnliche Stechpalme = Stechhülse *(Ilex aquifolium)*
Gewöhnlicher Besenginster *(Sarothamnus scoparius)*
Gewöhnlicher Sumpfquendel *(Peplis portula)*
Gewöhnlicher Zwergflachs *(Radiola linoides)*
Gift-Wasserschierling *(Cicuta virosa)*
Glocken-Heide *(Erica tetralix)*
Großer Ehrenpreis *(Veronica teucrium)*
Großer Schwaden *(Glyceria maxima)*

Hain-Wachtelweizen *(Melampyrum nemorosum)*
Heide-Gagelstrauch *(Myrica gale)*
Heide-Küchenschelle *(Pulsatilla patens)*
Heide-Nelke *(Dianthus deltoides)*
Heide-Wacholder *(Juniperus communis)*
Hohes Schlickgras *(Spartina townsendii)*
Hunds-Rose *(Rosa canina)*

Igelschlauch *(Baldellia ranunculoides)*
Immergrüne Bärentraube *(Arctostaphylos uva-ursi)*

Kali-Salzkraut *(Salsola kali)*
Kamm-Laichkraut *(Potamogeton pectinatus)*
Kartoffel-Rose = Runzel-Rose *(Rosa rugosa)*
Kleiner Wasserschlauch *(Utricularia minor)*
Kleines Wintergrün *(Pyrola minor)*
Knöllchen-Steinbrech *(Saxifraga granulata)*
Knotentang *(Ascophyllum nodosum)*
Königs-Rispenfarn *(Osmunda regalis)*
Kohl-Kratzdistel *(Cirsium oleraceum)*
Kolben-Bärlapp *(Lycopodium clavatum)*
Korb-Weide *(Salix viminalis)*
Krebsschere *(Stratiotes aloides)*
Kriech-Weide *(Salix repens)*
Kugel-Pillenfarn *(Pilularia globulifera)*

Löffelkraut *(Cochlearia spec.)*
Lungen-Enzian *(Gentiana pneumonanthe)*

Mauerlattich *(Mycelis muralis)*
Meersalat *(Ulva lactuca)*
Mehl-Schlüsselblume = Mehl-Primel *(Primula farinosa)*
Mittlerer Sonnentau *(Drosera intermedia)*
Moor-Birke *(Betula pubescens)*

Natternkopf *(Echium vulgare)*
Natternkopfblättriges Habichtskraut *(Hieracium echioides)*

Palmentang *(Laminaria hyperborea)*
Pfeifengras *(Molinia coerulea)*
Portulak-Salzmelde = Portulak-Keilmelde *(Halimione portulacoides)*
Pracht-Nelke *(Dianthus superbus)*

Rauschbeere = Moorbeere *(Vaccinium uliginosum)*
Rohrkolben *(Typha spec.)*
Rosmarinheide *(Andromeda polifolia)*
Rote Heckenkirsche *(Lonicera xylosteum)*
Roter Schwingel *(Festuca rubra)*
Roter Zahntrost *(Odontites rubra)*
Rundblättriger Sonnentau *(Drosera rotundifolia)*
Rundblättriges Wintergrün *(Pyrola rotundifolia)*

Sägetang *(Fucus serratus)*
Salz-Aster = Strand-Aster = Meer-Aster *(Aster tripolium)*
Salz-Binse *(Juncus gerardii)*
Salz-Bunge *(Samolus valerandi)*
Sand-Segge *(Carex arenaria)*
Sand-Stiefmütterchen *(Viola tricolor ssp. maritima)*
Sand-Strohblume *(Helichrysum arenarium)*
Schachblume *(Fritillaria meleagris)*
Scharfer Mauerpfefer *(Sedum acre)*
Schattenblume *(Maianthemum bifolium)*
Scheiden-Wollgras *(Eriophorum vaginatum)*
Schlamm-Segge *(Carex limosa)*
Schlehdorn = Schwarzdorn *(Prunus spinosa)*
Schmalblättriges Wollgras *(Eriophorum angustifolium)*
Schneide *(Cladium mariscus)*
Schwanenblume *(Butomus umbellatus)*
Schwarze Krähenbeere *(Empetrum nigrum)*
Schwarz-Erle *(Alnus glutinosa)*
Schwarzes Kopfried *(Schoenus nigricans)*
Schwarz-Kiefer *(Pinus nigra)*
Seegras *(Zostera spec.)*
Segge *(Carex spec.)*
Sonnentau *(Drosera spec.)*
Stengellose Kratzdistel *(Cirsium acaule)*
Strand-Beifuß *(Artemisia maritima)*
Strand-Binse *(Juncus maritimus)*
Stranddistel *(Eryngium maritimum)*
Strand-Dreizack *(Triglochin maritima)*
Strand-Kamille *(Matricaria maritima)*
Strandling *(Littorella uniflora)*
Strand-Melde *(Atriplex litoralis)*
Strand-Milchkraut *(Glaux maritima)*
Strand-Platterbse *(Lathyrus maritimus)*
Strand-Quecke *(Agropyron littorale)*
Strandroggen *(Elymus arenarius = Leymus arenarius)*
Strand-Salzmiere *(Honckenya peploides)*
Strand-Simse = Meer-Binse *(Scirpus maritimus)*
Strand-Sode *(Suaeda maritima)*
Strand-Tausendgüldenkraut *(Centaurium littorale)*
Strand-Wegerich *(Plantago maritima)*
Straußblütiger Gilbweiderich *(Lysimachia thyrsiflora)*
Sumpfbärlapp *(Lepidotis inundata)*
Sumpf-Brachsenkraut *(Isoëtes lacustris)*
Sumpf-Dreizack *(Triglochin palustris)*
Sumpf-Herzblatt *(Parnassia palustris)*
Sumpf-Knabenkraut *(Orchis palustris)*
Sumpf-Läusekraut *(Pedicularis palustris)*
Sumpf-Porst *(Ledum palustre)*
Sumpf-Schwertlilie *(Iris pseudacorus)*
Sumpf-Wasserfeder *(Hottonia palustris)*

Teichfaden *(Zannichellia palustris)*
Torfmoos *(Sphagnum spec.)*

Vielblütige Weißwurz *(Polygonatum multiflorum)*
Vogel-Kirsche *(Prunus avium)*

Wald-Veilchen *(Viola reichenbachiana)*
Wasserfenchel *(Oenanthe aquatica)*
Wasser-Lobelie *(Lobelia dortmanna)*
Weichwurz *(Hammarbya paludosa)*
Weiße Seerose *(Nymphaea alba)*
Weißer Meerkohl *(Crambe maritima)*
Weißes Schnabelried *(Rhynchospora alba)*
Widerstoß = Strand- oder Halligflieder *(Limonium vulgare = Statice limonium)*
Wiesen-Bärenklau *(Heracleum sphondylium)*
Wiesen-Fuchsschwanzgras *(Alopecurus pratensis)*

Wiesen-Küchenschelle = Wiesen-Kuhschelle *(Pulsatilla pratensis)*
Wiesen-Rispengras *(Poa pratensis)*
Wollgras *(Eriophorum spec.)*

Zottiges Weidenröschen *(Epilobium hirsutum)*
Zuckertang *(Laminaria saccharina)*
Zwerg-Igelkolben *(Sparganium minimum)*
Zwerg-Seegras *(Zostera noltii)*

Tiere

Alpenstrandläufer *(Calidris alpina)*
Amerikanische Schwertmuschel *(Ensis direktus)*
Aschfarbene Kreiselschnecke *(Gibbula cineraria)*
Austernfischer *(Haematopus ostralegus)*

Baltische Plattmuschel = Rote Bohne = Tellmuschel *(Macoma balthica)*
Barsch = Flußbarsch *(Perca fluviatilis)*
Bäumchen-Röhrenwurm *(Lanice conchilega)*
Baßtölpel *(Sula bassana)*
Bekassine *(Gallinago gallinago)*
Bergente *(Aythya marila)*
Berghänfling *(Acanthis flavirostris)*
Bläßgans *(Anser albifrons)*
Blätter-Moostierchen *(Flustra foliacea)*
Blaue Nesselqualle *(Cyanea lamarckii))*
Blaukehlchen *(Luscinia svecica)*
Bohrschwamm *(Cliona celata)*
Brachsen = Brassen = Blei *(Abramis brama)*
Brandgans = Brandente *(Tadorna tadorna)*
Brandseeschwalbe *(Sterna sandvicensis)*
Brotkrumenschwamm *(Halichondria panicea)*

Döbel *(Leuciscus cephalus)*
Dornhai *(Squalus acanthias)*
Dorsch = Kabeljau *(Gadus morrhua)*
Dreikantwurm *(Pomatoceros triqueter)*
Dreistacheliger Stichling *(Gasterosteus aculeatus)*
Dreizehenmöwe *(Rissa tridactyla)*
Drosselrohrsänger *(Acrocephalus arundinaceus)*
Dunkler Wasserläufer *(Tringa erythropus)*

Eiderente *(Somateria mollissima)*
Eisente *(Clangula hyemalis)*
Eismeer-Ringelrobbe *(Phoca hispida)*
Eissturmvogel *(Fulmarus glacialis)*
Entenmuschel *(Lepas anatifera)*
Eßbare Herzmuschel *(Cerastoderma edule = Cardium edule)*
Europäische Auster *(Ostrea edulis)*
Europäischer Aal = Flußaal *(Anguilla anguilla)*
Europäischer Biber *(Castor fiber)*
Europäischer Hummer *(Homarus gammarus)*
Europäischer Laubfrosch *(Hyla arborea)*

Fischadler *(Pandion haliaetus)*
Fischotter *(Lutra lutra)*
Flunder *(Platichthys flesus)*
Flußseeschwalbe *(Sterna hirundo)*

Gänsesäger *(Mergus merganser)*
Gebänderte Prachtlibelle *(Calopteryx splendens)*
Gefleckte Heidelibelle *(Sympetrum flaveolum)*
Gelbe Nesselqualle = Haarqualle *(Cyanea capillata)*
Gemeine Seepocke *(Semibalanus balanoides)*
Gemeine Strandkrabbe *(Carcinus maenas)*
Gemeine Strandschnecke *(Littorina littorea)*
Gemeine Wattschnecke *(Hydrobia ulvae)*
Gemeine Wellhornschnecke *(Buccinum undatum)*
Gemeiner Einsiedlerkrebs *(Pagurus bernhardus)*
Gemeiner Seestern *(Asterias rubens)*
Gemeiner Tintenfisch *(Sepia officinalis)*
Gewöhnliche Turmschnecke *(Turritella communis)*
Glattnatter = Schlingnatter *(Coronella austriaca)*
Goldregenpfeifer *(Pluvialis apricaria)*
Große Rohrdommel *(Botaurus stellaris)*
Großer Brachvogel *(Numenius arquata)*
Großer Fuchs *(Nymphalis polychloros)*
Grüner Seeringelwurm *(Nereis virens)*
Grünschenkel *(Tringa nebularia)*
Güster = Blicke *(Blicca bjoerkna)*

Haubentaucher *(Podiceps cristatus)*
Hauhechelbläuling *(Polyommatus icarus)*
Hecht *(Esox lucius)*
Hering *(Clupea harengus)*
Heringsmöwe *(Larus fuscus)*
Hohltaube *(Columba oenas)*
Hornhecht *(Belone belone)*

Kammolch *(Triturus cristatus)*
Kampfläufer *(Philomachus pugnax)*
Kanadagans *(Branta canadensis)*
Karmingimpel *(Carpodacus erythrinus)*
Karpfen *(Cyprinus carpio)*
Kegelrobbe *(Halichoerus grypus)*
Kiebitzregenpfeifer *(Pluvialis squatarola)*
Kleiner Herzigel *(Echinocardium cordatum)*
Kleingefleckter Katzenhai *(Scylliorhinus canicula)*
Knäkente *(Anas querquedula)*
Knutt *(Calidris canutus)*
Köderwurm = Pierwurm = Sandpier = Wattwurm *(Arenicola marina)*
Kolbenente *(Netta rufina)*
Kompaßqualle *(Chrysaora hyoscella)*
Kornweihe *(Circus cyaneus)*
Kranich *(Grus grus)*

Kreuzkröte *(Bufo calamita)*
Kreuzotter *(Vipera berus)*
Krickente *(Anas crecca)*
Küstenseeschwalbe *(Sterna paradisaea)*
Kugelrippenqualle = Seestachelbeere *(Pleurobrachia pileus)*
Kurzschnabelgans *(Anser brachyrhynchus)*

Lachseeschwalbe *(Gelochelidon nilotica)*
Lachsforelle = Meerforelle *(Salmo trutta)*
Löffelente *(Anas clypeata)*
Löffler *(Platalea leucorodia)*

Mantelmöwe *(Larus marinus)*
Meerstrandläufer *(Calidris maritima)*
Miesmuschel *(Mytilus edulis)*
Mittelsäger *(Mergus serrator)*
Moorfrosch *(Rana arvalis)*

Nagelrochen *(Raja clavata)*
Nashornkäfer *(Oryctes nasicornis)*
Nebelkrähe *(Corvus corone cornix)*
Nonnengans = Weißwangengans *(Branta leucopsis)*
Nordseegarnele = Sandgarnele *(Crangon crangon)*

Odinshühnchen *(Phalaropus lobatus)*
Ohrenlerche *(Eremophila alpestris)*
Ohrenqualle *(Aurelia aurita)*
Ohrentaucher *(Podiceps auritus)*

Pelikansfuß *(Aporrhais pespelicani)*
Petermännchen *(Trachinus draco)*
Pfeifente *(Anas penelope)*
Pfuhlschnepfe *(Limosa lapponica)*
Plötze = Rotauge *(Rutilus rutilus)*
Posthörnchenwurm *(Spirorbis borealis)*
Pottwal *(Physeter catodon)*
Prachttaucher *(Gavia arctica)*

Quappe = Rutte *(Lota lota)*

Rauhfußbussard *(Buteo lagopus)*
Regenbrachvogel *(Numenius phaeopus)*
Ringelgans = Rottgans *(Branta bernicla)*
Ringelnatter *(Natrix natrix)*
Rohrschwirl *(Locustella luscinoides)*
Rohrweihe *(Circus aeruginosus)*
Rotbauchunke *(Bombina bombina)*
Roter Knurrhahn *(Trigla lucerna)*
Rotfeder *(Scardinius erythrophthalmus)*
Rothalsgans *(Branta ruficollis)*
Rothalstaucher *(Podiceps grisegena)*
Rotschenkel *(Tringa totanus)*

Saatgans *(Anser fabalis)*
Säbelschnäbler *(Recurvirostra avosetta)*
Samtente *(Melanitta fusca)*
Sanderling *(Calidris alba)*
Sandklaffmuschel *(Mya arenaria)*
Sandregenpfeifer *(Charadrius hiaticula)*
Schellente *(Bucephala clangula)*
Schleie *(Tinca tinca)*
Schlickkrebs *(Corophium volutator)*
Schnatterente *(Anas strepera)*
Schneeammer *(Plectrophenax nivalis)*
Schwarzhalstaucher *(Podiceps nigricollis)*
Schwarzkopfmöwe *(Larus melanocephalus)*
Seeadler *(Haliaeetus albicilla)*
Seedahlie = Dickhörnige Seerose *(Urticina felina = Tealia felina)*
Seehund *(Phoca vitulina)*
Silbermöwe *(Larus argentatus)*
Singschwan *(Cygnus cygnus)*
Sperbergrasmücke *(Sylvia nisoria)*
Spießente *(Anas acuta)*
Springfrosch *(Rana dalmatina)*
Sprosser *(Luscinia luscinia)*
Steinwälzer *(Arenaria interpres)*
Stelzenläufer *(Himantopus himantopus)*
Strand-Seeigel = Strandigel *(Psammechinus miliaris)*
Sturmmöwe *(Larus canus)*
Sumpfohreule *(Asio flammeus)*

Tafelente *(Aythya ferina)*
Taschenkrebs *(Cancer pagurus)*
Teichmolch *(Triturus vulgaris)*
Temminckstrandläufer *(Calidris temminckii)*
Tordalk *(Alca torda)*
Trauerente *(Melanitta nigra)*
Trauerseeschwalbe *(Chlidonias niger)*
Trottellumme *(Uria aalge)*
Tüpfelsumpfhuhn *(Porzana porzana)*

Uferschnepfe *(Limosa limosa)*
Uferschwalbe *(Riparia riparia)*

Waldeidechse = Bergeidechse = Mooreidechse *(Lacerta vivipara)*
Waldschnepfe *(Scolopax rusticola)*
Wasserfledermaus *(Myotis daubentoni)*
Wasserfrosch = Teichfrosch *(Rana esculenta)*
Wasserralle *(Rallus aquaticus)*
Wechselkröte = Grüne Kröte *(Bufo viridis)*
Wiesenweihe *(Circus pygargus)*

Zander *(Stizostedion lucioperca)*
Zauneidechse *(Lacerta agilis)*
Ziegenmelker *(Caprimulgus europaeus)*
Zwergsäger *(Mergus albellus)*
Zwergseeschwalbe *(Sterna albifrons)*

Adressen

Bund für Umwelt und Naturschutz e.V. (BUND)
Am Köllnischen Park 1
10179 Berlin
Tel. 030-275 864-0
Fax. 030-275 864-40
www.bund.net

Gesellschaft zum Schutz der Meeressäuger e.V. (GSM)
Kieler Str. 2
25451 Quickborn
Tel. 04106-620 601
Fax. 04106-620 907
www.gsm-ev.de

Landesamt für den Nationalpark Schleswig-Holsteinisches Wattenmeer
Schloßgarten 1
25832 Tönning
Tel. 04861-616-0
Fax 04861-616-69
www.wattenmeer-nationalpark.de

Behörde für Umwelt und Gesundheit, Nationalparkverwaltung Hamburgisches Wattenmeer
Billstr. 84
20539 Hamburg
Tel. 040-42845-2105
Fax. 040-42845-2579
www.wattenmeer-nationalpark.de

Nationalparkverwaltung Hamburgisches Wattenmeer
Nationalparkstation Neuwerk
27499 Insel Neuwerk
Tel. 04721-69271
Fax. 04721-28860
www.wattenmeer-nationalpark.de

Nationalparkverwaltung Niedersächsisches Wattenmeer
Virchowstr. 1
26382 Wilhelmshaven
Tel. 04421-911-0
Fax. 04421-911-280
www.wattenmeer-nationalpark.de

Nationalpark Vorpommersche Boddenlandschaft
Im Forst 5
18375 Born
Tel. 038234-502-2
Fax. 038234-50225
www.nationalpark-vorpommersche-boddenlandschaft.de

Nationalparkamt Rügen
Blieschow 7a
18586 Lancken-Granitz
Tel. 038393-2425
(z.Zt. wird ein Neubau erstellt)
www.nationalparkamt-ruegen.de

Der Mellumrat e.V.
Naturschutz und Forschungsgemeinschaft
Zum Jadebusen 179
26316 Varel-Dangast
Tel. 04451-84191
Fax. 04451-969784

Naturschutzbund Deutschland e.V. (NABU)
Hubertus-Rabius-Str. 26
53225 Bonn
Tel. 0228-4036-0
Fax. 0228-4036-200
www.nabu.de

Naturschutzgesellschaft Schutzstation Wattenmeer e.V.
Grafenstr. 23
24768 Rendsburg
Tel. 04331-23622
Fax. 04331-25246
www.schutzstation-wattenmeer.de

Umweltstiftung WWF-Deutschland
Relstöcker Str. 55
60326 Frankfurt
Tel. 069-791440
Fax. 069-617221
www.wwf.de

Verein Jordsand zum Schutze der Seevögel und Natur e.V.
»Haus der Natur«
Bornkampsweg 35
22926 Ahrensburg
Tel. 04102-32656
Fax. 04102-31983
www.jordsand.de

Tourismusagentur Schleswig-Holstein-GmbH
Walkerdamm 17
24103 Kiel
Tel. 0431-6005840
Fax. 0431-6005844
www.sh-tourismus.de

Tourismusverband Insel Usedom e.V.
Bäderstr. 5
17459 Ückeritz
Tel. 038375-23410
Fax. 038375-22152
www.usedom.de

Tourismusverband Rügen e.V.
Am Markt 4
18528 Bergen
Tel. 03838-80770
Fax. 03838-254440
www.ruegen.de

Tourismusverband Schweriner Land - Westmecklenburg e.V.
Alexandrinenplatz 5-7
19288 Ludwigslust
Tel. 03874-666922
Fax. 03874-666920
www.mecklenburg-schwerin.de

Literatur und Tonträger

BEZZEL, E. (2002): Vögel beobachten. BLV Verlagsgesellschaft, München.

BLAB, J. & H. VOGEL (2002): Amphibien und Reptilien erkennen und schützen. BLV Verlagsgesellschaft, München.

DIEHL, M. & D. (1986): Naturschutzgebiete an der Ostseeküste Schleswig-Holsteins. Berichte des Vereins »Natur und Heimat« und des Naturhistorischen Museums zu Lübeck, Lübeck.

DIERSSEN, B. & K. (1994): Botanischer Wanderführer durch den Norden Schleswig-Holsteins. Wachholtz Verlag, Neumünster.

FIEDLER, W. (1992): Nationalpark Schleswig-Holsteinisches Wattenmeer. Westholsteinische Verlagsanstalt Boyens, Heide.

GERSTMEIER, R. & T. ROMIG (1998): Die Süßwasserfische Europas. Franckh-Kosmos Verlag, Stuttgart.

GNOTH-AUSTEN, F. & R. SPECHT (1995): Jasmund, Vorpommersche Boddenlandschaft (Deutsche Nationalparke). VEBU-Verlag, Werl.

HAGGE, H. & F. LIEDL (1996): Ostsee-Nationalparks – Fischland, Darß, Zingst, Hiddensee, Rügen. Ellert & Richter Verlag, Hamburg.

HEINZEL, H., R. FITTER & J. PARSLOW (1996): Pareys Vogelbuch. Blackwell, Berlin/Wien.

HOYER, E. (1993): Naturführer Insel Rügen, Insel Hiddensee. Verlag Erich Hoyer, Galenbeck.

HOYER, E. (1994): Pflanzenführer Insel Hiddensee. Verlag Erich Hoyer, Galenbeck.

HOYER, E. (1995): Strandführer Insel Hiddensee. Verlag Erich Hoyer, Galenbeck.

HOYER, E. (1996): Vogelführer Insel Hiddensee. Verlag Erich Hoyer, Galenbeck.

HOYER, E. (1997): Naturführer Insel Usedom – mit Haffküste, Ueckermünder Heide und unterem Peenetal. Verlag Erich Hoyer, Galenbeck.

JANKE, K. & B. P. KREMER (1988): Düne, Strand und Wattenmeer – Tiere und Pflanzen unserer Küsten. Franckh-Kosmos Verlag, Stuttgart.

JESSEL, H. (1991): Nordfriesland. Ellert & Richter Verlag, Hamburg.

KIGHTLEY, CH., S. MADGE & D. NURNEY (2000): Taschenführer Vögel. BLV Verlagsgesellschaft, München.

KUTSCHER, M. (1995): Flora & Fauna an der Ostseeküste von Mecklenburg-Vorpommern. Demmler-Verlag, Schwerin.

LEITHE-ERIKSEN, R. / GREENPEACE (1992): Die Meere Europas – Die Ostsee. RVG-Interbook Verlagsgesellschaft.

LINDER, G. (1999): Muscheln und Schnecken der Weltmeere. BLV Verlagsgesellschaft, München.

LINDNER, G. (2000): Muscheln und Schnecken. BLV Verlagsgesellschaft, München.

LOHMANN, M. (1993): Pflanzen und Tiere der Küste. BLV Verlagsgesellschaft, München.

LUDWIG, H. W. (2003): Tiere und Pflanzen unserer Gewässer. BLV Verlagsgesellschaft, München.

MACGARVIN, M. (1991): Das Greenpeace-Buch der Nordsee. Franckh-Kosmos Verlag, Stuttgart.

MAYR, H. (1995): Fossilien. BLV Verlagsgesellschaft, München.

MUUS, B. J. & P. DAHLSTRÖM (1998): Süßwasserfische. BLV Verlagsgesellschaft, München.

POPPENDIECK, H.-H. (Hrsg.) (1990): Botanischer Wanderführer rund um Hamburg. Hans Christians Verlag, Hamburg.

POTT, E. (1987): Vögel am Meer. Landbuch-Verlag, Hannover.

POTT, E. & J. C. ROCHÉ (1989): Vogelstimmen an Strand und Küste. Franckh-Kosmos Verlag, Stuttgart. (2 Tonkassetten mit Begleitheft)

POTT, R. (1995): Farbatlas Nordseeküste und Nordseeinseln. Verlag Eugen Ulmer, Stuttgart.

QUEDENS, G. (2003): Strand und Wattenmeer. BLV Verlagsgesellschaft, München.

RABIUS, E.-W. & R. HOLZ (1995): Naturschutz in Mecklenburg-Vorpommern. Demmler-Verlag, Schwerin.

REINHEIMER, G. (1995): Meereskunde der Ostsee. Springer-Verlag, Berlin/Heidelberg.

REINICKE, R. (1991): Rügen – Strand & Steine. Demmler-Verlag, Schwerin.

SCHAUER, T. & C. CASPARI (2001): Der große BLV Pflanzenführer. BLV Verlagsgesellschaft, München.

TARDENT, P. (1993): Meeresbiologie – Eine Einführung. Georg Thieme Verlag, Stuttgart.

THIEDE, W. (2001): Wasservögel und Strandvögel. BLV Verlagsgesellschaft, München.

VILCINSKAS, A. (2000): Fische. Mitteleuropäische Süßwasserarten und Meeresfische der Nord- und Ostsee. BLV Verlagsgesellschaft, München.

VOGELSTIMMEN AM MEER. Audio-CD mit Farbfotos und ausführlichen Vogelbeschreibungen im Textbuch. BLV Verlagsgesellschaft, München.

WANDREY, R. (1997): Die Wale und Robben der Welt – Vorkommen, Gefährdung, Schutz. Franckh-Kosmos Verlag, Stuttgart.

WILLMANN, R. (1989): Muscheln und Schnecken der Nord- und Ostsee. Verlag J. Neumann-Neudamm, Melsungen.

Register

Ortsnamen, Sachbegriffe und Personen

Pflanzen- und Tierarten

Bildnachweis

Archiv Hoyer/Eichstädt: 204 M, 204 u
Deutsches Museum für Meereskunde und Fischerei, Stralsund: 150
J. Diedrich: 181 u
G. Franz: 40, 42, 52, 62/63
F. Hecker: 10, 24, 38, 46/47, 48, 64, 177 ul, 193 M, 203 M, 206 o, 215 u, 218 M, 218 u, 219 M, 219 u
E. Hoyer: 16, 113, 223 u
H. Jessel: 2/3, 18/19, 78, 85, 86/87, 162, 164/165
R. König: 186 u, 192 u, 195 u, 198 u, 200 u, 201 (alle), 202 o, 202 M, 205 (alle)
W. Küpker: 26/27, 28, 29, 30/31, 34, 35, 36/37, 45, 50, 53, 56/57, 58/59, 60, 61, 63, 66/67, 69, 70 o, 74/75, 125, 176 ol, 177 ur, 180 M, 180 u, 185 u, 208 o, 211 u, 212 u
Muschel und Schnecken Museum, Norden: 32
E. Pott: 4, 6, 12/13, 15, 21, 23, 33, 43, 49, 68, 88, 90/91, 92, 93, 94/95, 96, 97, 99, 100, 101, 102/103, 103, 104/105, 107, 108, 109, 111, 112, 114/115, 116, 117, 118/119, 120, 121, 123, 124, 127, 128/129, 130, 132/133, 133, 134/135, 136, 137, 139, 140, 143, 144/145, 146, 147o, 147 u, 148, 149, 151, 152, 153, 154/155, 156, 157, 158, 159, 161, 166, 167, 169, 172, 174 (alle), 175 o, 176 u, 177 o, 178 (alle), 179 (alle), 180 o, 181 ol, 181 or, 182 (alle), 183 (alle), 184 (alle), 185 ol, 185 or, 186 o, 186 M, 187 (alle), 188 (alle), 189 (alle), 190 M, 191 o, 192 ol, 193 o, 193 u, 194 (alle), 195 o, 195 M, 196 ol, 196 or, 197 o, 197 u, 198 ol, 199 (alle), 200 ol, 200 or, 204 o, 206 M, 206 u, 207 (alle), 208 M, 208 u, 209 M, 210 (alle), 211 o, 211 M, 212 M, 213 o, 213 u, 214 (alle), 215 o, 216 o, 217 o, 217 u, 219 o, 220 o, 220 M, 221 u, 223 M
G. Quedens: 8 l, 8 r, 72/73, 79, 81, 83, 84, 142, 175 M, 175 u, 176 or, 190 o, 190 u, 191 u, 192 or, 196 u, 197 M, 198 or, 202 u, 213 M, 218 o, 220 u, 222 (alle), 223 o
H. Reinhard: 203 o
P. Schäfer: 41, 168
K. Wernicke: 5, 9, 14, 17, 55, 70 u, 77, 80, 82, 191 M, 209 o, 209 u, 212 o, 216 M, 216 u, 221 o
P. Zeininger: 203 u
Zoologische Sammlung der Universität Rostock: 131

Foto S. 2/3: Silbermöwen auf Nahrungssuche an einer Buhne
Foto S. 6: Brandung bei stürmischem Wetter
Foto S. 24: Leuchtturm im Norden von Sylt
Foto S. 88: Kreideküste im Nationalpark Jasmund (Rügen)
Foto S. 162: Auf Wanderung durch die Lister Dünen (Sylt)

Bibliografische Information Der Deutschen Bibliothek
Die Deutsche Bibliothek verzeichnet diese Publikation in der Deutschen Nationalbibliografie; detaillierte bibliografische Daten sind im Internet über http://dnb.ddb.de abrufbar.

Zweite, durchgesehene Auflage

BLV Verlagsgesellschaft mbH
München Wien Zürich
80797 München

Einbandgestaltung: Anja Masuch, Puchheim bei München
Umschlagfotos: Eckart Pott (lo: Eßbare Herzmuschel, ru: Strandflieder, Rückseite v.l.n.r.: Einsiedlerkrebs, Austernfischer, Rügen); Frank Hecker (ro: Mantelmöwe); Klaus Wernicke (Ml: Seehunde); Hans Jessel (Mr: Sylt)
Karten: Christian Rolle, Holzkirchen
Layout: Walter Werbegrafik, Gundelfingen
Satz: DTP-Design Walter, Gundelfingen
Lektorat: Dr. Friedrich Kögel
Herstellung: Hermann Maxant
Druck und Bindung: Druckerei Parzeller, Fulda

Gedruckt auf chlorfrei gebleichtem Papier

Printed in Germany · ISBN 3-405-16739-6

Die Zusammenstellung der praktischen Reiseinformationen und die Beschreibung der Touren in diesem Führer erfolgten mit größtmöglicher Sorgfalt. Bitte haben Sie aber Verständnis dafür, daß sich nach Erscheinen des Buches beispielsweise der Schutzstatus von Gebieten, Wegführungen, Schiffsverbindungen, Anschriften, Öffnungszeiten und Telefonnummern ändern können. Korrekturen und ergänzende Hinweise werden vom Verlag und von den Autoren gerne aufgenommen.
BLV Verlagsgesellschaft mbH,
Postfach 40 03 20, 80703 München

DÄNEMARK
Åbenrå
Sønderborg
Als
Lille Bælt
Fyn
Svendborg
Tåsinge
Ærø
Lange-
land
Langelands Bælt
Sjælland
Vordingborg
Møn
Falster
Nykøbing
Nakskov
Lolland
Rødby
Gedser
Fehmarnbelt
Puttgarden
Fehmarn
Flensburg
Flensburger
Förde
Angeln
Schlei
Schleswig
Eckernförde
Eckernförder
Bucht
Kieler Förde
Kieler
Bucht
Kiel
Rendsburg
Eider
Nord-Ostsee-
Kanal
Wittensee
Selenter
See
Preetz
Lütjenburg
Holsteinische Schweiz
Plön
Gr. Plöner
See
Eutin
Heiligenhafen
Oldenburg
Neumünster
Itzehoe
Stör
Bad
Bramstedt
Bad Segeberg
Glückstadt
Elmshorn
Pinneberg
Norderstedt
Bad Oldesloe
Lübeck
Lübecker
Bucht
Travemünde
HAMBURG
Stade
Buxtehude
Buch-
holz
Winsen
Lüneburg
Lüneburger
Heide
Wümme
Rotenburg
Elbe
Lauen-
burg
Dannenberg
Dömitz
Ratzeburger
See
Ratzeburg
Mölln
Zarrentin
Schaalsee
Wittenburg
Gadebusch
Greves-
mühlen
Wismar-
bucht
Poel
Wismar
Mecklenburger
Bucht
OSTSEE
Ostseebad
Kühlungsborn
Bad Doberan
Warnemünde
Rostock
Bützow
Güstrow
Schwerin
Schweriner See
Parchim
Elde
Ludwigslust
Pritzwalk
Wittstock
Plau
Plauer
See
Tessin
Laage
Teterow
Malchin
Reuterstadt
Stavenhagen
Waren
Müritz
Mirow
Neustrelitz
Fürstenberg
Feldberg
Templin
Mecklenburgische Seenplatte
Tollense
See
Neubrandenburg
Strasburg
Friedland
Altentreptow
Demmin
Peene
Anklam
Ribnitz-
Damgarten
Saaler
Bodden
Darß
Prerow
Zingst
Barth
Velgast
Bad
Sülze
Grimmen
Nationalpark
Vorpommersche
Boddenlandschaft
Hiddensee
Vitte
Schaprode
Rügen
Tromper
Wiek
Nationalpark
Jasmund
Saßnitz
Prorer
Wiek
Binz
Bergen
Putbus
Göhren
Biosphärenreservat
Südost-Rügen
Stralsund
Greifswalder
Bodden
Greifswald
Lubmin
Peenemünde
Wolgast
Züssow
Usedom
Pommersche
Bucht
Seebad
Ahlbeck
Wolin
Kamień
Pomorski
Świnoujście
Stettiner Haff
Ueckermünde
Torgelow
Pasewalk
Uecker
Löcknitz
Prenzlau
Szczecin
(Stettin)
Oder
Schwedt
POLEN
0
10
20 km
N
87
88
89
90
91
92
93
94
95
96
97
98
99-102
103
104
105
106
107
108
109
110
111
112
113
114
115
116
117-121
122
123-124
125-131
132
133
134-137
138
139
140
141-144
145-147
148
149
150
151
152
153
154
155-156
157-159
160
161
162
163
164-166
167
168-170
171
172
173
174
175
176
177
178
179
180
181
182-183
184
185
186
187-189
190
191
192
193
194
195-198
199
200
201
202
203